Grammaire
FRANÇAISE PLUS
Cahier pratique

Grammaire
FRANÇAISE PLUS
Cahier pratique

2e édition

Sous la direction de
Hélène Poulin-Mignault
Université McGill

avec la collaboration de
Hélène Riel-Salvatore
Université McGill

Éditions Études Vivantes

Grammaire française plus, cahier pratique, 2ᵉ édition
Sous la direction de: Hélène Poulin-Mignault
Avec la collaboration de: Hélène Riel-Salvatore

Jean-Philippe Aubert, Cécile Fay-Baulu, Jean Fletcher,
Marie-Noëlle Legoux, Irène Saliba-Rigal, Barbara Sheppard,
Gilles Six

Édition et production: **Les Éditions de la Chenelière inc.**
           (Montréal)
  Coordination: Louis Villemur
  Révision: Marie Laporte
  Correction d'épreuves: Andrée Graveline
  Infographisme et maquette intérieure: Pauline Lafontaine
  Couverture: Norman Lavoie

Éditions Études Vivantes
Édifice Éducalivres
955, rue Bergar
Laval (Québec)
H7L 4Z7

ISBN 2-7607-0527-7

Dépôt légal: 2ᵉ trimestre 1993
Bibliothèque nationale du Québec
Bibliothèque nationale du Canada

Imprimé au Canada

1 2 3 4 5   97 96 95 94 93

Introduction

Grammaire française plus s'adresse plus particulièrement aux étudiantes et étudiants qui se débrouillent relativement bien à l'oral mais qui font encore de nombreuses erreurs qu'ils n'arrivent pas à corriger. Qu'ils soient anglophones, francophones ou allophones, le problème est le même: ils perçoivent la langue globalement et ignorent presque tout des grandes catégories grammaticales sous-jacentes à cette langue. Vu leur ignorance de la structure interne de la phrase, il leur est impossible de s'autocorriger. Leurs erreurs sont ancrées au point d'être devenues des automatismes qui les empêchent de progresser.

Traditionnellement, on pouvait, jusqu'à un certain point, miser sur la connaissance que les étudiantes et étudiants avaient des grandes catégories grammaticales dans leur langue maternelle. Cependant, force nous est de constater que cette connaissance ne va plus de soi. C'est ce qui explique, du moins en partie, que les besoins des étudiantes et étudiants anglophones rejoignent ceux des étudiantes et étudiants francophones ou allophones issus d'un milieu bilingue (et même trilingue) et qui ont fait une bonne partie sinon toutes leurs études en anglais ou dans une autre langue que le français. Malgré leur connaissance intuitive du français, ceux-ci accusent souvent les mêmes lacunes que les anglophones. En réalité, ils ne connaissent bien aucune des langues qu'ils parlent et comprennent: ce sont, en quelque sorte, des «nilingues» souvent frustrés de n'avoir de prise réelle sur aucune langue.

L'approche traditionnelle qui consiste à présenter successivement les pronoms personnels, les temps du passé, les démonstratifs, le subjonctif, donc une série de points de grammaire sans lien fonctionnel entre eux, renvoie les étudiantes et étudiants à une image fragmentée de la langue. Or, leur principal point de repère, c'est la globalité du message. Ils peuvent comprendre un énoncé correct en français. Il faut donc partir de cet acquis pour leur rendre évidents les principaux paradigmes linguistiques. Pour les amener à produire une structure de surface cohérente et correcte, il faut initier le processus inverse de la production, c'est-à-dire faire en sorte que les grandes catégories grammaticales de la langue deviennent pour eux des canaux de réencodage.

Comme le principe de cohérence découle directement des relations fonctionnelles entre les mots, nous avons adopté une approche qui fournit simultanément une vision synthétique, analytique et fonctionnelle de la langue. La matière est présentée par modules.

Cette présentation par modules comporte plusieurs avantages:

1. elle permet une répartition facile de la matière sur un, deux ou même trois semestres de l'année scolaire;

2. elle se prête à une utilisation «à la carte» des modules comme compléments à un cours de conversation;

3. elle convient à l'approche cyclique ou en spirale que nous avons choisi d'adopter.

La phrase est d'abord présentée comme un ensemble cohérent dont chaque élément a une nature et une fonction déterminée par le contexte de cette phrase.

Du point de vue de la forme, les éléments de la phrase sont divisés en mots variables et en mots invariables.

Du point de vue de l'analyse des fonctions, on distingue les mots de base (nom, verbe); les mots descriptifs (adjectif qualificatif, adverbe); les mots déterminatifs (article, adjectif non qualificatif); les mots charnières (préposition, conjonction).

La nature et la fonction des mots dans la phrase

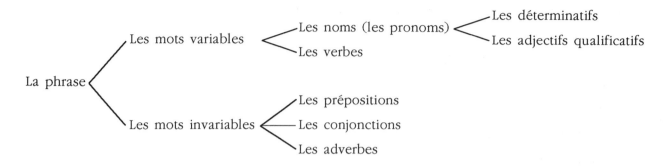

L'approche adoptée dans les modules est une approche cyclique ou en spirale. Elle consiste à introduire progressivement les éléments, en insistant d'abord sur leur nature et sur leur fonction dans la phrase, et à les reprendre par la suite afin d'en étudier toutes les formes variées.

Par exemple, dans le *module 2,* nous abordons essentiellement tous les éléments qui se rapportent au *nom*: les articles, les déterminatifs (démonstratifs, possessifs, interrogatifs, indéfinis), ainsi que les *pronoms* parce qu'ils remplacent le nom. La notion de *genre* permet d'introduire le concept de «variabilité» pour chacune de ces catégories; en effet, le genre du nom modifie la forme de tous les éléments qui, d'une manière ou d'une autre, se rattachent au nom.

Par ailleurs, le fait de présenter, en parallèle, le nom et l'adjectif illustre bien les concepts de nature et de fonction des mots.

Les *adjectifs qualificatifs* sont repris plus en détail dans le *module 9* où nous expliquons la place des mots dans la phrase.

Les *pronoms* sont repris dans le *module 7* qui leur est entièrement consacré.

Dans le *module 3,* nous étudions l'autre élément de base de la phrase: le *verbe.* Avant de songer à présenter les modes et la concordance des temps, il fallait d'abord s'assurer que les conjugaisons étaient acquises. De plus, comment mieux faire ressortir la «variabilité» du verbe, sinon par la conjugaison?

Le verbe est ensuite repris dans les *modules 4* (le mode), *5* (l'interrogation directe et le style indirect) et *6* (la concordance des temps).

Dans le *module 8,* nous définissons d'abord la *préposition* en l'opposant à la *conjonction.* Nous reprenons ensuite les prépositions (surtout **à** et **de**) et leurs compléments (noms, verbes).

Dans le *module 9,* nous reprenons la phrase en insistant sur la *place des mots.* L'*adverbe* est introduit comme nouvel élément: de plus, nous y reprenons l'*adjectif qualificatif* (puisqu'il sert à former l'adverbe et qu'il peut changer de sens selon la place qu'il occupe dans la phrase) et le *pronom* dont la place change dans les différents types de phrases (déclarative, interrogative, impérative, infinitive).

Dans le *module 10,* en abordant la *phrase négative,* nous reprenons tout ce qui a été vu précédemment: il sert ainsi de révision et de synthèse.

Plan

Chaque module est une unité indépendante qui comprend:

— une table des matières;

— une définition des objectifs;

— une introduction;

— un prétest;

— le corrigé du prétest;

— des exercices;

— le corrigé des exercices;

Dans l'*introduction,* nous nous référons au titre du module en présentant l'idée, le concept ou la notion qui constitue le noyau du module. Par exemple, dans l'introduction du *module 1,* nous parlons essentiellement des concepts de nature et de fonction des mots dans la phrase; dans celle du *module 2,* nous donnons une vue sommaire de la notion de genre en français; dans celle du *module 4,* nous introduisons l'idée de mode; dans celle du *module 6,* nous définissons le principe de la concordance des temps.

Le *prétest* correspond point par point à la matière contenue dans le module. Il doit permettre aux étudiantes et étudiants d'évaluer leurs connaissances ainsi que la somme de travail qu'ils devront fournir. En ce sens, le prétest est une sorte de baromètre ou de pré-évaluation.

Le *module* proprement dit est une feuille de route et non une grammaire. Il renvoie d'ailleurs à la *Grammaire française, 2ᵉ édition** de Jacqueline Ollivier. Il doit servir de guide aux étudiantes et étudiants en soulignant pour eux les points importants et en sélectionnant les explications et les exercices pertinents. Il fournit, au besoin, des mises en garde, des éclaircissements ou des remarques en vue de simplifier, dans la mesure du possible, la matière à assimiler. En ce qui concerne les exercices contenus dans le module, la démarche pédagogique est toujours la même: les difficultés sont d'abord isolées, chacune faisant l'objet d'un exercice à part, puis réunies dans un exercice-synthèse. Les étudiantes et étudiants sont parfois renvoyés à la *Grammaire française* de Jacqueline Ollivier pour certains exercices se prêtant à cette démarche.

*Afin d'alléger le texte, nous avons abrégé la référence en n'utilisant que la mention *Grammaire française.* Voici la notice bibliographique complète:

OLLIVIER, Jacqueline. *Grammaire française, 2ᵉ édition*, Montréal, Éditions Études Vivantes, 1993, 514 p.

Table des matières

MODULE 1
La nature et la fonction des mots dans la phrase

Hélène Poulin-Mignault   Irène Saliba-Rigal

Table des matières

Objectifs

1. Donner une définition simple des termes grammaticaux courants.

2. Étudier la nature et la fonction des mots dans une phrase.

3. Voir comment et pourquoi certains mots varient d'une phrase à une autre.

Introduction

Vous savez dire beaucoup de choses en français, mais vos interlocuteurs ont souvent du mal à comprendre exactement ce que vous essayez d'exprimer? Vous avez appris le français instinctivement, «par oreille», mais vous ignorez tout de son code écrit? Vous ne savez pas conjuguer? Vous avez atteint une sorte de plateau et ne semblez plus capable de faire des progrès en français?

Alors, que vous le vouliez ou non, il faudra parler grammaire. Toute langue est un système bien organisé comportant des règles qui en déterminent l'usage.

Dans ce module, nous tenterons d'analyser avec vous la structure interne de la phrase, en français, afin d'illustrer pour vous les rapports fonctionnels qui existent entre les mots. En d'autres termes, nous allons apprendre à «décomposer» la phrase globale pour étudier de plus près le fonctionnement de ses éléments les uns par rapport aux autres.

Dans la phrase, il y a deux grandes catégories de mots: les mots variables et les mots invariables. Ces mots ont une **nature** (verbe, nom, adjectif, adverbe, etc.) et une **fonction** (sujet, complément du verbe, déterminatif, etc.) dans une phrase donnée. Un mot peut garder la même nature et changer de fonction.

Ex. Le **français** est facile.   (sujet)
J'aime le **français**.   (complément d'objet direct)
J'ai parlé à un **Français**.   (complément d'objet indirect)

Dans les phrases ci-dessus, le nom *français* est tour à tour sujet, complément d'objet direct (c.o.d.) et complément d'objet indirect (c.o.i.).

Les mots peuvent aussi changer de nature selon leur fonction dans la phrase.
Ex. Connaissez-vous un bon restaurant **français**?

Dans cette phrase, le mot *français* est adjectif et sa fonction est de qualifier le nom qu'il accompagne.

Très souvent, c'est la fonction d'un mot qui détermine sa nature; et la fonction d'un mot dépend du contexte de la phrase.
Ex. Il danse **bien**. (Ici le mot bien modifie le verbe *danser*, il est donc adverbe.)
Il souhaite le **bien** de tous. (Ici le mot bien est le c.o.d. du verbe *souhaiter*, il est donc nom.)

La fonction d'un mot peut déterminer la forme qu'il prendra dans la phrase.
Ex. C'est la voiture **que** j'ai achetée.
C'est la voiture **qui** est en panne.

Dans les phrases ci-dessus, le pronom relatif change de forme selon qu'il est c.o.d. (*que*) ou sujet (*qui*) dans la phrase.

Dans ce module et dans les modules ultérieurs, ces notions deviendront progressivement plus claires pour vous.

Prétest

I *Combien y a-t-il de propositions dans la phrase suivante? Récrivez chacune des propositions séparément. (20 points)*

Le document que tu m'as envoyé et dont je croyais avoir besoin n'est qu'un résumé incomplet qu'on ne pourra pas utiliser.

_____

_____

_____

_____

_____

II *Dans le texte ci-dessous, relevez les termes demandés. (10 × 3 points)*

La télévision a-t-elle tué l'imagination créatrice? Au lieu d'inventer des jeux et de fabriquer des jouets, les enfants en réclament continuellement et s'en lassent du jour au lendemain. Les jeunes ne lisent plus, n'écrivent plus, ne rêvent plus. Les récits d'aventures ont été remplacés par de banals téléromans et les grands héros épiques ne sont plus que des caricatures déguisées en supermen. Le petit écran est devenu le remède magique contre l'ennui et le stress. On le fait taire si rarement qu'on a graduellement perdu le goût du silence et du recueillement qui, seuls, engendrent la créativité.

1. un verbe conjugué: _____

2. un verbe à l'infinitif: _____

3. un adjectif qualificatif: _____

4. un nom: _____

5. un article: _____

6. une préposition: _____

7. un adverbe: _____

8. un pronom relatif: _____

9. un participe passé: _____

10. un complément d'objet direct: _____

III *Accordez les participes passés, s'il y a lieu. (5 × 1 point)*

Marilyn est <u>rentré</u> _____ de voyage hier soir. Pour fêter son retour, ses amis ont

<u>ouvert</u> _____ une bouteille de rhum _____ et tous ont <u>bu</u>

_____ et <u>dansé</u> _____ jusqu'au matin.

IV   *Quelle est la nature et la fonction des mots soulignés? (3 × 4 points)*

<u>Nous</u> leur avons dit de ne pas revenir.

_____

Vous <u>nous</u> avez téléphoné hier soir.

_____

Jacques et Marie <u>nous</u> invitent à leur soirée dimanche.

_____

V   *Quelle est la fonction des mots soulignés? (2 × 3 points)*

Les <u>malades</u> attendent l'<u>arrivée</u> du médecin.

_____

_____

VI   *Quelle est la différence entre les deux mots soulignés? (2 × 2 points)*

<u>Leurs</u> billets sont encore valables jusqu'à la fin du mois, mais pas <u>les nôtres</u>.

_____

_____

VII   *Identifiez les mots soulignés (3 × 2 points) et dites ce qu'ils ont en commun. (3 points)*

«La seule chose qui nous sauve <u>de</u> la bureaucratie, c'est son inefficacité. Une bureaucratie efficace serait la <u>plus</u> grande menace <u>pour</u> la liberté.» (E. McCarthy)

_____

_____

_____

VIII   *Dites quelle est la différence entre les deux mots soulignés dans chacune des deux phrases.*
   (4 × 2 points)

On a <u>jeté</u> les fleurs <u>fanées</u>.
Nathalie <u>est</u> fière, car elle <u>est</u> arrivée première au test de grammaire.

_____

_____

_____

_____

IX *Dans la phrase suivante, trouvez les compléments de verbe; précisez le type de complément et dites à quel verbe il se rapporte. (3 × 2 points)*

J'ai envoyé un télégramme à mes cousins qui vivent en France.

_____

_____

_____

_____

_____

Résultats			
I	/ 20	VI	/ 4
II	/ 30	VII	/ 9
III	/ 5	VIII	/ 8
IV	/ 12	IX	/ 6
V	/ 6		
		Total	/ 100

Corrigé du prétest

I

4 propositions
Le document n'est qu'un résumé incomplet
que tu m'as envoyé
et dont je croyais avoir besoin
qu'on ne pourra pas utiliser

II

1. a tué / réclament / s'(en) lassent / lisent / écrivent / rêvent / ont été remplacés / sont / est devenu / fait / a perdu / engendrent
2. inventer / fabriquer / taire
3. créatrice / banals / grands / épiques / petit / magique
4. télévision / imagination / jeux / jouets / enfants / jour / lendemain / jeunes / récits / aventures / téléromans / héros / caricatures / supermen / écran / remède / ennui / stress / goût / silence / recueillement / créativité
5. La (télévision) / l'(imagination) / des (jeux) / des (jouets) / les (enfants) / du (jour) / au (lendemain) / Les (jeunes) / Les (récits) / de (banals téléromans) / les (grands héros) / des (caricatures) / Le (petit écran) / le (remède) / l'(ennui) / le (stress) / le (goût) / du (silence) / du (recueillement) / la (créativité)
6. Au lieu d'(inventer) / de (fabriquer) / du (jour) / au (lendemain) / d'(aventures) / par (de banals) / en (supermen) / contre (l'ennui) / du (silence) / du (recueillement)
7. continuellement / ne... plus / n'... plus / ne... plus / si / rarement / graduellement / seuls
8. qui
9. tué / été / remplacés / déguisées / devenu / perdu
10. l'imagination créatrice / des jeux / des jouets / en (réclament) / le (fait taire) / le goût / la créativité

III

rentrée, ouvert, bu, dansé

IV

pronom personnel, sujet du verbe *avons dit*
pronom personnel, c.o.i. du verbe *avez téléphoné*
pronom personnel, c.o.d. du verbe *invitent*

V

sujet du verbe *attendent*
c.o.d. du verbe *attendent*

VI

Leurs: adjectif possessif
les nôtres: pronom possessif

VII

de: préposition
plus: adverbe
pour: préposition
Les trois mots sont invariables.

VIII

<u>jeté</u>: participe passé du verbe jeter, forme le passé composé avec l'auxiliaire avoir
<u>fanées</u>: participe passé du verbe faner, utilisé comme adjectif
<u>est</u> fière: verbe être au présent de l'indicatif
<u>est</u> arrivé: auxiliaire être, aide à conjuguer le verbe arriver au passé composé

IX

un télégramme: c.o.d. du verbe *ai envoyé*
à mes cousins: c.o.i. du verbe *ai envoyé*
en France: complément circonstanciel du verbe *vivent*

I. La phrase

A. Les propositions

La **phrase** est l'énoncé complet d'une idée. Elle est *simple* ou *complexe*.
Ex. Partez! (phrase simple)
L'été commence. (phrase simple)
Il écoute le disque qu'il a acheté hier. (phrase complexe)

La phrase *simple* comprend *un seul verbe conjugué*. Cette phrase simple s'appelle aussi **proposition**.
Ex. Répétez!
Rien ne **va** plus!

La phrase *complexe* comprend *plusieurs verbes conjugués*, chacun formant la base d'une proposition distincte.
Ex. Serge **ira** à Vancouver parce qu'il y **a trouvé** un emploi. (deux propositions)

B. Comment reconnaître les propositions

Pour trouver le nombre de propositions dans une phrase, il suffit de:
– repérer les verbes conjugués;
– identifier les pronoms relatifs ou les conjonctions qui relient les propositions entre elles.
Ex. Le livre dont je vous **ai parlé** quand nous **nous sommes vus** au Salon du livre **a remporté** le prix Goncourt.

Dans cette phrase, il y a trois verbes conjugués, donc trois propositions. Le pronom relatif *dont* et la conjonction *quand* relient ces propositions entre elles.

La proposition principale est:
Le livre a remporté le prix Goncourt

Les propositions subordonnées sont:
dont je vous ai parlé
quand nous nous sommes vus au Salon du livre

EXERCICE I   *Dans le texte suivant, soulignez tous les verbes conjugués et encerclez les mots (pronoms relatifs et conjonctions) qui relient les propositions.*

Légende acadienne

Deux vieillards s'aimaient d'amour tendre depuis de nombreuses années. Ils vivaient paisiblement dans un petit village reculé, perdu au fond de la campagne acadienne. Un soir, la vieille dame demande à son mari d'aller au magasin général acheter des fèves pour le souper. Au magasin, pendant qu'il attend son tour, il aperçoit au mur le portrait d'un vieillard dont l'apparence lui semble familière. Il s'approche un peu plus et s'exclame avec étonnement: «Mais c'est le portrait de mon défunt père! Comment se fait-il que ce marchand ait dans son magasin le portrait de mon défunt père?» Comme il n'a que très peu d'argent, il hésite à le dépenser pour acheter ce portrait. Néanmoins, l'envie d'avoir ce portrait l'emporte sur la raison et il rentre chez lui tout content de son acquisition. Comme il craint que sa vieille ne lui reproche cette folle dépense, il s'empresse d'aller cacher le portrait au grenier. Les jours suivants, il ne perd pas une occasion de monter admirer le fameux portrait, si bien que sa femme commence à se demander ce qu'il peut aller faire au grenier. N'y tenant plus, elle profite d'une de ses sorties au village pour aller tenter d'éclaircir le mystère. Elle a tôt fait de repérer le fameux portrait. En le voyant, elle s'écrie, stupéfaite: Ah! le vilain! Voilà qu'il me trompe à présent! Et avec une vieille, laide et toute ratatinée! Attendez un peu!» Résolue de tirer cette histoire au clair, elle redescend à la cuisine et s'affaire à préparer le dîner en attendant son homme. Dès qu'il revient de sa promenade, elle s'empresse de lui dire, sur un ton de reproche:

— Comment, vieux coquin, oses-tu me tromper avec cette vilaine petite vieille toute plissée et laide comme un péché mortel?

— Mais qu'est-ce que tu racontes?

— Tu gardes son portrait au grenier, je t'ai vu monter l'admirer à plusieurs reprises.

— Mais tu fais erreur ma vieille, c'est le portrait de mon défunt père que j'ai acheté au magasin général. Tu ne trouves pas qu'il est beau?

— Comment! et tu oses me mentir par-dessus le marché! Je te dis que je l'ai vu ce portrait!

Après une discussion des plus animées, les deux vieillards montent au grenier et, ensemble, ils regardent le fameux portrait qui est à l'origine de toute cette émotion. Et c'est ainsi qu'ils découvrent, à la fois ahuris, incrédules et émerveillés, la magie du miroir.

EXERCICE II   *Combien y a-t-il de propositions dans les phrases suivantes? Récrivez chacune des propositions séparément.*

1. Les personnes qui deviennent pour nous des maîtres et dont nous nous souvenons toute notre vie sont souvent des êtres qui ont vécu intensément et dont la valeur n'a d'égal que l'humilité.

Nombre de propositions: _____

a. _____

b. _____

c. _____

d. _____

e. _____

2. Nous vivons, comme l'écrivait Catherine Dreyfus dans *Le Nouvel Observateur*, dans une «beautécratie» où la discrimination esthétique commence avant même que nos enfants aillent à l'école.

Nombre de propositions: _____

a. _____

b. _____

c. _____

d. _____

e. _____

3. On prétend souvent que la salle de classe où étudiants et enseignants passent une si grande partie de leur temps est un milieu artificiel qui ne ressemble en rien à la réalité.

Nombre de propositions: _____

a. _____

b. _____

c. _____

d. _____

e. _____

4. Or, vous savez comme moi que la salle de classe est une cellule sociale où il y a des lois et des rapports de force qui déterminent toute une série d'interactions non moins authentiques que celles qu'on observe hors des cadres de l'institution scolaire.

Nombre de propositions: _____

a. _____

b. _____

c. _____

d. _____

e. _____

II. Les mots variables et les mots invariables

Un **mot variable** est un mot qui, sans changer de nature, peut avoir *plusieurs formes* dans la phrase. Par exemple, le verbe «vouloir» peut avoir les formes: veux, voulions, voudra, veuille, etc. Le pronom personnel peut prendre les formes: je, elle, nous, etc.; le pronom relatif: qui, que, dont, etc.; l'article: le, la, un, des, etc.; le pronom possessif: le tien, les siennes, la nôtre, etc.; le nom: livre, livres.

Le verbe, le nom, l'article, l'adjectif, le pronom sont des mots variables.

Par contre, un **mot invariable** n'a généralement qu'**une forme** qui ne change pas d'une phrase à une autre.

La conjonction, l'adverbe, la préposition sont des mots invariables.

A. La nature des mots variables

1. Le verbe

Le **verbe** est un mot qui exprime l'*action* ou l'*état* du sujet. Un verbe peut être conjugué ou à l'infinitif. Le verbe à l'infinitif n'a qu'une forme, celle que vous trouvez dans le dictionnaire.
Ex. parler, finir, faire

Le verbe conjugué a plusieurs formes.
Ex. je parle, il finira, nous ferions

La forme du verbe conjugué varie selon:
− la personne (je, tu, nous, etc.);
− le nombre (singulier, pluriel);
− le mode (indicatif, subjonctif, impératif, conditionnel) [Voir module 4.];
− le temps (présent, passé, futur, etc.) [Voir modules 3, 6.].

Le verbe peut être conjugué à un temps simple ou à un temps composé.

Conjugué à un temps simple, il est formé d'un seul élément.
Ex. S'ils **viennent**, nous **fêterons**.

Conjugué à un temps composé, il est formé de deux éléments: l'auxiliaire et le participe passé.
Ex. S'ils **étaient venus**, nous **aurions fêté**.

a. L'*auxiliaire* est un verbe qui aide à former les temps composés. Les verbes auxiliaires sont: **avoir** et **être**.
Ex. J'**ai** lu le journal.
Ils se **sont** dépêchés.
Vous **étiez** partis.
Elle **a** eu de la chance.

b. Le *participe passé* est la forme du verbe qui s'emploie:
− avec l'auxiliaire dans tous les temps composés;
Ex. Il est **venu**.
Nous avons **écrit**.

Vous remarquerez que l'auxiliaire et le participe passé sont parfois séparés par un adverbe.
Ex. Il est **toujours** revenu.
Elle a **beaucoup** appris.

− ou seul, comme adjectif.
Ex. Une fois la porte **fermée**, il a posé son sac.
Elle a acheté des fleurs **coupées**.

c. *L'accord du participe passé*
   (*Grammaire française*, p. 64-66; p. 139-141; voir module 2, VIII; module 3, III.C.)

   Avec l'auxiliaire **être**, le participe passé s'accorde généralement en genre (féminin ou masculin) et en nombre (singulier ou pluriel) avec le sujet du verbe.
   Ex. Ils sont étonné**s**. (masculin, pluriel)
   Elles sont revenu**es**. (féminin, pluriel)

   Avec l'auxiliaire **avoir**, le participe passé est généralement invariable.
   Ex. Hélène a re**çu** des fleurs de Marc. (invariable)
   Marc a envoy**é** des fleurs à Hélène. (invariable)

EXERCICE III

L'accord du participe passé. *Soulignez les participes passés dans les phrases suivantes et dites pourquoi ils s'accordent ou ne s'accordent pas.*

Ex. Toutes les feuilles sont déjà **tombées**.
(participe passé conjugué avec l'auxiliaire **être**, donc accord avec le sujet *feuilles*, féminin, pluriel)
Les États-Unis ont **signé** des accords économiques avec la Chine.
(participe passé conjugué avec **avoir**, pas d'accord)

1. Nous avons passé des vacances extraordinaires en Grèce.

   _____

2. Mes copines sont venues et elles ont apporté leurs disques.

   _____

   _____

3. Les enfants ont enlevé leurs bottes et ils sont montés dans leur chambre.

   _____

   _____

4. Les chansons écrites par Richard Desjardins ont remporté un grand succès en Europe.

   _____

   _____

5. Nathalie m'a rapporté des épices quand elle est revenue de la Barbade.

   _____

   _____

6. Les dirigeants du syndicat ont rejeté les offres patronales proposées en fin de soirée.

   _____

   _____

d. Le *verbe transitif* est un verbe qui a besoin d'un complément d'objet (sans lequel il aurait un sens incomplet).

 – Un verbe est *transitif direct* quand son complément d'objet est direct.

   Ex. Je **prends** ce crayon.

 – Un verbe est *transitif indirect* quand son complément d'objet est indirect.

   Ex. Elle **parle** [à] ses amis.

e. Le *verbe intransitif* exprime une action qui ne passe pas sur un objet. Il n'a pas besoin de complément d'objet et exprime, avec le sujet, une idée complète de l'action.

   Ex. Le soleil **brille**.

   Elle **dort**.

   Elle **parle**.

   Dans les exemples précédents (*elle parle à ses amis, elle parle*), vous remarquerez que le verbe peut être transitif ou intransitif selon le contexte de la phrase.

f. Le *verbe pronominal* est un verbe qui se conjugue avec les pronoms personnels réfléchis (**me, te, se, nous, vous**). Le verbe pronominal est précédé de **se** à l'infinitif (**se** laver, **se** baigner, **se** dépêcher...).

   Ex. Je **me** lave, tu **te** baignes, il / elle **se** dépêche, nous **nous** lavons, vous **vous**...

   Notez que **je me** lave et **je te** lave n'ont pas le même sens. Pour que le verbe garde son sens pronominal, le complément doit être à la même personne que le sujet.

2. Le nom

Le **nom** (ou substantif) est un mot qui sert à *nommer*, c'est-à-dire à désigner les êtres, les choses, les idées. (*Grammaire française*, p. 166.) On reconnaît qu'un mot est un nom (nature) parce qu'il est généralement précédé d'un article.

Ex. **Le** frère   **La** sœur

   Un arbre   **Une** table

   Le courage   **La** courtoisie

Néanmoins, un nom peut aussi être précédé d'une préposition [module 8].

Ex. Une robe **de** soie

   Un verre **à** vin

Le nom, comme le verbe, est un mot *variable*. En français, il a un genre déterminé (masculin ou féminin), mais il varie en nombre (singulier ou pluriel).

Ex. **Une** maison   **Des** maisons

   Un journal   **Des** journaux

Les déterminants du nom (articles, adjectifs qualificatifs, démonstratifs, possessifs, indéfinis et interrogatifs) varient avec le nom, c'est-à-dire selon le genre et le nombre du nom qu'ils accompagnent.

EXERCICE IV   *Soulignez les noms dans le texte suivant.*

Depuis le début des années cinquante, la science a apporté des éléments de réponse à une question que tous les peuples se sont posée de tout temps: qu'est-ce que le rêve? La recherche scientifique démontre que le rêve est un besoin tant physiologique que psychologique, aussi essentiel que l'alimentation et le sommeil. Tout homme rêve et ses rêves nocturnes représentent environ un dixième de la durée de sa vie. Les expériences que vit le rêveur pendant cette période sont fascinantes. Il plonge dans un univers radicalement différent de la réalité quotidienne et où les notions de temps et d'espace sont abolies. Au cours de cette existence nocturne parallèle, les actions et les événements les plus incroyables s'accomplissent avec un parfait naturel. Et pourtant, même les rêves les plus puissants s'effacent généralement de la mémoire dès le réveil. Pourquoi disparaissent-ils si vite après avoir fait remonter à la surface les aspects les plus secrets de notre personnalité? Pourquoi certains rêves reviennent-ils inlassablement pendant des années, parfois même durant toute une vie? Les rêves ont-ils une signification? À travers les âges, les rêves étaient soumis aux sorciers et aux prêtres qui en faisaient l'interprétation à leur façon. Pour le rêveur «moyen», il est difficile de décider si certains de ses rêves ont une signification ou non. En effet, il comprend rarement le processus du rêve qui, à ses yeux, n'est généralement qu'un fantasme passager. Au XXe siècle, le développement des théories psychanalytiques a jeté une lumière nouvelle sur le problème de l'interprétation des rêves. Bien des controverses subsistent malgré toutes les découvertes et l'on ne peut que spéculer sur une multitude de questions qui se posent. Cependant, l'étude des rêves représente un grand pas en avant, car elle a ouvert à l'homme les portes de son univers intérieur.

3. L'article

L'**article** est un mot placé devant un nom. Sa fonction est de *déterminer* le nom qu'il précède et d'en préciser le genre et le nombre. (*Grammaire française*, p. 102-113, et module 2, I.)

Il y a trois sortes d'articles:
– l'article *défini*: **la** voiture, **le** feu, **les** gens
– l'article *indéfini*: **un** travail, **une** journée, **des** idées
– l'article *partitif*: **du** pain, **de l'**eau, **de la** bière

L'article est donc un autre mot *variable*. Dans le module 2, vous étudierez plus en détail comment l'article varie dans la phrase française.

EXERCICE V   *Soulignez les articles dans le texte suivant.*

Connaissez-vous la rue Saint-Laurent qui marque la limite entre l'est et l'ouest de la ville de Montréal? Eh bien! si vous aimez les produits, les plats et les senteurs des quatre coins du monde, allez-y un samedi matin et préparez-vous à une véritable petite expédition au paradis des gourmets! Le bas de la rue Saint-Laurent, entre la rue Viger et le boulevard René-Lévesque, fait partie du quartier chinois: restaurants et pâtisseries offrent des mets et des biscuits qui vous font venir l'eau à la bouche. Dans les épiceries, vous trouverez tous les ustensiles ainsi que les ingrédients exotiques indispensables à la réussite d'un bon repas chinois. Plus haut, entre René-Lévesque et Sainte-Catherine, on trouve, dans des magasins pittoresques et pleins à craquer, toutes les senteurs de la Méditerranée, de l'Orient et des Antilles: olives et piments marinés, cannelle, poisson séché, œufs salés, canne à sucre... Ensuite, c'est le désert jusqu'à la rue Sherbrooke où la rue Saint-Laurent reprend toute son animation et sa vocation gastronomique. Cette fois-ci, c'est l'Europe centrale qui donne le ton au quartier avec quelques établissements grecs et portugais pour apporter une note méditerranéenne... Boucheries, rôtisseries, boulangeries, fruiteries, poissonneries, charcuteries, fromageries aux devantures colorées se succèdent et offrent une variété alléchante de produits. D'énormes jambons et des saucisses fumées s'empilent dans les vitrines. Des bagels aux strudels, en passant par la choucroute fraîche, les œufs extra-frais, les fruits de mer et les lapins, on y trouve de tout pour mettre en appétit. Ajoutons qu'on y entend parler un peu toutes les langues, du français à l'anglais en passant par le grec, le portugais, l'espagnol, l'allemand, le yiddish, le créole, le hongrois et le chinois. En plein cœur de cette animation, on se croit dans la tour de Babel. La rue Saint-Laurent, c'est une perpétuelle invitation au dépaysement et au voyage pour les gourmands, les gourmets et... les polyglottes!

4. L'adjectif

L'**adjectif** est un mot qui accompagne le nom pour le *qualifier* ou pour le *déterminer*. Il s'accorde en genre et en nombre avec ce nom. C'est donc, comme le nom et l'article, un mot *variable*.

a.   L'*adjectif qualificatif* qualifie le nom.
   Ex. Regardez la **belle** fleur **bleue**.

b. L'*adjectif déterminatif* détermine le nom. Il y a plusieurs sortes d'adjectifs déterminatifs: démonstratifs, possessifs, indéfinis, interrogatifs.

Ex. Regardez **cette** fleur. (démonstratif)
Achetez **toutes** les fleurs. (indéfini)
Regardez **mes** fleurs. (possessif)
Quelle fleur regardes-tu? (interrogatif)

L'exercice suivant porte sur les adjectifs qualificatifs. Dans le module 2, vous vous familiariserez avec les adjectifs déterminatifs.

EXERCICE VI *Soulignez d'un trait les adjectifs qualificatifs et de deux traits les participes passés employés comme adjectifs.*

Toute langue a une personnalité qui lui est propre et en apprendre une autre, c'est un peu comme changer de peau, de culture ou de pays. En réalité, l'aventure pourrait très bien être agréable sinon passionnante s'il n'y avait pas la grammaire! Car il y a les verbes et leurs multiples conjugaisons qu'il faut apprendre. Et que dire de ces innombrables règles et de leurs non moins nombreuses exceptions! Omniprésentes, inévitables et inflexibles, elles sont logées bien confortablement dans les grammaires et prennent, semble-t-il, un malin plaisir à compliquer votre tranquille existence d'étudiant. Prenez la *Grammaire française* de Jacqueline Ollivier, par exemple. Quelle jolie couverture aux couleurs attrayantes, n'est-ce pas? Mais une fois ouverte, cette grammaire ne vous offre plus que du noir sur du blanc, du début à la fin. Et dire que vous pensiez que le français était une langue romantique! Et dire que vous l'avez toujours associée aux splendeurs architecturales, à la fine cuisine, aux tenues élégantes et sophistiquées, aux parfums subtils et enchanteurs, quelle déception! Vous vous demandez comment les francophones arrivent à être gais, rêveurs, insouciants, enjoués, turbulents, enthousiastes et à continuer à parler tant! Comment arrivent-ils, eux, à oublier la tyrannie de leur grammaire chaque fois qu'ils ouvrent la bouche, ce qui, il faut bien l'admettre, est plutôt fréquent! On se demande bien pourquoi ils n'ont encore jamais songé à refaire la Révolution française! C'est sûrement parce qu'ils demeurent inconscients de ce que signifie pour les non-francophones l'apprentissage de toutes ces règles. Ont-ils seulement pensé à tous ces pauvres malheureux qui, comme vous, n'ont pas le sang latin, mais qui sont quand même assez courageux ou téméraires pour vouloir apprendre à communiquer en français? Nous, humbles professeurs, n'y sommes pour rien, croyez-le bien. C'est d'ailleurs par pure sympathie et dans l'unique but de vous faciliter une tâche aussi ingrate que nous avons conçu et rédigé tous ces modules. Ne nous remerciez pas, apprivoisez plutôt cette redoutable grammaire!

5. Le pronom

Le **pronom** est un mot qui remplace en général le nom, d'où le terme «pro-nom»: pour le nom. Ses fonctions dans la phrase sont donc les mêmes que celles du nom. Il s'agit d'un mot *variable* dont vous apprendrez le fonctionnement en détail dans le module 7.

Il y a plusieurs sortes de pronoms: personnels, démonstratifs, possessifs, indéfinis, relatifs, interrogatifs.

a. *Le pronom personnel*
Ex. Pierre? Je ne **le** connais pas.
Du café? Je vais **en** acheter.

b. *Le pronom démonstratif*
Ex. J'aime mieux la musique de Mozart que **celle** de Bach.

c. *Le pronom possessif*
Ex. Tes chaussures sont plus confortables que **les miennes**.

d. *Le pronom indéfini*
   Ex. Mes amis? **Tous** seront présents demain soir.

e. *Le pronom relatif*
   Ex. La fille **qui** dansait avec Jacques s'appelle Christine.

f. *Le pronom interrogatif*
   Ex. **Qui** dansait avec Jacques? Christine.

Remarque

Ne confondez pas **qui** pronom relatif et **qui** pronom interrogatif. Ils ont la même forme, mais leur nature diffère; le pronom relatif relie les deux propositions alors que le pronom interrogatif sert à poser une question.

B. La fonction des mots variables

1. Le sujet

Le **sujet** est le mot ou le groupe de mots dont le verbe conjugué décrit l'action ou l'état.
Ex. Les **enfants** jouent dehors.
   Le **portrait** de mes grands-parents trône dans le salon.

Le sujet n'est pas nécessairement un nom. Il peut aussi être un autre mot qui remplace le nom ou qui est utilisé comme nom.
Ex. **Ils** voyagent.
   Les **invités** arrivent.
   Dormir est bien agréable.

Remarque

Seul le verbe conjugué peut jouer le rôle de verbe dans la phrase. À l'infinitif, le verbe sera sujet ou complément selon le contexte.

EXERCICE VII   *Soulignez les sujets dans ce texte. Reliez-les par une flèche à leurs verbes respectifs.*

Le stress est un mot à la mode et une maladie dite «de civilisation». Peu de gens échappent à ce mal du siècle; il touche tous ceux qui sont incapables de s'adapter aux changements rapides de l'environnement. Conflits, pressions et frustrations font partie de la vie quotidienne de la plupart des gens. Ces tensions provoquent progressivement un déséquilibre biologique qui entraîne toutes sortes de maux: migraines, insomnies, troubles digestifs… Le stress peut même prédisposer à des maladies graves. Les médecins prescrivent en général des somnifères et des calmants, mais les malades risquent de devenir dépendants de leurs médicaments. Dans certains centres de recherche, les thérapeutes essaient de découvrir la cause de ces malaises. Ils proposent à leurs malades un traitement anti-stress en profondeur. Celui-ci commence par la décontraction physique au moyen de techniques de relaxation, dont l'hydrothérapie. Une fois que le malade est suffisamment détendu, le travail de rééducation continue avec les séances de rétroaction. Grâce aux électrodes posées sur son front, le sujet apprend à contrôler les situations qui l'affectent. Les lumières rouges se multiplient lorsqu'il pense à une situation stressante (la relation qu'il entretient avec son patron, par exemple). S'il réussit, grâce à la relaxation, à dominer la tempête d'émotions dans son cerveau, la lumière verte s'allume. Souvent, un bon cocktail de vitamines complète le traitement du malade déprimé. Apprendre à relaxer constitue la base du traitement. Cela semble évident, mais il fallait y penser.

2. Les compléments du verbe

Le **complément d'objet** est un mot ou un groupe de mots rattaché au verbe pour en compléter le sens en indiquant sur qui ou sur quoi passe l'action.

a. Le *complément d'objet direct* (c.o.d.) est directement rattaché au verbe. Il répond à la question: **qui? quoi?**
   Ex. J'aime **les fleurs**. (J'aime quoi?)
   Il veut **partir en vacances**. (Il veut quoi?)
   J'ai rencontré **mon voisin**. (J'ai rencontré qui?)

b. Le *complément d'objet indirect* (c.o.i.) est rattaché au verbe par une préposition. Il répond à la question: **à qui? à quoi? de qui? de quoi?**
   Ex. David téléphone tous les jours **à Isabelle**. (David téléphone à qui?)
   Savez-vous ce qu'il pense **d'elle**? (… ce qu'il pense de qui?)

c. Le *complément circonstanciel* est un mot ou un groupe de mots qui complète l'idée du verbe en indiquant le lieu, le temps, le but, la cause, etc. Il est souvent précédé d'une préposition. Pour identifier le complément circonstanciel, on pose, après le verbe, une des questions: **où? quand? pourquoi? comment? combien?** etc.
   Ex. Il habite **au centre-ville**. (Il habite où?)
   Elle est partie **ce matin**. (Elle est partie quand?)
   Elle est partie **en voiture**. (Elle est partie comment?)

d. L'*attribut* est généralement rattaché au verbe être. Il sert à décrire le sujet du verbe.
   Ex. Il est **médecin**.
   Ils sont **contents**.
   Les pommes sont **mûres**.

EXERCICE VIII   *Dans les phrases suivantes, soulignez:*
                    d'un trait le c.o.d.;
                    de deux traits le c.o.i.;
                    et encadrez le complément circonstanciel.

1. Quand j'aurai terminé mon travail, je prendrai un bain.
2. Ils se sont promenés dans le Vieux Montréal.
3. Je connais des gens qui vont au cinéma tous les soirs.
4. Cette décision dépend de nous.
5. Pense à nos invités! Achète aussi du café et des biscuits!
6. Nous boirons du champagne pour fêter votre retour.
7. Nous avons parlé de voyages et de bateaux chez les Tremblay.
8. Pendant la classe, je rêve à mes vacances.
9. Que pensez-vous de la crise économique? Est-ce qu'on trouvera une solution?
10. Tiens, prends les clés. Va au garage et parle à mon mécanicien. Je suis sûre qu'il installera tout de suite les pneus d'hiver.
11. Tu devrais regarder la télé ce soir. On passera une émission très intéressante à Radio-Québec.
12. Est-ce que vous êtes déjà allé à l'Île-aux-Coudres?
13. Les deux pays ont repris les relations diplomatiques.
14. Les sociétés pétrolières ont découvert des gisements dans la mer de Beaufort.
15. Si tu arrives en train, téléphone à Hervé. Il ira te chercher à la gare.

C. La nature et la fonction des mots invariables

1. La préposition

Une **préposition** est un mot *invariable* qui établit un rapport entre deux mots. Le mot qui suit la préposition est un complément. Voici quelques prépositions: **à, après, avec, chez, de, en, entre, pendant, pour, près, sans, sur, vers,** etc.

Ex. Elle est montée **dans l'autobus.** (complément circonstanciel)

Il revient **de Québec.** (complément circonstanciel)

Je dois téléphoner **à Sylviane.** (c.o.i.)

Je suis des cours **d'informatique.** (c. du nom)

2. La conjonction

Une **conjonction** est un mot *invariable* qui unit deux mots ou deux groupes de mots. (*Grammaire française*, p. 415-418.)

a. La *conjonction de coordination* marque, entre des mots ou des propositions de même fonction: l'union (**et**), l'opposition (**mais**), l'alternative (**ou**), la négation (**ni**), la conséquence (**donc**), etc.

Ex. Il est bien gentil, **mais** si ennuyeux.

Prenez-vous du thé **ou** du café?

Je ne prends **ni** l'un **ni** l'autre.

Elle a fermé son livre **et** elle s'est endormie.

b. La *conjonction de subordination* indique une dépendance entre les éléments qu'elle unit. Certaines conjonctions introduisent l'indicatif, d'autres le subjonctif.

Ex. **Quand** il a appris la nouvelle, il a sauté de joie.

Si elle a de la fièvre et **qu'**elle tousse, cela veut dire **qu'**elle a la grippe.

Nous sommes sortis **bien qu'**il fasse froid.

Voici quelques conjonctions de subordination: **parce que, puisque, de manière que, dès que, depuis que, lorsque,** etc.

Remarque

Ne confondez pas **que** conjonction de subordination et **que** pronom relatif. Ils ont la même forme, mais pas la même fonction.

Ex. Je pense **que** j'ai besoin de vacances! (conjonction)

Ce sont les plus belles vacances **que** j'aie jamais passées! (pronom relatif)

3. L'adverbe

L'**adverbe** est un mot *invariable* que l'on joint à un verbe, à un adjectif ou à un autre adverbe pour en modifier le sens. (*Grammaire française*, p. 175-182.)

Ex. Il court **vite.** (modifie le verbe)

Elle est **très** sympathique (modifie l'adjectif)

Il vient **assez** rarement. (modifie l'adverbe)

Un grand nombre d'adverbes sont formés à partir de l'adjectif et se terminent par **ment.**

Ex. Naturellement, rapidement, bêtement, évidemment, gentiment, tristement, exactement...

Il y a aussi des *locutions adverbiales* qui sont formées de plusieurs mots.

Ex. Petit à petit, à peu près, tout de suite, à propos, sans doute, en même temps...

Notez que l'adverbe a toujours la fonction de complément circonstanciel quand il modifie le verbe.

Ex. Il fume **de temps en temps.**

EXERCICE IX   *Soulignez les adverbes dans les phrases suivantes.*

1. Il savait exactement ce que l'on pensait de lui, mais il s'en souciait peu.

2. Les chèques de voyage peuvent s'utiliser presque partout au monde et bien des gens ne partent jamais sans en avoir.

3. J'ai beaucoup d'amis très sympathiques, mais malheureusement, je ne les vois pas assez souvent.

4. Les Riel seraient peut-être venus si vous les aviez avertis suffisamment à l'avance.

5. Il est à peu près certain que le monde court à la catastrophe si nous continuons à gaspiller aussi stupidement nos ressources.

6. Petit à petit l'oiseau fait son nid. (proverbe)

7. Mieux vaut tard que jamais. (proverbe)

8. Le monde appartient à ceux qui se lèvent tôt. (proverbe)

D. Synthèse

Tous ces mots ou éléments de la phrase seront repris en détail dans les autres modules selon une progression «cyclique» ou en spirale.

La nature et la fonction des mots dans la phrase

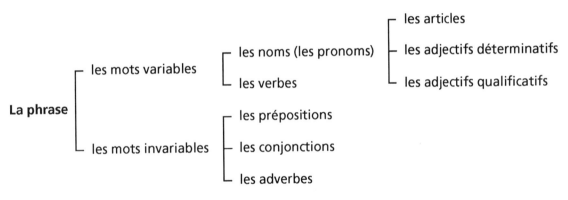

Dans la catégorie des *mots variables*, vous trouverez:
- les verbes [modules 3, 4, 5, 6];
- les noms [module 2];
- les pronoms [modules 2, 4, 5, 7, 9, 10];
- les articles [module 2];
- les adjectifs déterminatifs [modules 2, 5, 10];
- les adjectifs qualificatifs [modules 2, 9].

Dans la catégorie des *mots invariables*, vous trouverez:
- les prépositions [module 8];
- les conjonctions [modules 8, 10];
- les adverbes [modules 5, 9, 10].

EXERCICE X   Synthèse. *À présent, vous devriez être capable de reconnaître les différents mots d'une phrase et de comprendre leur fonction.*

Dites quelles sont la nature et la fonction de chacun des mots dans les phrases suivantes.

Ex. Ma sœur portait une robe et une veste blanches.

	NATURE	FONCTION
Ma	adjectif possessif	détermine *sœur*
sœur	nom	sujet de *portait*
portait	verbe	verbe
une	article indéfini	détermine *robe*
robe	nom	c.o.d. de *portait*
et	conjonction	relie *robe* et *veste*
une	article indéfini	détermine *veste*
veste	nom	c.o.d. de *portait*
blanches	adjectif qualificatif	qualifie *robe* et *veste*

1. Les automobiles posent un grand problème dans les villes.
   Les
   automobiles
   posent
   un
   grand
   problème
   dans
   les
   villes

2. Il se prépare vite pendant que ses amis l'attendent.
   Il
   se prépare
   vite
   pendant que
   ses
   amis
   l'
   attendent

3. Téléphone tout de suite à ceux qui sont arrivés ce matin.
   Téléphone
   tout de suite
   à
   ceux
   qui
   sont arrivés
   ce
   matin

Corrigé des exercices

EXERCICE I

Deux vieillards s'aimaient d'amour tendre depuis de nombreuses années. Ils vivaient paisiblement dans un petit village reculé, perdu au fond de la campagne acadienne. Un soir, la vieille dame demande à son mari d'aller au magasin général acheter des fèves pour le souper. Au magasin, (pendant qu')il attend son tour, il aperçoit au mur le portrait d'un vieillard (dont) l'apparence lui semble familière. Il s'approche un peu plus (et) s'exclame avec étonnement: «Mais c'est le portrait de mon défunt père! Comment se fait-il (que) ce marchand ait dans son magasin le portrait de mon défunt père?» (Comme) il n'a que très peu d'argent, il hésite à le dépenser pour acheter ce portrait. Néanmoins, l'envie d'avoir ce portrait l'emporte sur la raison (et) il rentre chez lui tout content de son acquisition. (Comme) il craint (que) sa vieille ne lui reproche cette folle dépense, il s'empresse d'aller cacher le portrait au grenier. Les jours suivants, il ne perd pas une occasion de monter admirer le fameux portrait, (si bien que) sa femme commence à se demander ce (qu')il peut aller faire au grenier. N'y tenant plus, elle profite d'une de ses sorties au village pour aller tenter d'éclaircir le mystère. Elle a tôt fait de repérer le fameux portrait. En le voyant, elle s'écrie, stupéfaite: «Ah! le vilain! Voilà qu'il me trompe à présent! Et avec une vieille, laide et toute ratatinée! Attendez un peu!» Résolue de tirer cette histoire au clair, elle redescend à la cuisine (et) s'affaire à préparer le dîner en attendant son homme. (Dès qu')il revient de sa promenade, elle s'empresse de lui dire, sur un ton de reproche:

— Comment, vieux coquin, oses-tu me tromper avec cette vilaine petite vieille toute plissée et laide comme un péché mortel?

— Mais qu'est-ce que tu racontes?

— Tu gardes son portrait au grenier, je t'ai vu monter l'admirer à plusieurs reprises.

— Mais tu fais erreur ma vieille, c'est le portrait de mon défunt père (que) j'ai acheté au magasin général. Tu ne trouves pas (qu')il est beau?

— Comment! et tu oses me mentir par-dessus le marché! Je te dis (que) je l'ai vu ce portrait!

Après une discussion des plus animées, les deux vieillards montent au grenier (et), ensemble, ils regardent le fameux portrait (qui) est à l'origine de toute cette émotion. Et c'est ainsi (qu')ils découvrent à la fois ahuris, incrédules et émerveillés la magie du miroir.

EXERCICE II

1. 5 propositions
   a. Les personnes sont souvent des êtres
   b. qui deviennent pour nous des maîtres
   c. et dont nous nous souvenons toute notre vie
   d. qui ont vécu intensément
   e. et dont la valeur n'a d'égal que l'humilité

2. 4 propositions
   a. Nous vivons dans une «beautécratie»
   b. comme l'écrivait Catherine Dreyfus dans *Le Nouvel Observateur*
   c. où la discrimination esthétique commence
   d. avant même que nos enfants aillent à l'école

3. 4 propositions
   a. On prétend souvent
   b. que la salle de classe est un milieu artificiel
   c. où étudiants et enseignants passent une si grande partie de leur temps
   d. qui ne ressemble en rien à la réalité

4. 5 propositions
   a. Or, vous savez comme moi
   b. que la salle de classe est une cellule sociale
   c. où il y a des lois et des rapports de force
   d. qui déterminent toute une série d'interactions non moins authentiques que celles
   e. qu'on observe hors des cadres de l'institution scolaire

EXERCICE III

1. passé: participe passé conjugué avec **avoir**, pas d'accord

2. venues: participe passé conjugué avec **être**, accord avec le sujet *mes copines*, féminin, pluriel
   apporté: participe passé conjugué avec **avoir**, pas d'accord

3. enlevé: participe passé conjugué avec **avoir**, pas d'accord
   montés: participe passé conjugué avec **être**, accord avec le sujet *ils*, masculin, pluriel

4. écrites: participe passé employé comme adjectif, donc accord avec le nom *chansons*, féminin, pluriel
   remporté: participe passé conjugué avec **avoir**, pas d'accord.

5. rapporté: participe passé conjugué avec **avoir**, pas d'accord
   revenue: participe passé conjugué avec **être**, accord avec le sujet *elle*, féminin, singulier

6. rejeté: participe passé conjugué avec **avoir**, pas d'accord
   proposées: participe passé employé comme adjectif, donc accord avec le nom *offres*, féminin, pluriel

EXERCICE IV

Depuis le <u>début</u> des <u>années</u> cinquante, la <u>science</u> a apporté des <u>éléments</u> de <u>réponse</u> à une <u>question</u> que tous les <u>peuples</u> se sont posée de tout <u>temps</u>: qu'est-ce que le <u>rêve</u>? La <u>recherche</u> scientifique démontre que le <u>rêve</u> est un <u>besoin</u> tant physiologique que psychologique, aussi essentiel que l'<u>alimentation</u> et le <u>sommeil</u>. Tout <u>homme</u> rêve et ses <u>rêves</u> nocturnes représentent environ un <u>dixième</u> de la <u>durée</u> de sa <u>vie</u>. Les <u>expériences</u> que vit le <u>rêveur</u> pendant cette <u>période</u> sont fascinantes. Il plonge dans un <u>univers</u> radicalement différent de la <u>réalité</u> quotidienne et où les <u>notions</u> de <u>temps</u> et d'<u>espace</u> sont abolies. Au <u>cours</u> de cette <u>existence</u> nocturne parallèle, les <u>actions</u> et les <u>événements</u> les plus incroyables s'accomplissent avec un parfait <u>naturel</u>. Et pourtant, même les <u>rêves</u> les plus puissants s'effacent généralement de la <u>mémoire</u> dès le <u>réveil</u>. Pourquoi disparaissent-ils si vite après avoir fait remonter à la <u>surface</u> les <u>aspects</u> les plus secrets de notre <u>personnalité</u>? Pourquoi certains <u>rêves</u> reviennent-ils inlassablement pendant des <u>années</u>, parfois même durant toute une <u>vie</u>? Les <u>rêves</u> ont-ils une <u>signification</u>? À travers les <u>âges</u>, les <u>rêves</u> étaient soumis aux <u>sorciers</u> et aux <u>prêtres</u> qui en faisaient l'<u>interprétation</u> à leur <u>façon</u>. Pour le <u>rêveur</u> «moyen», il est difficile de décider si certains de ses <u>rêves</u> ont une <u>signification</u> ou non. En effet, il comprend rarement le <u>processus</u> du <u>rêve</u> qui, à ses <u>yeux</u>, n'est généralement qu'un <u>fantasme</u> passager. Au XXe <u>siècle</u>, le <u>développement</u> des <u>théories</u> psychanalytiques a jeté une <u>lumière</u> nouvelle sur le <u>problème</u> de l'<u>interprétation</u> des <u>rêves</u>. Bien des <u>controverses</u> subsistent malgré toutes les <u>découvertes</u> et l'on ne peut que spéculer sur une <u>multitude</u> de <u>questions</u> qui se posent. Cependant, l'<u>étude</u> des <u>rêves</u> représente un grand <u>pas</u> en avant, car elle a ouvert à l'<u>homme</u> les <u>portes</u> de son <u>univers</u> intérieur.

EXERCICE V

Connaissez-vous la rue Saint-Laurent qui marque la limite entre l'est et l'ouest de la ville de Montréal? Eh bien! si vous aimez les produits, les plats et les senteurs des quatre coins du monde, allez-y un samedi matin et préparez-vous à une véritable petite expédition au paradis des gourmets! Le bas de la rue Saint-Laurent, entre la rue Viger et le boulevard René-Lévesque, fait partie du quartier chinois: restaurants et pâtisseries offrent des mets et des biscuits qui vous font venir l'eau à la bouche. Dans les épiceries, vous trouverez tous les ustensiles ainsi que les ingrédients exotiques indispensables à la réussite d'un bon repas chinois. Plus haut, entre René-Lévesque et Sainte-Catherine, on trouve, dans des magasins pittoresques et pleins à craquer, toutes les senteurs de la Méditerranée, de l'Orient et des Antilles: olives et piments marinés, cannelle, poisson séché, œufs salés, canne à sucre... Ensuite, c'est le désert jusqu'à la rue Sherbrooke où la rue Saint-Laurent reprend toute son animation et sa vocation gastronomique. Cette fois-ci, c'est l'Europe centrale qui donne le ton au quartier avec quelques établissements grecs et portugais pour apporter une note méditerranéenne... Boucheries, rôtisseries, boulangeries, fruiteries, poissonneries, charcuteries, fromageries aux devantures colorées se succèdent et offrent une variété alléchante de produits. D'énormes jambons et des saucisses fumées s'empilent dans les vitrines. Des bagels aux strudels, en passant par la choucroute fraîche, les œufs extra-frais, les fruits de mer et les lapins, on y trouve de tout pour mettre en appétit. Ajoutons qu'on y entend parler un peu toutes les langues, du français à l'anglais en passant par le grec, le portugais, l'espagnol, l'allemand, le yiddish, le créole, le hongrois et le chinois. En plein cœur de cette animation, on se croit dans la tour de Babel. La rue Saint-Laurent, c'est une perpétuelle invitation au dépaysement et au voyage pour les gourmands, les gourmets et... les polyglottes!

EXERCICE VI

Toute langue a une personnalité qui lui est propre et en apprendre une autre, c'est un peu comme changer de peau, de culture ou de pays. En réalité, l'aventure pourrait très bien être agréable sinon passionnante s'il n'y avait pas la grammaire! Car il y a les verbes et leurs multiples conjugaisons qu'il faut apprendre. Et que dire de ces innombrables règles et de leurs non moins nombreuses exceptions! Omniprésentes, inévitables et inflexibles, elles sont logées bien confortablement dans les grammaires et prennent, semble-t-il, un malin plaisir à compliquer votre tranquille existence d'étudiant. Prenez la *Grammaire française* de Jacqueline Ollivier, par exemple. Quelle jolie couverture aux couleurs attrayantes, n'est-ce pas? Mais une fois ouverte, cette grammaire ne vous offre plus que du noir sur du blanc, du début à la fin. Et dire que vous pensiez que le français était une langue romantique! Et dire que vous l'avez toujours associée aux splendeurs architecturales, à la fine cuisine, aux tenues élégantes et sophistiquées, aux parfums subtils et enchanteurs, quelle déception! Vous vous demandez comment les francophones arrivent à être gais, rêveurs, insouciants, enjoués, turbulents, enthousiastes et à continuer à parler tant! Comment arrivent-ils, eux, à oublier la tyrannie de leur grammaire chaque fois qu'ils ouvrent la bouche, ce qui, il faut bien l'admettre, est plutôt fréquent! On se demande bien pourquoi ils n'ont encore jamais songé à refaire la Révolution française! C'est sûrement parce qu'ils demeurent inconscients de ce que signifie pour les non-francophones l'apprentissage de toutes ces règles. Ont-ils seulement pensé à tous ces pauvres malheureux qui, comme vous, n'ont pas le sang latin, mais qui sont quand même assez courageux ou téméraires pour vouloir apprendre à communiquer en français? Nous, humbles professeurs, n'y sommes pour rien, croyez-le bien. C'est d'ailleurs par pure sympathie et dans l'unique but de vous faciliter une tâche aussi ingrate que nous avons conçu et rédigé tous ces modules. Ne nous remerciez pas, apprivoisez plutôt cette redoutable grammaire!

EXERCICE VII

Le stress est un mot à la mode et une maladie dite «de civilisation». Peu de gens échappent à ce mal du siècle; il touche tous ceux qui sont incapables de s'adapter aux changements rapides de l'environnement. Conflits, pressions et frustrations font partie de la vie quotidienne de la plupart des gens. Ces tensions provoquent progressivement un déséquilibre biologique qui entraîne toutes sortes de maux: migraines, insomnies, troubles digestifs… Le stress peut même prédisposer à des maladies graves. Les médecins prescrivent en général des somnifères et des calmants, mais les malades risquent de devenir dépendants de leurs médicaments. Dans certains centres de recherche, les thérapeutes essaient de découvrir la cause de ces malaises. Ils proposent à leurs malades un traitement anti-stress en profondeur. Celui-ci commence par la décontraction physique au moyen de techniques de relaxation, dont l'hydrothérapie. Une fois que le malade est suffisamment détendu, le travail de rééducation continue avec les séances de rétroaction. Grâce aux électrodes posées sur son front, le sujet apprend à contrôler les situations qui l'affectent. Les lumières rouges se multiplient lorsqu'il pense à une situation stressante (la relation qu'il entretient avec son patron, par exemple). S'il réussit, grâce à la relaxation, à dominer la tempête d'émotions dans son cerveau, la lumière verte s'allume. Souvent, un bon cocktail de vitamines complète le traitement du malade déprimé. Apprendre à relaxer constitue la base du traitement. Cela semble évident, mais il fallait y penser.

EXERCICE VIII

1. Quand j'aurai terminé mon travail, je prendrai un bain.
2. Ils se sont promenés dans le Vieux Montréal.
3. Je connais des gens qui vont au cinéma tous les soirs.
4. Cette décision dépend de nous.
5. Pense à nos invités! Achète aussi du café et des biscuits!
6. Nous boirons du champagne pour fêter votre retour.
7. Nous avons parlé de voyages et de bateaux chez les Tremblay.
8. Pendant la classe, je rêve à mes vacances.
9. Que pensez-vous de la crise économique? Est-ce qu'on trouvera une solution?
10. Tiens, prends les clés. Va au garage et parle à mon mécanicien. Je suis sûre qu'il installera tout de suite les pneus d'hiver.
11. Tu devrais regarder la télé ce soir. On passera une émission très intéressante à Radio-Québec.
12. Est-ce que vous êtes déjà allé à l'Île-aux-Coudres?
13. Les deux pays ont repris les relations diplomatiques.
14. Les sociétés pétrolières ont découvert des gisements dans la mer de Beaufort.
15. Si tu arrives en train, téléphone à Hervé. Il ira te chercher à la gare.

EXERCICE IX

1. exactement, peu
2. presque, partout, bien, jamais
3. beaucoup, très, malheureusement, assez, souvent
4. peut-être, suffisamment, à l'avance
5. à peu près, aussi, stupidement
6. Petit à petit
7. Mieux, tard, jamais
8. tôt

EXERCICE X

	NATURE	FONCTION
1. Les	article défini	détermine *automobiles*
automobiles	nom	sujet de *posent*
posent	verbe	verbe
un	article indéfini	détermine *problème*
grand	adjectif qualificatif	qualifie *problème*
problème	nom	c.o.d. de *posent*
dans	préposition	introduit *les villes*
les	article défini	détermine *villes*
villes	nom	complément circonstanciel de *posent*
2. Il	pronom personnel	sujet de *se prépare*
se prépare	verbe	verbe
vite	adverbe	complément circonstanciel de *se prépare*
pendant que	conjonction	relie les 2 propositions
ses	adjectif possessif	détermine *amis*
amis	nom	sujet de *attendent*
l'	pronom personnel	c.o.d. de *attendent*
attendent	verbe	verbe
3. Téléphone	verbe	verbe
tout de suite	locution adverbiale	complément circonstanciel de *téléphone*
à	préposition	introduit *ceux*
ceux	pronom démonstratif	c.o.i. de *téléphone*
qui	pronom relatif	sujet de *sont arrivés*
sont arrivés	verbe	verbe
ce	adjectif démonstratif	détermine *matin*
matin	nom	complément circonstanciel de *sont arrivés*

MODULE 2
La notion de genre

Hélène Poulin-Mignault

Table des matières

Objectifs

1. Montrer l'importance du *genre* des noms en français.

2. Fournir des exercices qui font ressortir les formes masculines et féminines des catégories grammaticales affectées par le genre des noms: les articles, les démonstratifs, les possessifs, les interrogatifs, les pronoms relatifs, les pronoms personnels, le mot *tout,* adjectif ou pronom indéfini, et les adjectifs qualificatifs.

Introduction

En français, il y a deux genres pour les noms: le **masculin** et le **féminin**. Hélas, il n'existe aucune règle pour déterminer de façon logique et infaillible le genre d'un nom.

Ex. **la** cravate
le sein maternel
le problème
la solution

Néanmoins, la terminaison des noms peut vous fournir une indication utile vous permettant de les classer par catégories. Vous trouverez une liste des terminaisons dans *Grammaire française,* p. 167-170.

Il est très important d'apprendre le genre du nom avec le nom, car il affecte plusieurs des éléments de la phrase.

Ex. **Cette** cravate **neuve** n'est pas aussi **belle** que **celle** que Louise m'a **offerte.**

Ce chapeau **neuf** n'est pas aussi **beau** que **celui** que Louise m'a **offert.**

Dans le prétest de ce module, nous mettrons donc l'accent sur la notion de genre en ce qu'elle modifie la forme de certains éléments ou paradigmes de la phrase. Les exercices que vous aurez à faire pour compléter ce module traiteront chacun de ces éléments individuellement afin de vous permettre de bien saisir le rapport qui existe entre le genre et la forme des mots, d'une part, et leur fonction, d'autre part. Par conséquent, vous serez appelé à consulter plusieurs leçons de *Grammaire française.* Vous pourrez aussi vous référer au module 1.

Prétest

I *En tenant compte du genre des noms, mettez l'article qui convient: défini, indéfini, partitif. (10 × 2 points)*

Quand on étudie _____ articles, il faut aimer _____ vin, détester _____ bière, boire _____ café, mais jamais entre _____ repas, prendre _____ tisane pendant _____ soirée et _____ bon verre de jus de fruits en tout autre occasion. Je connais _____ gens qui ont _____ autres goûts!

II *Mettez l'adjectif ou le pronom qui convient: démonstratif, interrogatif ou relatif. (8 × 3 points)*

1. _____ des candidats avez-vous choisi?

_____ que nous avons interviewé ce matin.

2. _____ robes dois-je faire nettoyer, _____ ou _____ qui sont dans le placard?

3. _____ décision est très sage. C'est la raison pour _____ nous l'avons prise.

4. Voici les classeurs dans _____ je range mes documents.

III *Mettez l'adjectif ou le pronom possessif qui convient. (5 × 2 points)*

1. Paul a mis _____ cravate neuve aujourd'hui.

2. — Les enfants, où sont _____ bottes? Il fait froid aujourd'hui!

— On ne les porte pas parce que Martine déteste _____, Pierre et Marie ont perdu

_____ et je pense que _____ sont encore chez le cordonnier!

IV *Complétez les phrases en employant la forme de **tout** qui convient; dites s'il s'agit d'un adjectif ou d'un pronom. (10 × 2 points)*

J'ai lu _____ (1) les explications; j'ai révisé _____ (2) les règles et j'ai fait _____ (3) les exercices du module. _____ (4) va mieux maintenant que j'ai terminé _____ (5) ce travail.

1. _____   4. _____

2. _____   5. _____

3. _____

V   *Remplacez les pronoms soulignés par un nom. (2 × 2 points)*

1. Pierre lu̲i̲ parle.   2. Marie l̲a̲ regarde.

   Pierre parle _____.   Marie regarde _____.

VI   *Dans la phrase suivante, soulignez deux pronoms qui ne sont pas affectés par le genre. (2 × 2 points)*

Leur psychologue leur a dit que leurs enfants leur causeraient bien des problèmes.

VII   *Remplacez le nom souligné par le nom entre parenthèses et faites les changements nécessaires. (9 × 2 points)*

1. (chansons)
   Les beaux po̲è̲m̲e̲s̲ que Gilles Vigneault a écrits sont connus même en Europe.

   _____

   _____

2. (auto)
   Ce c̲a̲m̲i̲o̲n̲ n'est pas neuf, mais il est plus puissant que le mien.

   _____

   _____

3. (Suzanne)
   Je ne savais pas que M̲a̲r̲c̲ était paresseux.

   _____

   _____

Résultats			
I	/ 20	V	/ 4
II	/ 24	VI	/ 4
III	/ 10	VII	/ 18
IV	/ 20		
		Total	/ 100

30

Corrigé du prétest

I

les, le, la, du, les, de la / une, la, un, des, d'

II

1. Lequel, Celui
2. Quelles, celles-ci, celles

3. Cette, laquelle
4. lesquels

III

1. sa
2. vos, les siennes, les leurs, les miennes

IV

1. toutes: adjectif
2. toutes: adjectif

3. tous: adjectif
4. Tout: pronom

5. tout: adjectif

V

à Marie / à Jean
la télévision / Catherine

VI

<u>leur</u> a dit, <u>leur</u> causeraient

VII

1. Les <u>belles</u> chansons que Gilles Vigneault a <u>écrites</u> sont <u>connues</u> même en Europe.
2. <u>Cette</u> auto n'est pas <u>neuve</u>, mais <u>elle</u> est plus <u>puissante</u> que <u>la mienne</u>.
3. Je ne savais pas que Suzanne était <u>paresseuse</u>.

I. Les articles

Lisez attentivement la leçon sur les articles dans *Grammaire française*, p. 102-113, en vous arrêtant aux exercices d'*Application immédiate*. Référez-vous aussi au module 1. Pour le genre des noms, vous pouvez consulter le tableau des terminaisons, p. 167-170. Faites ensuite les exercices qui suivent afin de vérifier votre compréhension. Les exercices I, II et III vous présentent chaque sorte d'article séparément. Attention, l'article partitif peut être remplacé par une expression de quantité telle que «beaucoup de», «trop de», «une douzaine de», etc. (*Grammaire française*, p. 111, D.) L'exercice IV est une synthèse. Il vous est fortement recommandé de compléter également les exercices II, VI et XIII dans *Grammaire française*, p. 114-116.

La forme et l'emploi de l'article, en français, n'étant repris dans aucun des modules ultérieurs, il importe de bien les assimiler avant de passer à autre chose. Faites maintenant les exercices qui suivent.

EXERCICE I

En tenant compte du genre des noms, mettez, s'il y a lieu, l'article défini qui convient. (Attention aux articles contractés.)

1. _____ lion est _____ roi de _____ animaux.

2. _____ patience est _____ mère de toutes _____ vertus.

3. _____ argent ne fait pas _____ bonheur, mais il rend _____ malheur supportable.

4. _____ coquillage que j'ai ramassé sur _____ plage fera un joli bijou.

5. À mon avis, _____ printemps est _____ saison _____ plus stimulante de l'année.

6. On dit que _____ beauté est dans _____ œil qui regarde.

7. Je n'en reviens pas! _____ filet de bœuf se vend maintenant 28 $ _____ kilo.

8. _____ mercredi dernier, en quittant _____ bureau, j'ai couru à _____ banque, mais, hélas, elle ferme à 15 h _____ mercredi. J'ai dû y retourner _____ lendemain pendant _____ heure du déjeuner.

9. Claudine est _____ monitrice dont je vous ai parlé hier. Elle a _____ air réservé, mais elle n'a pas _____ langue dans sa poche.

10. _____ comble de _____ malchance, c'est sûrement d'aimer _____ piano, mais d'avoir _____ doigts trop courts; d'aimer _____ natation, mais d'avoir peur de _____ eau; d'étudier _____ sociologie, mais de détester _____ foules; d'aimer _____ ville, mais de ne pas supporter _____ pollution; de préférer _____ été, mais d'avoir _____ fièvre de _____ foins; d'adorer _____ Chine, mais de ne pas digérer _____ riz; d'étudier _____ langues, mais de détester _____ grammaire.

EXERCICE II

En tenant compte du genre des noms, mettez, s'il y a lieu, l'article indéfini qui convient.

1. _____ article est _____ mot qui détermine _____ nom.

2. _____ femme avertie en vaut peut-être trois. _____ homme averti ne se prononcerait pas sur _____ question pareille.

3. Tu penses bien qu'on l'a remarqué! Il portait _____ cravate rouge vif sur _____ chemise rayée noir et blanc.

4. Ce n'est pas _____ jour de congé qu'il nous faut, mais _____ semaine de vacances.

5. J'ai fait _____ bonne affaire en achetant _____ appartement au centre-ville. C'est _____ investissement qui me rapportera à long terme.

6. _____ enfant n'est pas toujours sage comme _____ image.

7. _____ changement profond se produit rarement du jour au lendemain.

8. N'oubliez pas que _____ professeur n'est pas _____ dictionnaire ambulant.

9. _____ économie prospère est le reflet de _____ gouvernement habile et juste.

10. Donnez-moi _____ fauteuil confortable, _____ feu de cheminée, _____ bon livre et _____ soirée tranquille, je serai _____ personne heureuse.

EXERCICE III   *En tenant compte du genre des noms, mettez, s'il y a lieu, l'article partitif qui convient. Attention: les expressions de quantité remplacent l'article partitif.*

1. Au marché, je vais acheter _____ laitue, _____ fromage, _____ pain, _____ riz et _____ viande.

2. Comme dessert, je vais servir _____ gâteau, _____ glace et, pour finir, nous boirons _____ café, _____ thé ou _____ tisane.

3. Je prends _____ crème et un peu de _____ sucre dans mon café.

4. Tu ne devrais pas boire autant de _____ café, c'est mauvais pour la santé.

5. Pierre m'a emprunté _____ argent pour acheter _____ peinture.

6. Je voulais lui offrir un cadeau, mais j'ai eu beaucoup de _____ mal à trouver quelque chose d'approprié.

7. Maxime mange _____ confiture avec _____ beurre d'arachide.

8. Notre sirop d'érable, c'est _____ or liquide.

9. Quand Manon a _____ peine, elle écoute _____ musique et boit _____ cognac.

10. Mélangez une tasse de _____ farine et une pincée de _____ sucre. Ajoutez deux œufs, _____ lait et _____ vanille, et vous obtiendrez assez de _____ pâte pour faire une dizaine de _____ crêpes.

EXERCICE IV   *Complétez les phrases en mettant, s'il y a lieu, l'article qui s'impose (défini, indéfini ou partitif), à la forme qui convient. Attention aux expressions de quantité.*

1. Comment! Vous allez à _____ réception de _____ Tremblay dimanche soir? Je croyais que vous ne sortiez jamais _____ dimanche!

2. J'ai _____ habitudes auxquelles je suis fidèle, mais cette fois, j'ai _____ bonnes raisons de les oublier.

3. _____ diplomatie est toujours souhaitable, mais _____ bonne session de franc-parler est parfois inévitable.

4. Pour élever _____ famille, il faut beaucoup de _____ courage, _____ patience et surtout, aimer beaucoup _____ enfants.

5. _____ professeur Sansoucis est _____ célibataire endurci. Il enseigne _____ langues depuis 10 ans et parle couramment _____ français, _____ anglais et _____ russe.

6. Que fait-on quand on a _____ goûts dispendieux et peu de _____ argent?

7. Ce n'est pas _____ raison pour se priver de tout. Il y a _____ choses qui ne coûtent pas cher.

8. J'ai promis d'arroser _____ plantes de Martine, mais elle a oublié de me laisser _____ clé de son appartement.

9. Donnez-moi _____ papier, _____ colle et _____ ciseaux qui sont sur _____ table. Je vous surprendrai!

10. Durant _____ semaine de _____ examens, Pierre a toujours _____ problèmes de santé. Pourtant, depuis qu'il est à _____ université, il en a vu _____ autres. Ses résultats n'ont jamais été inférieurs à ceux de _____ autres étudiants. _____ opinion de _____ professeurs a _____ importance, mais il ne faut pas en faire _____ maladie!

34

II. Les adjectifs et les pronoms démonstratifs

Consultez le tableau 5.2 dans *Grammaire française,* p. 119. Étudiez bien les différentes formes des adjectifs et des pronoms démonstratifs **variables.** Lisez ensuite les sections A, p. 119, et B, p. 120-121. Faites les exercices d'*Application immédiate* et vérifiez vos réponses. Vous constaterez que ces démonstratifs varient en genre et en nombre avec le nom qu'ils accompagnent ou qu'ils remplacent, comme la plupart des adjectifs et des pronoms, en français. (Voir module 1, II.A.4.b. et II.A.5.b.)

Faites maintenant l'exercice V afin de bien distinguer les diverses formes que prennent les démonstratifs (adjectif ou pronom) et leur fonction dans la phrase.

EXERCICE V   *Complétez les phrases en employant les pronoms ou les adjectifs démonstratifs qui conviennent.*

1. En faisant _____ exercice, n'oubliez pas que le genre des noms modifie les démonstratifs; ainsi, au féminin, «ceux» devient _____ et «celui» devient_____.

2. _____ module est très long et j'ai peu de temps _____ semaine.

3. Tu sais, _____ entraîneur dont je t'ai parlé hier, il sera au gymnase _____ après-midi.

4. À qui était adressée _____ lettre?

5. Ce n'est pas la peine d'acheter _____ livre si tu peux emprunter _____ de Mathieu.

6. Lequel de ces deux tableaux préférez-vous, _____ ou _____?

7. Il y avait peu de femmes à la réunion et _____ qui étaient là n'ont presque rien dit de la soirée.

8. Tout le monde était joyeux et _____ et _____ qui voulaient danser se trouvaient facilement un ou une partenaire.

9. Je n'apprécie pas _____ façon cavalière qu'il a de traiter tous _____ qui ne pensent pas comme lui.

10. Ni l'une ni l'autre de ces deux voitures ne me plaît; _____ consomme trop d'essence, _____ manque d'espace et de confort. Réflexion faite, je pense que je vais garder _____ que j'ai.

III. Les adjectifs et les pronoms possessifs

Lisez attentivement les pages 249 et 250 sur les adjectifs et 261 et 262, C. sur les pronoms dans *Grammaire française*. Faites les exercices d'*Application immédiate* et vérifiez vos réponses. Vous aurez noté qu'en français, le genre du possesseur n'affecte pas les possessifs comme en anglais.

Ex. Il prend **sa** bicyclette, pas **la mienne.**
Elle a oublié **son** livre et **son** stylo.

La personne grammaticale du possesseur (1re, 2e ou 3e, singulier ou pluriel) détermine la forme que prennent l'adjectif et le pronom possessifs.

Ex. Il prend **sa** bicyclette. (**la sienne**) 3e personne, singulier
Il utilise **mes** livres. (**les miens**) 1re personne, pluriel

Étudiez bien les tableaux 11.1, p. 249, et 11.2, p. 261, dans *Grammaire française*. Vous verrez quand il faut tenir compte du genre de l'objet possédé.

A. Les adjectifs possessifs

Faites d'abord les exercices I, II et V, p. 257-259, dans *Grammaire française*.

B. Les pronoms possessifs

Pour bien fixer dans votre esprit les formes des pronoms possessifs, faites l'exercice X, p. 263, dans *Grammaire française*. L'exercice qui suit vous permettra de faire une synthèse.

EXERCICE VI   *Complétez les phrases en utilisant les adjectifs ou les pronoms possessifs qui conviennent.*

1. _____ fils de trois ans est devenu très possessif depuis quelque temps. Il ne parle que

   de _____ jouets, _____ banc, _____ chaise, _____ lit,

   _____ maison, _____ armoire, _____ trottoir, _____

   rue,_____ téléviseur, _____ balançoire, bref, je n'ai plus qu'à entrer dans

   _____ jeu et clamer bien fort: «_____ garçon, _____ amour,

   _____ plus belle réalisation!»

2. Ces jouets sont à lui, ce sont _____.

3. Il a _____ opinions, tu as _____, voilà tout!

4. Chacun _____ goûts; nous préférons _____ quartier, vous préférez _____.

   Par contre, nous envions _____ maison et vous enviez _____.

5. Si tu me prêtes _____ notes, je te prêterai _____.

6. Ne nous mêlons pas de cette histoire. Nous avons _____ ennuis, ils ont _____.

7. Ce n'est pas l'avion de Jules que j'ai piloté, c'est _____! Je viens de l'acheter et, crois-moi, je ne l'ai pas volé!

8. Les Tremblay nous laissent _____ voiture pour le week-end. C'est vraiment gentil de _____ part.

9. Vous trouvez que _____ enfants vous coûtent cher et ils sont encore à l'école primaire. _____ sont tous à l'université. _____ études me bouffent tout _____ salaire. Heureusement que _____ femme travaille!

10. C'est _____ faute à lui s'il a échoué à _____ examen de fin d'études. Il a passé _____ temps à faire du ski cet hiver.

IV. Les adjectifs et les pronoms indéfinis

Les mots indéfinis déterminent ou remplacent les noms d'une manière vague, indéfinie. (*Grammaire française,* p. 382.)

Vous trouverez, dans *Grammaire française,* p. 381-382, un tableau de ces mots classés en ordre alphabétique et selon leur nature grammaticale.

Plusieurs de ces mots sont invariables, mais certains, tels que: aucun, certain, chacun, n'importe quel, tel, tout, etc., varient selon le genre et le nombre des noms qu'ils représentent.

Ex. Plusieurs de ces expressions sont idiomatiques.

Certaines, telles que «tout est bien qui définit bien», ne le sont pas.

Remarque

Quelqu'un est invariable, mais **quelques-uns** devient **quelques-unes** au féminin. (*Grammaire française,* p. 388-389.)

Pour ce module, étudiez surtout les formes et les fonctions du mot **tout** (*Grammaire française,* p. 393-394.) Faites l'exercice VIII, p. 397, dans votre grammaire et complétez ensuite l'exercice qui suit.

EXERCICE VII *Complétez les phrases en employant la forme de **tout** qui s'impose, et indiquez s'il s'agit d'un adjectif ou d'un pronom.*

_____ (1) **est bien qui finit bien.**

_____ (2) ceux et _____ (3) celles qui sont inscrits dans ce cours sont des étudiants modèles, bien entendu. D'ailleurs, _____ (4) et _____ (5) ont parfaitement compris _____ (6) les explications contenues dans ce module et dans leur grammaire, et ils ont déjà terminé presque _____ (7) les exercices. Étant donné qu'ils profitent de _____ (8) ce qui peut les aider à améliorer leur français,

ils regardent la télévision en français _____ (9) les soirs, ils lisent ré-

gulièrement _____ (10) les journaux de langue française et ils

écoutent _____ (11) le temps Radio-Québec. _____

_____ (12) le monde sait que _____ (13) vient à point à qui

sait apprendre! C'est pourquoi _____ (14) sont très patients et ne se

laissent jamais décourager par _____ (15) ces détails de genre, de

nature et de fonction qui leur compliquent l'existence. _____ (16) langue

a ses caprices et nous savons _____ (17) que le français ne fait pas

exception à la règle. Il en fait même de très nombreuses à _____ (18)

ses règles. Ce qui importe avant _____ (19), c'est que _____

_____ (20) ces bonnes dispositions et _____ (21) ce travail

acharné donnent des résultats positifs. _____ (22) étudiant modèle aime

ses professeurs et trouve _____ (23) les tests justes et pertinents. C'est

pourquoi il réussit toujours haut la main et dit à _____ (24) ceux qui

veulent l'entendre que vouloir, c'est pouvoir!

V. Les adjectifs et les pronoms interrogatifs

Dans *Grammaire française,* lisez les pages 334 et 335, n° 2.a. sur les adjectifs et n° 2.b. sur les pronoms. Faites ensuite les exercices d'*Application immédiate* et vérifiez vos réponses.

Vous noterez que tous les adjectifs et certains pronoms interrogatifs varient en genre et en nombre: les adjectifs, avec le nom qu'ils accompagnent;
Ex. Quel livre préférez-vous?
Quelles fleurs voulez-vous?

les pronoms, avec le nom qu'ils remplacent.
Ex. Lequel de ces deux **livres** préférez-vous?
Laquelle de ces deux **fleurs** voulez-vous?

Faites maintenant les exercices qui suivent. Vous terminerez avec l'exercice IV, p. 339, dans *Grammaire française.*

EXERCICE VIII   *Mettez l'adjectif interrogatif qui convient.*

1. _____ couleur préférez-vous?

2. _____ est votre couleur préférée?

3. _____ chansons voulez-vous apprendre?

4. _____ sont les chansons que vous savez?

5. À _____ heure allez-vous sortir?

6. De _____ livres parlaient-ils?

7. Dans _____ ville se trouvent les édifices du parlement?

8. Dans _____ tiroirs as-tu rangé tes affaires?

9. Pour _____ raison refuse-t-elle de répondre?

10. Pour _____ organisme travaillez-vous?

11. Par _____ porte doit-on sortir?

12. Par _____ fenêtre le voleur est-il entré dans la maison?

13. Sur _____ pied voulez-vous danser?

14. Sur _____ murs va-t-on placer ces affiches?

15. Avec _____ outils as-tu construit ce meuble?

16. Près de _____ parc habitent-ils?

EXERCICE IX   *Mettez le pronom interrogatif qui convient. (Attention aux articles qui se contractent.)*

1. _____ de ces deux maisons pensez-vous acheter?

2. _____ de ces exercices est le plus facile?

3. _____ de ces méthodes sont les plus efficaces?

4. À _____ des deux professeurs vas-tu poser la question?

5. À _____ de ces personnes ont-ils parlé?

6. Voici deux pinceaux. De _____ avez-vous besoin?

7. Dans _____ de mes valises as-tu mis ma brosse à dents?

8. Pour _____ des deux solutions ont-ils opté?

9. Avec _____ des deux groupes voulez-vous travailler?

10. Vous vous êtes inscrit sur une des listes, mais sur _____?

VI. Les pronoms relatifs

Certains pronoms relatifs ont les mêmes formes que les pronoms interrogatifs que vous venez d'étudier et ils varient de la même manière, c'est-à-dire en genre et en nombre avec le nom qu'ils remplacent. Il s'agit des pronoms: **lequel**, **laquelle**, **lesquels**, **lesquelles**, qui sont employés après toutes les prépositions.

Faites l'exercice suivant et comparez-le avec l'exercice IX sur les pronoms interrogatifs. Notez que même si les formes des pronoms interrogatifs et relatifs sont les mêmes, leur fonction diffère. (Voir module 1, II.A.5.e. et f. et *Remarque*.)

EXERCICE X   *Mettez le pronom relatif qui convient.*

1. Connais-tu la revue à _____ je me suis abonnée?

2. C'est le cours à _____ on m'a conseillé de m'inscrire.

3. C'est la raison pour _____ j'ai acheté tous ces modules.

4. Il a perdu le bout de papier sur _____ il avait écrit votre adresse.

5. As-tu vu les photos pour _____ il a reçu tant d'éloges?

6. Il m'a montré l'appareil avec _____ il les avait prises.

7. J'ai de jolies boîtes dans _____ je garde tous mes souvenirs de voyage.

8. Incroyable! C'est la voiture derrière _____ j'étais stationné il y a dix minutes.

9. Vous trouverez facilement, c'est l'édifice devant _____ il y a une énorme sculpture de béton.

10. Voici les dictionnaires sans _____ je ne peux travailler.

VII. Les pronoms personnels

Dans ce module, nous allons étudier seulement les pronoms personnels c.o.d. et c.o.i. à la *3e personne du singulier et du pluriel*. Il s'agit des pronoms c.o.d. **le**, **la**, **l'**, **les** et des pronoms c.o.i **lui** et **leur**.

Le genre des pronoms c.o.d., 3e personne du singulier, est déterminé par le genre du nom qu'ils remplacent.
Ex. Pierre pose **la question.**
   Pierre **la** pose.
   Julie regarde **le film.**
   Julie **le** regarde.

Au pluriel, le pronom c.o.d. n'a qu'une forme: **les**, pour le masculin et le féminin.
Ex. Je regarde **les fleurs.**
   Je **les** regarde.
   Il écoute **les disques.**
   Il **les** écoute.

Les pronoms c.o.i., 3ᵉ personne du singulier et du pluriel, ne sont pas affectés par le genre du nom qu'ils remplacent. Il n'y a donc qu'une forme pour le singulier, **lui,** et qu'une forme pour le pluriel, **leur.**

Ex. Pierre téléphone à **sa sœur.**
Pierre **lui** téléphone.
Pierre téléphone à **son frère.**
Pierre **lui** téléphone.
Pierre parle à **ses sœurs.**
Pierre **leur** parle.
Pierre parle à **ses frères.**
Pierre **leur** parle.

Dans l'exercice qui suit, vous devrez d'abord établir si les noms soulignés sont c.o.d., ou c.o.i., avant de les remplacer par les pronoms qui conviennent.

EXERCICE XI   *Remplacez les noms soulignés par les pronoms personnels qui conviennent.*

1. Je cherche la ceinture que j'ai portée hier.

_____

2. L'enfant parle à son père.

_____

3. J'adore cette chanson.

_____

4. J'aime beaucoup Marie et Jane.

_____

5. Mes neveux obéissent à leurs parents.

_____

6. Est-ce que tu veux ce joli vase?

_____

7. J'enseigne les mathématiques depuis 10 ans.

_____

8. J'enseigne aux infirmières depuis 10 ans.

_____

9. Les films comiques plaisent à Luc.

_____

10. Elle écrit régulièrement à ses amis.

_____

11. Faites <u>cet exercice</u> attentivement.

_____

12. Faites faire cet exercice à <u>Christine</u>.

_____

13. Comprenez-vous <u>la règle du genre pour les pronoms</u>?

_____

14. Nous trouvons <u>ce module</u> trop long.

_____

15. Demandez à <u>votre professeur</u> de vous aider.

_____

VIII. Le participe passé

Revoyez l'accord du participe passé présenté sommairement dans le module 1, II.A.1.c. Consultez ensuite *Grammaire française*, p. 64. Rappelez-vous qu'il n'y a généralement pas d'accord du participe passé avec l'auxiliaire avoir, sauf si le c.o.d. est placé devant le verbe, comme dans les exemples ci-dessous:

Ex. Laquelle (quelle gravure) as-tu achet**ée** finalement?
(**laquelle,** pronom interrogatif, c.o.d. de acheter placé devant le verbe)

J'ai vu cette gravure et je **l**'ai tout de suite aim**ée**. (**l'**, pronom personnel, c.o.d. de aimer placé devant le verbe)

J'ai acheté la gravure **que** j'avais vu**e** le soir du vernissage. (**que**, pronom relatif, c.o.d. de voir placé devant le verbe)

Vous étudierez l'accord du participe passé plus en détail dans le module 3. Pour l'instant, faites l'exercice qui suit.

EXERCICE XII   *Dans les phrases suivantes, accordez les participes passés, s'il y a lieu. Attention à l'auxiliaire (être ou avoir) et à la place du c.o.d. avec avoir.*

1. Toute la famille est allé_____ faire du ski dans les Alpes.

2. Cécile a mis_____ sa veste et elle est sorti_____ pique-niquer à la montagne.

3. As-tu retrouvé_____ la boucle d'oreille que tu avais perdu_____?

4. Heureusement que la concierge a rapporté_____ les clés qu'Alexandre avait oublié_____ chez

    elle.

5. Quelle voiture as-tu acheté_____ finalement?

6. Toutes celles que j'ai essayé_____ m'ont semblé_____ avoir le même défaut: elles coûtent trop

    cher. Au bout du compte, j'ai acheté_____ une bicyclette.

7. Quand Martine est entré_____ avec sa nouvelle coiffure, tout le monde l'a remarqué_____.

8. Marc n'a pas reçu_____ la dernière lettre que je lui ai écrit_____ quand j'étais en Inde. Je l'avais pourtant bien affranchi_____.

9. Lesquelles de tes questions leur as-tu posé_____ finalement?

10. J'ai pu leur poser presque toutes celles que j'avais préparé_____ car ils ont prolongé_____ la période de questions.

11. Les fleurs que vous m'avez offert_____ étaient superbes. Je les ai mis_____ dans un beau vase que j'ai placé_____ très en vue dans le salon.

12. Quelle couleur avez-vous choisi_____ pour la chambre? Nous avons arrêté_____ notre choix sur le rose cendré.

13. J'aime beaucoup les chansons de Gilles Vigneault et c'est avec plaisir que j'ai écouté_____ celles qu'il a chanté_____ lors de son dernier récital.

14. Les vins qu'ils ont servi_____ hier soir étaient tous de grands crus. Leurs invités sont reparti_____ heureux.

15. Leur avez-vous montré_____ les photos que vous avez pris_____ pendant vos vacances? Oui, et ils les ont trouvé_____ magnifiques.

IX. Les adjectifs qualificatifs

Lisez attentivement les parties I.A. et B. dans *Grammaire française*, p. 149-156, et faites les exercices d'*Application immédiate*. Pour le genre des noms, consultez le tableau des terminaisons, p. 167-170.

Faites les exercices I, IV et VII, p. 162, 163, 164, dans *Grammaire française*. Complétez ensuite les exercices qui suivent.

EXERCICE XIII *Dans les phrases suivantes, remplacez le nom souligné par le nom entre parenthèses et faites les changements qui s'imposent.*

1. (maison)
   Ce petit <u>chalet</u> dans la montagne est presque neuf, très coquet, beaucoup plus fonctionnel que le mien et nettement mieux situé.

_____

_____

_____

2. (il)
<u>Elle</u> était tellement inquiète et jalouse qu'elle est demeurée muette jusqu'à la fin!

_____

_____

_____

3. (pêches)
Les <u>fruits</u> que j'ai achetés, sans être tout à fait mûrs, étaient néanmoins déjà mous et à moitié pourris.

_____

_____

_____

4. (colloque)
La prochaine <u>rencontre</u> aura lieu lundi prochain et risque d'être la plus longue et la plus ennuyeuse.

_____

_____

_____

5. (robe)
Votre <u>ensemble</u> neuf est très chic tel qu'il est; plus court, il serait peut-être plus mignon, mais moins élégant et sûrement moins pratique.

_____

_____

_____

6. (réponse)
Ses <u>commentaires</u> ont été brefs et plutôt secs.

_____

_____

_____

7. (fille)
Le gentil petit <u>garçon</u> roux auquel vous faites allusion est un enfant très doux et très doué.

_____

_____

_____

8. (actrice)
   Méfiez-vous de cet <u>acteur</u>; il est manipulateur, paresseux, trompeur, un peu étrange, mais quel enchanteur!

   _____

   _____

   _____

9. (îles)
   Les <u>sites</u> grecs les moins fréquentés sont mes favoris.

   _____

   _____

   _____

10. (réunion)
    Le <u>congrès</u> a été sérieux, productif, mais bref et expéditif.

    _____

    _____

    _____

11. (résultats)
    Les <u>notes</u> finales seront meilleures que les premières.

    _____

    _____

    _____

12. (bourse)
    Ton <u>sac</u> marron est plus gros, mais moins joli que ton <u>sac</u> vert.

    _____

    _____

    _____

13. (radio)
    Ce <u>téléviseur</u> portatif est supérieur à l'autre bien qu'il soit moins cher.

    _____

    _____

    _____

14. (compagnon)

Ma <u>compagne</u> de voyage était une étrangère un peu sotte, un peu folle, mais très belle et peu exigeante.

_____

_____

_____

15. (tartelettes)

Essayez ces <u>petits fours</u>, vous verrez qu'ils sont succulents et bien frais.

_____

_____

_____

EXERCICE XIV   _Mettez les phrases suivantes au féminin et faites les transformations qui s'imposent._

1. Mon compagnon est un excellent cuisinier français.

_____

_____

2. Où sont passés les héros vaillants, nobles et courageux des temps passés?

_____

_____

3. Le père de cet enfant est acteur et son oncle est instituteur.

_____

_____

4. Le duc, son parrain, est plus malin qu'il ne le pense.

_____

_____

5. Il élève un coq, un lapin, un loup, un cheval, un chat et un chien.

_____

_____

6. Ce bel Italien est le fils de ce grand monsieur bavard que vous voyez là-bas.

_____

_____

7. Ce vieux chanteur grec est un peu fou, mais très amusant, vous verrez!

_____

_____

8. Jean est mon frère aîné même si l'on pense qu'il est mon jumeau.

_____

_____

9. Ton neveu, en plus d'être très mignon, est le meilleur nageur de l'équipe.

_____

_____

10. Le gentil jeune homme qui vous a ouvert est veuf depuis un mois.

_____

_____

11. Essayez celui de mon cousin; il est moins beau que le mien, mais je vous assure qu'il fonctionne beaucoup mieux.

_____

_____

_____

12. Tous ceux qui ont rencontré son grand-père s'accordent pour dire que c'est l'homme le plus merveilleux qu'ils aient jamais connu.

_____

_____

_____

13. Ils prétendaient que le nôtre était plus gros et plus résistant que le leur. On le leur a donc prêté. Tant pis pour eux!

_____

_____

_____

14. Tous avaient été invités, mais certains ont refusé de venir parce qu'ils ne supportent pas le nouveau président. Ce dernier a été forcé de démissionner et son ami, le trésorier, fera bien de l'imiter.

_____

_____

_____

_____

15. Son mari la trompe, elle le sait, mais n'ose pas lui demander des comptes de peur de le perdre complètement.

_____

_____

_____

Corrigé des exercices

EXERCICE I

1. Le, le, des
2. La, la, les
3. L', le, le
4. Le, la
5. le, la, la

6. la, l'
7. le, le
8. —, le, la, le, le, l'
9. la, l', la
10. Le, la, le, les, la, l', la, les, la, la, l', la, des, la, le, les, la

EXERCICE II

1. Un, un, un
2. Une, Un, une
3. une, une
4. un, une
5. une, un, un

6. Un / Une, une
7. Un
8. qu'un, un
9. Une, d'un
10. un, un, un, une, une

EXERCICE III

1. de la, du, du, du, de la
2. du, de la, du, du, de la
3. de la, —
4. —
5. de l', de la

6. —
7. de la, du
8. de l'
9. de la, de la, du
10. —, —, du, de la, —, —

EXERCICE IV

1. la, des, le
2. des, de
3. La, une
4. une, —, de/de la, les
5. Le, un, les, — / le, — / l', — / le
6. des, (peu) d'
7. une, des
8. les, la
9. du / le, de la / la, les, la
10. la, des, des, l', d', des, L', des, de l', une

EXERCICE V

1. cet, celles, celle
2. Ce, cette
3. cet, cet / cette
4. cette
5. ce, celui
6. celui-ci, celui-là
7. celles
8. ceux, celles
9. cette, ceux
10. celle-ci, celle-là, celle

EXERCICE VI

1. Mon, ses, son, sa, son, sa, son, son, sa, son, sa, son, Mon, mon, ma
2. les siens
3. ses, les tiennes
4. ses, notre, le vôtre, votre, la nôtre
5. tes, les miennes
6. nos, les leurs
7. le mien
8. leur, leur
9. vos, Les nôtres / Les miens, Leurs, mon, ma
10. sa, son, son

EXERCICE VII

1. Tout: pronom
2. Tous: adjectif
3. toutes: adjectif
4. tous: pronom
5. toutes: pronom
6. toutes: adjectif
7. tous: adjectif
8. tout: adjectif
9. tous: adjectif
10. tous: adjectif
11. tout: adjectif
12. Tout: adjectif
13. tout: pronom
14. tous: pronom
15. tous: adjectif
16. Toute: adjectif
17. tous: pronom
18. toutes: adjectif
19. tout: pronom
20. toutes: adjectif
21. tout: adjectif
22. Tout: adjectif
23. tous: adjectif
24. tous: adjectif

EXERCICE VIII

1. Quelle
2. Quelle
3. Quelles
4. Quelles
5. quelle
6. quels
7. quelle
8. quels
9. quelle
10. quel
11. quelle
12. quelle
13. quel
14. quels
15. quels
16. quel

EXERCICE IX

1. Laquelle
2. Lequel
3. Lesquelles
4. Auquel
5. laquelle/Auxquelles
6. Duquel
7. laquelle
8. laquelle
9. lequel
10. laquelle

EXERCICE X

1. laquelle
2. auquel
3. laquelle
4. lequel
5. lesquelles
6. lequel
7. lesquelles
8. laquelle
9. lequel
10. lesquels

EXERCICE XI

1. Je la cherche.
2. L'enfant lui parle.
3. Je l'adore.
4. Je les aime beaucoup.
5. Mes neveux leur obéissent.
6. Est-ce que tu le veux?
7. Je les enseigne depuis 10 ans.
8. Je leur enseigne depuis 10 ans.
9. Les films comiques lui plaisent.
10. Elle leur écrit régulièrement.
11. Faites-le attentivement.
12. Faites-lui faire cet exercice.
13. La comprenez-vous?
14. Nous le trouvons trop long.
15. Demandez-lui de vous aider.

EXERCICE XII

1. allée
2. mis, sortie
3. retrouvé, perdue
4. rapporté, oubliées
5. achetée
6. essayées, semblé, acheté
7. entrée, remarquée
8. reçu, écrite, affranchie
9. posées
10. préparées, prolongé
11. offertes, mises, placé
12. choisie, arrêté
13. écouté, chantées
14. servis, repartis
15. montré, prises, trouvées

EXERCICE XIII

1. Cette petite maison dans la montagne est presque neuve, très coquette, beaucoup plus fonctionnelle que la mienne et nettement mieux située.
2. Il était tellement inquiet et jaloux qu'il est demeuré muet jusqu'à la fin!
3. Les pêches que j'ai achetées, sans être tout à fait mûres, étaient néanmoins déjà molles et à moitié pourries.
4. Le prochain colloque aura lieu lundi prochain et risque d'être le plus long et le plus ennuyeux.
5. Votre robe neuve est très chic telle qu'elle est; plus courte, elle serait peut-être plus mignonne, mais moins élégante et sûrement moins pratique.
6. Ses réponses ont été brèves et plutôt sèches.
7. La gentille petite fille rousse à laquelle vous faites allusion est une enfant très douce et très douée.
8. Méfiez-vous de cette actrice; elle est manipulatrice, paresseuse, trompeuse, un peu étrange, mais quelle enchanteresse!

9. Les îles grecques les moins fréquentées sont mes favorites.
10. La réunion a été sérieuse, productive, mais brève et expéditive.
11. Les résultats finals seront meilleurs que les premiers.
12. Ta bourse marron est plus grosse, mais moins jolie que ta bourse verte.
13. Cette radio portative est supérieure à l'autre bien qu'elle soit moins chère.
14. Mon compagnon de voyage était un étranger un peu sot, un peu fou, mais très beau et peu exigeant.
15. Essayez ces tartelettes, vous verrez qu'elles sont succulentes et bien fraîches.

EXERCICE XIV

1. Ma compagne est une excellente cuisinière française.
2. Où sont passées les héroïnes vaillantes, nobles et courageuses des temps passés?
3. La mère de cette enfant est actrice et sa tante est institutrice.
4. La duchesse, sa marraine, est plus maligne qu'elle ne le pense.
5. Elle élève une poule, une lapine, une louve, une jument, une chatte et une chienne.
6. Cette belle Italienne est la fille de cette grande dame bavarde que vous voyez là-bas.
7. Cette vieille chanteuse grecque est un peu folle, mais très amusante, vous verrez!
8. Jeanne est ma sœur ainée même si l'on pense qu'elle est ma jumelle.
9. Ta nièce, en plus d'être très mignonne, est la meilleure nageuse de l'équipe.
10. La gentille jeune femme qui vous a ouvert est veuve depuis un mois.
11. Essayez celle de ma cousine; elle est moins belle que la mienne, mais je vous assure qu'elle fonctionne beaucoup mieux.
12. Toutes celles qui ont rencontré sa grand-mère s'accordent pour dire que c'est la femme la plus merveilleuse qu'elles aient jamais connue.
13. Elles prétendaient que la nôtre était plus grosse et plus résistante que la leur. On la leur a donc prêtée. Tant pis pour elles!
14. Toutes avaient été invitées, mais certaines ont refusé de venir parce qu'elles ne supportent pas la nouvelle présidente. Cette dernière a été forcée de démissionner et son amie, la trésorière, fera bien de l'imiter.
15. Sa femme le trompe, il le sait, mais n'ose pas lui demander des comptes de peur de la perdre complètement.

MODULE 3
La conjugaison des verbes

Jean Fletcher

Table des matières

Objectifs

1. Passer systématiquement en revue la forme des verbes, aux temps les plus courants, en mettant en valeur les rapports formels qui existent entre eux.

2. Créer les réflexes nécessaires pour reconnaître des groupes de verbes, là où c'est utile, et pour écrire la forme correcte des verbes qui présentent traditionnellement des problèmes.

Introduction

Dans ce module, vous utiliserez *Bescherelle 1. L'art de conjuguer. Dictionnaire de 12 000 verbes,* Hurtubise, H.M.H.

Comme vous l'avez vu dans le module 1, le verbe est un élément variable dans la phrase. À l'infinitif, il n'a qu'une forme (celle que vous trouvez dans le dictionnaire), mais, conjugué, il a plusieurs formes qui sont déterminées par la personne grammaticale, le nombre, le mode et le temps. (Voir module 1, II.A.1.)

«La conjugaison des verbes reste la principale difficulté de notre langue», écrit l'éditeur du *Bescherelle.* Cela est vrai, mais le verbe joue un rôle *très* important: toute phrase contient nécessairement un verbe conjugué et il suffit d'un verbe conjugué pour faire une phrase.

Ex. J'apprends!
Répétez!

Par ailleurs, toutes nos actions se situent dans le temps (présent, passé, futur), et le temps, du moins en français, s'exprime souvent par la conjugaison des verbes. Par conséquent, mieux vaut vous y résigner et apprendre une fois pour toutes l'art souvent capricieux de la conjugaison en français.

Il va sans dire qu'on n'a pas besoin tous les jours de 12 000 verbes pour se faire comprendre. De plus, vous n'étudiez pas chaque verbe individuellement. Vous devez les classer par groupes et en apprendre un qui vous servira de modèle pour les autres du même groupe. Il est très important de reconnaître d'abord les groupes de verbes réguliers, afin de mieux isoler les verbes irréguliers par la suite.

Le regroupement des verbes, dans ce module, est destiné à vous faciliter la tâche dans ce sens.

Prétest

Dans ce test, vous passerez en revue la **forme** de tous les temps des verbes.

I *Donnez l'infinitif des verbes conjugués. (5 × 2 points)*

1. nous saisissons: _____

2. vous montrez: _____

3. j'aperçois: _____

4. nous nous promènerons: _____

5. il a dû: _____

II *Remplacez l'infinitif par le présent de l'indicatif. (12 × 2 points)*

«Comment _____ 1. (aller)-tu ce soir?, me _____ 2. (demander)

mon ami Pierre, quand je _____ 3. (rentrer).

— Ils _____ 4. (exagérer) quand même, ces professeurs, s'ils _____ 5.

(établir) un nouveau système pour nos notes! Pourquoi donc est-ce que j'_____

6. (étudier)? Comme tu _____ 7. (pouvoir) le voir, mon pauvre Pierre, nous, les

étudiants, nous _____ 8. (devoir) nous adapter à n'importe quoi!

— Ah, mais tu ne _____ 9. (se rappeler) pas? Nous _____ 10.

(recommencer) nos sorties gastronomiques ce soir. Vite! Tu _____ 11. (venir)? Je

t'_____ 12. (attendre).»

III *Mettez les verbes à l'impératif. (2 × 1 point)*

Si tu as le temps, _____ (revenir) nous voir et _____ (raconter)-nous ton voyage.

IV *Mettez le premier verbe au présent et le deuxième au futur. (8 × 2 points)*

1. Si le patron _____ (achever) son rapport, je _____ (aller) tout de suite

   en faire des photocopies.

2. Si vous _____ (refaire) votre demande, nous l'_____ (étu-

   dier).

3. Et si nous le _____ (juger) nécessaire, vous _____ (être)

   convoqué bientôt.

4. Si votre demande nous _____ (plaire), le patron vous _____ (appeler).

V *Mettez le premier verbe à l'imparfait et le deuxième au conditionnel. (4 × 2 points)*

1. Si vous _____ (refaire) votre demande, nous _____ (pouvoir) la considérer.

2. Et si nous le _____ (juger) nécessaire, nous vous _____ (faire) passer une entrevue.

VI *Donnez le participe présent. (3 × 1 point)*

1. attendre: _____

2. menacer: _____

3. agir: _____

VII *Faites l'accord du participe passé, si c'est nécessaire. (7 × 1 point)*

1. Les enfants se sont sali_____ en jouant.

2. Maman nous a téléphoné_____ hier, tu sais.

3. La grande nouvelle a été annoncé_____, une fois que tous nos amis étaient arrivé_____.

4. Elle a sorti_____ les chocolats et elle les a tous mangé_____.

5. Malheureusement, Francine s'est cassé_____ la jambe.

VIII *Mettez les verbes au passé composé. (10 × 2 points)*

1. Où _____ (il; mettre) les cadeaux que nous lui _____ (offrir)? J'espère qu'il les _____ (recevoir)!

2. Quand Marie-Claire _____ (revenir) du cinéma hier soir, elle _____ (s'endormir) tout de suite. Elle _____ (ne pas pouvoir) finir d'apprendre ses verbes, mais ce matin, l'examen lui _____ (paraître) assez facile. Et à sa grande surprise, elle _____ (être classé) parmi les meilleurs!

3. Paul et Marc _____ (se connaître) au championnat l'an dernier et ils _____ (s'écrire) souvent depuis.

IX *Mettez les verbes au subjonctif présent. (5 × 2 points)*

Il est temps que

1. mon père _____ (consentir) à nous écouter.

2. il _____ (savoir) la vérité.

3. nous lui _____ (expliquer) tout.

4. tu _____ (prendre) la parole aussi.

5. notre projet _____ (aboutir).

Résultats			
I	/ 10	VI	/ 3
II	/ 24	VII	/ 7
III	/ 2	VIII	/ 20
IV	/ 16	IX	/ 10
V	/ 8	Total	/ 100

Corrigé du prétest

I

1. saisir
2. montrer
3. apercevoir
4. se promener
5. devoir

II

1. vas
2. demande
3. rentre
4. exagèrent
5. établissent
6. étudie
7. peux
8. devons
9. te rappelles
10. recommençons
11. viens
12. attends

III

reviens, raconte

IV

1. achève, irai
2. refaites, étudierons
3. jugeons, serez
4. plaît, appellera

V

1. refaisiez, pourrions
2. jugions, ferions

VI

1. attendant
2. menaçant
3. agissant

VII

1. salis
2. téléphoné
3. annoncée, arrivés
4. sorti, mangés
5. cassé

VIII

1. a-t-il mis,
   avons offerts, a reçus
2. est revenue,
   s'est endormie, n'a pas pu,
   a paru, a été classée
3. se sont connus,
   se sont écrit

IX

1. consente
2. sache
3. expliquions
4. prennes
5. aboutisse

Tableau récapitulatif des temps

Voici un tableau qui permet de voir les rapports entre les différentes formes du verbe en français. Il vaut pour la majorité des verbes.

Participe présent		TEMPS SIMPLES						Infinitif
	Impératif	Présent	Imparfait	Subjonctif	Futur		Conditionnel présent	
pren|ant	prends	je prends	je pren|ais	que je prenne	je prendr|ai		je prendr|ais	prendr|e
	prenons	nous pren|ons	nous prenions	que nous				
	prenez	ils prenne|nt		prenions				

Participe passé		TEMPS COMPOSÉS					
		Passé composé	Plus-que-parfait	Subjonctif passé	Futur antérieur		Conditionnel passé
pris		j'ai pris	j'avais pris	que j'aie pris	j'aurai pris		j'aurais pris

I. L'indicatif présent

A. La conjugaison

Rappelez-vous les terminaisons suivantes:

Je _____ e,   _____ s   sauf j'ai, je peux, je veux

tu _____ s   sauf tu peux, tu veux

il, elle _____ e,   _____ t, _____ d   sauf il a, il va

nous _____ ons   sauf nous sommes

vous _____ ez   sauf vous dites, vous êtes, vous faites

ils, elles _____ ent   sauf ils font, ils ont, ils sont, ils vont

Dans l'interrogation avec inversion du sujet (**Ex.** Dormez-**vous**?), n'oubliez pas d'ajouter un **t** entre deux voyelles à la 3e personne du singulier, quand le verbe ne se termine pas par **t** ou par **d**.

Ex. donne-**t**-il?   écoute-**t**-elle?
         va-**t**-elle?   comprend-il?
         parle-**t**-elle?   finit-elle?

1. Les groupes de verbes

Les verbes réguliers modèles:

aimer *Bescherelle* n° 6
finir *Bescherelle* n° 19
rendre *Bescherelle* n° 53

Remarques

Le radical du verbe *étudier* est **étudi** — j'**étudi**e

Le radical du verbe *créer* est **cré** — je **cré**e

Les verbes désignant la couleur font partie du 2e groupe, comme **finir**: blanchir, jaunir, noircir, rougir, etc., ainsi qu'un certain nombre de verbes formés à partir d'adjectifs: ap**pauvr**ir, em**bell**ir, en**dur**cir, en**rich**ir, etc.

EXERCICE I   *Mettez les verbes au présent, à la personne indiquée.*

1. imaginer: tu _____   5. choisir: nous _____

2. compter: je _____   6. répondre: il _____

3. bâtir: ils _____   7. réagir: vous _____

4. vendre: je _____   8. montrer: je _____

2. Les verbes groupés selon leur forme au présent

a. *Les verbes qui se rattachent au modèle aimer*

couvrir, n° 27	cueillir, n° 28
payer, n° 16	nettoyer, n° 17
commencer, n° 7	manger, n° 8

Dans le cas de verbes comme *commencer* et *manger,* attention à l'orthographe.

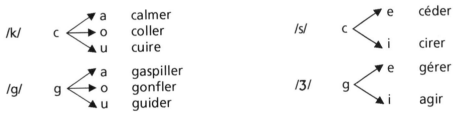

Pour adoucir le c devant a, o, u, on doit mettre une cédille sous le **c.**
Ex. avan**ç**ant, fa**ç**onner, dé**ç**u

Pour adoucir le g devant a, o, u, on ajoute un **e** après le **g.**
Ex. nag**e**ons, mang**e**ant

peser, n° 9	acheter, n° 12
jeter, appeler, n° 11	
céder, espérer, n° 10	

Dans le cas de ces derniers groupes, il faut également faire attention à l'orthographe et à la prononciation par rapport à l'infinitif.

L'infinitif donne les formes pour *nous* et *vous.* Pour les autres personnes, on écrit parfois un accent grave, parfois une double consonne, et l'accent aigu de *céder,* etc., devient un accent grave.
Ex. je p**è**se, ils ach**è**tent
elle appe**ll**e, tu je**tt**es
il c**è**de, j'esp**è**re

EXERCICE II   *Mettez les verbes entre parenthèses au présent.*

1. Nous _____ (commencer) à comprendre.

2. Tu _____ (rejeter) ma suggestion!

3. Elle _____ (se promener) souvent.

4. Il _____ (interpréter) mal ma réponse.

5. Je _____ (souffrir) de rhumatismes.

6. Nous _____ (venger) sa mort!

7. _____ (acheter)-il un pantalon?

8. Tu ne _____ (se lever) pas de bonne heure.

9. Je _____ (préférer) partir demain.

10. _____ (envoyer)-elle les paquets?

11. Il _____ (renouveler) son abonnement.

12. Où _____ (espérer)-tu trouver ce livre?

EXERCICE III   *Mettez au pluriel.*

1. je nettoie _____   4. je protège _____

2. tu te rappelles _____   5. il paie _____

3. j'avance _____   6. tu mènes _____

EXERCICE IV   *Mettez au singulier.*

1. nous achevons _____   4. vous envoyez _____

2. vous exagérez _____   5. vous gelez _____

3. nous considérons _____   6. nous annonçons _____

b. *Les verbes du troisième groupe*

   battre, n° 55, mettre, n° 56
   sentir, n° 25, dormir, n° 32, servir, n° 35
   lire, n° 77, dire, n° 78, rire, n° 79, écrire, n° 80, cuire, n° 82
   courir, n° 33, suivre, n° 75, vivre, n° 76, conclure, n° 71
   connaître, n° 64
   tenir, venir, n° 23
   prendre, n° 54
   peindre, n° 57, craindre, n° 59
   voir, n° 39, croire, n° 68
   recevoir, n° 38, devoir, n° 42, boire, n° 69

EXERCICE V

Mettez les verbes au pluriel.

1. Il vient demain. _____

2. Elle me suit. _____

3. Qu'écrit-il? _____

4. Tu dois y aller. _____

5. Je crains le pire. _____

6. Tu le prends. _____

EXERCICE VI

Mettez les verbes au singulier.

1. Vous recevez des amis. _____

2. Nous servons du café. _____

3. Ils te connaissent bien. _____

4. Vous vivez à Paris? _____

5. Ils cuisent à petit feu. _____

6. Vous revenez demain. _____

EXERCICE VII

Mettez les verbes entre parenthèses au présent.

1. Tu ne _____ (se mettre) pas au travail; tu _____ (lire) la revue que tu _____ (venir) d'acheter.

2. Elle _____ (suivre) le guide, mais elle _____ (devoir) se dépêcher, car il _____ (sortir) déjà de la grande salle.

3. _____ (Reconnaître)-ils leur cousin qui les _____ (apercevoir) et _____ (courir) les rejoindre?

4. Nous _____ (craindre) la pluie lorsque nous _____ (voir) de si gros nuages.

5. Vous me _____ (décrire) votre soirée d'une façon si vivante que je _____ (croire) y être.

6. Elle vous _____ (voir) arriver, vous lui _____ (sourire), vous lui _____ (dire) bonjour, mais elle ne _____ (se permettre) pas un mot!

7. Quand je _____ (repeindre) ma chambre, je _____ (se servir) d'un rouleau, car cela _____ (rendre) la tâche bien plus facile.

8. Comment _____ (construire)-vous ces belles phrases qui _____ (produire) une si vive impression?

9. Mes parents _____ (recevoir) ce soir des amis qui _____ (se plaindre) sans cesse de leurs maladies. Moi, je _____ (s'endormir)!

c. *Les verbes irréguliers*

avoir, n° 1	vouloir, n° 48	s'asseoir, n° 49
être, n° 2	pouvoir, n° 43	valoir, n° 47
aller, n° 22	savoir, n° 41	falloir (il faut), n° 46
faire, n° 62	mourir, n° 34	

EXERCICE VIII   *Mettez les verbes entre parenthèses au présent.*

1. Nous _____ (refaire) cette expérience; cela _____ (valoir) mieux, car nous ne _____ (être) pas du tout satisfaits des résultats.

2. Paul _____ (s'asseoir) près de moi, nous _____ (prendre) un verre et je _____ (mourir) d'envie de mieux le connaître.

3. Les Tremblay _____ (faire) du ski nautique. Ils _____ (avoir) un bateau. Tu _____ (aller) leur demander s'ils _____ (vouloir) bien nous le prêter.

EXERCICE IX   *Exercice de substitution*

Ex. Être: Il _____ cher. — Il **est** cher.
  Ils: — Ils **sont** chers.
  Valoir: — Ils **valent** cher.
  Cela: — Cela **vaut** cher.

1. Aller: Je _____ lui parler.

2. Tu: Tu _____ lui parler.

3. Vouloir: Tu _____ lui parler.

4. Nous: Nous _____ lui parler.

5. Savoir: Nous _____ lui parler.

6. Tu: Tu _____ lui parler.

7. Pouvoir: Tu _____ lui parler.

8. Ils: Ils _____ lui parler.

9. Avoir à: Ils _____ lui parler.

10. Vous: Vous _____ lui parler.

EXERCICE X *Mettez les sujets au pluriel et faites les changements nécessaires.*

1. J'écris à Marie. _____

2. Tu veux une réponse. _____

3. Il bat le record. _____

4. Je reprends mon souffle. _____

5. Je mange trop! _____

6. Tu amènes ton ami. _____

7. Tu pèses 100 kg? _____

8. Il sait nager. _____

9. Je meurs de soif. _____

10. Tu t'en aperçois. _____

11. Tu dis la vérité. _____

12. Je transcris mes notes. _____

EXERCICE XI *Mettez les sujets au singulier et faites les changements nécessaires.*

1. Nous tenons à parler. _____

2. Vous craignez le pire. _____

3. Ils comprennent vite. _____

4. Vous vous sentez en forme. _____

5. Ils traduisent la lettre. _____

6. Nous nous en allons. _____

7. Vous achevez le roman. _____

8. Quand revenez-vous? _____

9. Nous cédons la place. _____

10. Vous devez l'essayer. _____

Si vous pensez avoir encore des difficultés, faites les exercices dans *Grammaire française,* Leçon 1, Exercices I, II, V, VI.

B. Les formes dérivées

Le présent de l'indicatif vous servira à trouver d'autres formes des verbes. Le tableau ci-dessous facilitera votre compréhension.

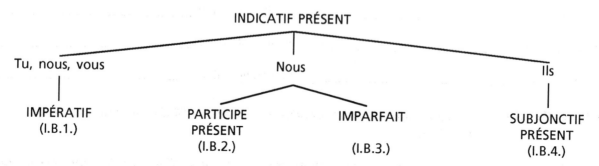

Vous avez bien appris le présent: ainsi vous trouverez sans difficulté l'impératif, l'imparfait, etc., de verbes tels que *boire, craindre, croire, faire, prendre, venir* ou *voir.*

Les formes **tu, nous, vous** du présent, sans le pronom sujet, donnent l'**impératif**. (Voir section I.B.1.)

Pour former le **participe présent** à partir de **nous**, il suffit d'ajouter **ant** au radical. (Voir section I.B.2.)

Ex. aim**ant**
finiss**ant**
mange**ant**

Au même radical, vous ajouterez les terminaisons appropriées pour obtenir l'**imparfait**. (Voir section I.B.3.)

Ex. je pens**ais**
nous buv**ions**
ils grandiss**aient**

Le verbe à la forme **ils**, sans la terminaison **ent**, devient le radical du **subjonctif présent**, et on y ajoute les terminaisons appropriées. (Voir section I.B.4.)

Ex. que je viv**e**
qu'elle prenn**e**
que tu vienn**es**

1. L'impératif

Il est formé à partir des formes **tu, nous, vous** du *présent de l'indicatif*. Les verbes en **er** et certains autres: on omet le **s** de la forme **tu** devant une consonne ou à la fin d'une phrase.
Ex. Parle. Donne-moi ton opinion. Ouvre la porte. Va-t'en. *mais* Vas-y.

Il y a 4 impératifs irréguliers:
avoir: aie, ayons, ayez
être: sois, soyons, soyez
savoir: sache, sachons, sachez
vouloir: veuille, veuillons, veuillez

Notez le sens de **veuillez**: c'est une forme polie pour **voulez-vous?**
Ex. Veuillez fermer la porte.

Remarquez qu'à la forme affirmative le pronom suit le verbe. Vous verrez cette structure en détail dans les modules 4 et 9.

Ex. Allez-**y**.

Montrez-**le-moi**.

EXERCICE XII   *Mettez à l'impératif.*

1. prendre (vous) _____

2. écouter (tu) _____

3. dire (vous) _____

4. obéir (nous) _____

5. travailler (tu) _____

6. achever (tu) _____

EXERCICE XIII   *Mettez les verbes entre parenthèses au présent de l'indicatif ou à l'impératif selon le cas.*

1. Si j'_____ (obtenir) la permission, je te ferai visiter les laboratoires où nous _____ (construire) une maquette de l'avion.

2. C'est ça, _____ (appeler)-moi demain si tu _____ (sortir) ce soir.

3. Vous _____ (éteindre) votre cigarette et vous _____ (s'asseoir) ici. Vous n'y _____ (comprendre) rien, mais vous _____ (obéir).

4. Comment _____ (pouvoir)-on présenter un tel spectacle? Cela ne _____ (plaire) à personne, personne ne _____ (s'y intéresser). N'_____ (avoir) pas peur, ils _____ (devoir) nous rembourser!

5. Les ouvriers _____ (considérer) que leurs représentants _____ (défendre) bien leurs intérêts et qu'ils _____ (atteindre) les objectifs fixés par le syndicat.

6. _____ (Savoir), chers électeurs, que je ne vous _____ (mentir) pas, même si les autres candidats _____ (croire) le contraire. Ils me _____ (méconnaître) quand ils _____ (rejeter) toutes mes idées.

7. «Si vous _____ (créer) des problèmes, vous _____ (disparaître) tout de suite», _____ (répondre) le chef. «Et _____ (être)-en sûr: je n'_____ (exagérer) pas.»

8. Tu _____ (payer) l'addition, bien sûr, mais ne _____ (laisser) pas de pourboire! Ce garçon _____ (servir) très mal les clients.

9. Pourquoi _____ (réagir)-ils si violemment? _____ (Comprendre)-ils vraiment la situation?

10. Le président _____ (répéter) toujours les mêmes mots. Cela ne _____ (pouvoir) pas continuer: nous _____ (changer) tout son discours pour demain.

2. Le participe présent

Pour former le *participe présent,* vous vous rappelez:
nous finissons → finissant
nous prenons → prenant
nous croyons → croyant

À cette règle, il y a trois exceptions:
avoir   → **ayant**
être   → **étant**
savoir   → **sachant**
Ex. «**Sachant** cela, vous savez tout», nous dit-on.

EXERCICE XIV   *Donnez le participe présent des verbes entre parenthèses.*

1. En _____ (revenir) de chez mes amis, j'ai rencontré Jean.

2. Tu lis le journal en _____ (manger).

3. _____ (Craindre) le pire, nous sommes rentrés en vitesse.

4. Tu achèteras du pain en _____ (rentrer).

5. Cet acteur parle en _____ (grimacer) et cela m'énerve.

6. _____ (Connaître) bien ton ami, tu lui expliqueras mieux que moi la situation.

7. _____ (Être) sans argent, nous restons chez nous!

8. Ne te trompe pas en _____ (écrire) leur adresse.

3. L'imparfait

L'*imparfait* est formé à partir de la 1re personne du pluriel, **nous**, du *présent*. On remplace la terminaison **ons** par les terminaisons: **ais, ais, ait, ions, iez, aient**.

Ex. elle all**ait**   nous buv**ions**
      tu av**ais**   vous craign**iez**

Une seule exception: être → j'**étais**

Notez l'orthographe des verbes comme *placer* et *nager*:

Ex. je pla**çais**   nous pla**cions**
     il na**geait**   vous na**giez**

Notez l'orthographe: nous étud**iions**
                       nous r**iions**
                       vous appréc**iiez**

Remarque

Attention: le *présent* de certains verbes pourrait être interprété comme étant un imparfait.

Ex. (connaître): je conn**ais**
     (paraître): tu par**ais**

EXERCICE XV   *Mettez à l'imparfait.*

1. tu descends _____

2. il démolit _____

3. il apprend _____

4. je bois _____

5. vous venez _____

6. elle veut _____

7. il doit _____

8. tu connais _____

9. j'étudie _____

10. nous commençons _____

EXERCICE XVI   *Mettez les verbes soulignés à l'imparfait.*

1. Tu _____ te lèves très tard quand tu _____ es en vacances.

2. Je _____ me perds toujours quand je _____ vais chez ma tante.

3. Il me _____ dit qu'il _____ apprécie ton cadeau et qu'il _____ tient à t'en remercier.

4. Il ne _____ pleut plus. Il _____ fait très beau pendant que

nous _____ nageons.

5. Elle _____ se met à table et _____ commence à manger

avec appétit, car les plats que sa mère _____ prépare _____

sentent toujours si bon! Parfois elle en _____ lit les recettes pour apprendre à

les faire.

4. Le subjonctif présent

Pour former le *subjonctif présent,* on remplace la terminaison **ent** de la 3e personne du pluriel du *présent de l'indicatif* par les terminaisons **e, es, e, ions, iez, ent.**
Ex. ils **lis**ent → que je lis**e**, que tu lis**es**, qu'il lis**e**, que nous lis**ions**, etc.

Notez que les personnes *nous* et *vous* du subjonctif sont parfois différentes des autres. Citons les verbes du groupe *payer, acheter, jeter, céder* ainsi que certains autres tels que *prendre, tenir, venir, voir* ou *recevoir.* Dans ces cas, on utilise la même forme que l'imparfait.

Au subjonctif, donc, la forme utilisée pour la 1re et la 2e personnes du pluriel est presque toujours celle de l'imparfait.
Ex. que j'ach**è**te, que nous ach**e**tions
     que tu vie**nn**es, que vous ve**n**iez

N'oubliez pas les quelques verbes irréguliers:

avoir	faire	aller	**nous** et **vous**:
être	pouvoir	valoir	attention!
	savoir	vouloir	

EXERCICE XVII   *Mettez au subjonctif présent.*

1. vendre: que je _____

2. guérir: que tu _____

3. apprendre: qu'il _____

4. mettre: que je _____

5. boire: que tu _____

6. aller: qu'elle _____

7. ouvrir: que nous _____

8. être: qu'il _____

9. vivre: que tu _____

10. voir: que vous _____

EXERCICE XVIII *Commencez chaque phrase par **Bien que**, et faites les changements nécessaires.*

Ex. Tu prends des tas de vitamines, mais tu as toujours l'air fatigué.

Bien que tu prennes des tas de vitamines, tu as toujours l'air fatigué.

1. Il est tard, mais nous allons au cinéma.

_____

2. Il a du talent, mais il réussira difficilement.

_____

3. Vous dites la vérité, mais personne ne vous croit.

_____

4. Il ne fait pas chaud, mais nous allons nous promener.

_____

5. Il se rend compte de son erreur, mais il ne change rien à son rapport.

_____

EXERCICE XIX *Mettez les verbes entre parenthèses au subjonctif présent.*

1. Il n'y a rien dans ce magasin qui _____ (valoir) la peine d'être acheté! Rien qui

   me _____ (plaire)!

2. Il faut absolument que le professeur _____ (recevoir) cela demain.

3. Le propriétaire de ce petit chien s'attend à ce que tout le monde le _____
   (craindre)!

4. Il est temps que ce jeune homme _____ (savoir) ce qu'il veut faire et qu'il
   _____ (choisir) une profession.

5. Nous nous étonnons que tu _____ (sortir) sans manteau par un temps pareil.

   Pourvu que tu ne _____ (prendre) pas froid!

6. Ainsi, vous avez obtenu le rôle principal du téléroman? Où que vous _____
   (aller) désormais, que vous le _____ (vouloir) ou non, vous serez identifié avec
   ce personnage-là!

7. Quelque envie que nous _____ (avoir) de sortir, il faut travailler pour que nous
   _____ (pouvoir) une fois pour toutes apprendre les verbes français.

II. L'infinitif

Lorsque vous cherchez un verbe dans le dictionnaire, vous savez bien que c'est l'infinitif que vous allez trouver.
Ex. accept**er**, boi**re**, dorm**ir**, peind**re**.

EXERCICE XX   *Faites une seule phrase avec les propositions données, en employant l'infinitif.*
Ex. Il trouve son stylo; il a cherché partout avant.
   Il a cherché partout **avant de trouver** son stylo.

1. Tu pars; tu diras «Au revoir» avant.

   _____

2. Il intervient; il veut avoir les renseignements avant.

   _____

3. Je dors; je lirai un peu avant.

   _____

4. Vous éteignez les lumières; vous fermerez bien les portes avant.

   _____

5. Je m'inscris; je vais voir des professeurs avant.

   _____

6. Vous prenez la décision; vous réfléchirez bien avant.

   _____

7. Il achète un nouveau disque; il compte son argent avant.

   _____

8. Nous le punissons; il faut beaucoup réfléchir avant.

   _____

9. Tu envoies ce paquet; tu vérifieras l'adresse avant.

   _____

10. Je reçois mon diplôme; j'aurai beaucoup appris avant!

    _____

L'infinitif présent vous fournira de bonnes indications pour former le **futur** (II.A.) et le **conditionnel** (II.B.).

A. Le futur

Le signe de ce temps du verbe est la lettre **r**, suivie des terminaisons.

Formation régulière: l'infinitif, suivi des terminaisons: **ai, as, a, ons, ez, ont.**

Vous reconnaissez là les terminaisons du présent de l'indicatif du verbe **avoir**.

Attention aux verbes en **re**: le **e** final disparaît.

Ex. je parler**ai**;   tu fini**ras**;   il prend**ra**;
nous écri**rons**;   vous boi**rez**;   ils li**ront**.

Particularités

Il faut faire attention à la forme, au futur, de verbes comme *considérer, inspirer*, dont l'infinitif se termine par une voyelle + **rer**.

Ex. j'attir**erai**
il répar**era**
nous rassur**erons**

Alors que les verbes comme *céder* sont réguliers, il faut noter l'orthographe (et la prononciation) des verbes tels que *peser, acheter, appeler, jeter*.

Ex. je p**è**serai, tu ach**è**teras, j'app**ell**erai, tu j**ett**eras

Verbes irréguliers au futur. Voici les principaux.

avoir	faire	vouloir	{ courir
être	savoir	pouvoir	{ mourir
aller	{ venir	{ devoir	{ voir
	{ tenir	{ recevoir	{ envoyer
		s'asseoir	{ falloir
			{ valoir

EXERCICE XXI   *Donnez le futur des verbes suivants.*

1. apprendre: je _____

2. reconnaître: nous _____

3. partir: tu _____

4. créer: vous _____

5. tolérer: il _____

6. rire: tu _____

EXERCICE XXII   *Mettez au futur.*

1. acheter: tu _____

2. se promener: il _____

3. renouveler: je _____

4. exagérer: elle _____

5. achever: ils _____

6. rejeter: vous _____

EXERCICE XXIII   *Mettez au futur.*

1. venir: il _____

2. courir: tu _____

3. aller: vous _____

4. faire: nous _____

5. envoyer: tu _____

6. vouloir: je _____

7. pouvoir: ils _____

8. avoir: elle _____

EXERCICE XXIV   *Mettez les verbes entre parenthèses au futur.*

1. Tu _____ (accompagner) tes amis à la gare et tu _____ (revenir) tout de suite.

2. Comment _____ (pouvoir)-il arriver à l'heure? Il _____ (être) certainement en retard et tout le monde _____ (devoir) l'attendre.

3. Quand je _____ (revoir) Pierre, je lui _____ (dire) que nous ne _____ (sortir) plus tous les soirs.

4. Vous _____ (s'asseoir) près de moi et nous _____ (avoir) le temps de bavarder. J'_____ (adorer) ça. On _____ (se préparer) un bon café et vous me _____ (raconter) votre voyage.

EXERCICE XXV   *Mettez les verbes soulignés au futur.*

1. Vous _____ <u>écrivez</u> à ce client que nous ne _____ <u>prenons</u> plus de commandes cette année. Il _____ <u>peut</u> nous écrire en décembre. Il _____ <u>faut</u> prévenir les autres clients, d'ailleurs. Vous les _____ <u>appelez</u> cette semaine.

2. Ce soir, Jacques nous _____ <u>montre</u> ses diapositives et il nous _____ <u>fait</u> écouter ses commentaires. Il _____ <u>répète</u> les mêmes choses que les autres fois et nous _____ <u>mourons</u> d'ennui. Peut-être qu'un jour il _____ <u>améliore</u> sa présentation!

B. Le conditionnel présent

Il s'agit du *radical du futur,* dans la plupart des cas, soit l'infinitif sans le **e** final, avec les terminaisons **ais, ais, ait, ions, iez, aient**.

Ex. je parler**ais**   tu finir**ais**   elle mourr**ait**
        nous écrir**ions**   vous ir**iez**   ils prendr**aient**

EXERCICE XXVI *Mettez au conditionnel présent.*

1. il va _____

2. tu es _____

3. ils font _____

4. il entend _____

5. vous finissez _____

6. ils prennent _____

7. vous achetez _____

8. nous venons _____

9. je peins _____

10. nous savons _____

EXERCICE XXVII *Complétez la phrase «Si j'étais doué(e)», ... en utilisant les phrases suivantes.*
Ex. Tout le monde m'écoute.
    Si j'étais doué, tout le monde m'écouterait.

Si j'étais doué(e),

1. tout est facile. _____

2. je t'explique tout. _____

3. je deviens avocat(e). _____

4. tu peux me consulter. _____

5. tu me prends au sérieux. _____

6. nous gagnons beaucoup d'argent. _____

7. on m'offre un poste intéressant. _____

8. je fais des recherches. _____

EXERCICE XXVIII *Transformez les phrases en employant **si** + imparfait, suivi du conditionnel présent.*

1. Si mes cousins appellent, tu leur répondras.

_____

2. S'il commence à pleuvoir, nous rentrerons.

_____

3. Si nous achetons de l'essence, la voiture roulera.

_____

4. Si on démolit la maison, M. Lafleur n'aura plus de logement.

_____

5. Si je me mets à travailler, je réussirai.

_____

6. Si l'hiver est très dur, les loups viennent au village!

_____

7. Si tu peux choisir, partiras-tu aux États-Unis?

_____

III. Les temps composés

En combinant le _participe passé_ avec les différents temps des verbes **avoir** ou **être**, nous formons les temps composés.

A. Le participe passé et la voix passive

Le participe passé des trois groupes réguliers:

aimer → **aimé**
finir → **fini**
rendre → **rendu**

La liste des autres participes passés est assez longue. Vous en savez certains; vérifiez et apprenez les autres en faisant les exercices et en consultant _Bescherelle_ ou _Grammaire française,_ Leçon 16, p. 365-366.

EXERCICE XXIX _Donnez le participe passé des verbes suivants._

1. recevoir _____ 5. lire _____

2. ouvrir _____ 6. regarder _____

3. réussir _____ 7. dire _____

4. surprendre _____ 8. plaire _____

EXERCICE XXX _Remplacez les verbes entre parenthèses par le participe passé._

Honoré de Balzac, _____ (naître) à Tours en 1799, y a _____ (faire)

des études de droit et est _____ (devenir) clerc d'avoué. Ensuite, il est _____

_____ (partir) pour Paris où il s'est _____ (mettre) à écrire. Il a _____

_____ (devoir) travailler dur: il a _____ (pouvoir) payer ses dettes en écrivant

des romans qui ont _____ (avoir) du succès. La dame qu'il aimait n'a

_____ (vouloir) l'épouser qu'en 1850, et il est _____ (mourir) peu

après.

Le *passif* est formé du verbe **être** suivi du *participe passé:* vous en avez un exemple dans cette phrase. Pour le passif, consultez *Grammaire française,* Leçon 16, III.A.

Dans la voix passive, le participe passé s'accorde avec le sujet, comme un adjectif.
Ex. Les **meubles** sont livré**s** gratuitement.
La **maison** a été démoli**e** par les ouvriers.
Mes **questions** ne seront pas compris**es.**

EXERCICE XXXI *Complétez en employant le passif (au présent).*

Ex. Le lait _____ (boire) par le chat. → Le lait est bu par le chat.

1. Le lion _____ (tuer) par les chasseurs.

2. La reine _____ (suivre) de ses dames.

3. Cette vieille maison _____ (photographier) très souvent.

4. Ses nouvelles théories _____ (critiquer) par ses collègues.

5. Un cadeau magnifique _____ (offrir) à chaque participant au concours.

EXERCICE XXXII *Refaites cet exercice en mettant les phrases au futur.*
Ex. Le lait sera bu par le chat.

1. _____

2. _____

3. _____

4. _____

5. _____

B. Le choix de l'auxiliaire

On utilise le verbe **être** avec un certain nombre de verbes. (Voir *Grammaire française,* Leçon 3, p. 65; Leçon 6, p. 130.)

Ces verbes sont intransitifs et il s'agit essentiellement de verbes de mouvement. Ils sont faciles à regrouper.

naître	(r)entrer	arriver	aller	monter
mourir	sortir	partir	venir	descendre
			revenir	
rester			devenir	retourner
tomber			parvenir	
			etc.	passer

Ex. elle est venu**e, je** suis parti**(e)**

Être s'utilise également avec les verbes pronominaux.
Ex. elle **s**'est lavé**e,** tu **t**'es demandé, il **se** sont téléphon**é**

Le verbe auxiliaire **avoir** est utilisé dans les temps composés des autres verbes, c'est-à-dire la majorité.
Ex. j'**ai** répondu, ils **ont** dormi, je les **ai** vus

Notez que quand **avoir** et **être** sont utilisés comme verbes, ils se conjuguent avec l'auxiliaire **avoir** aux temps composés.
Ex. j'**ai eu**, nous **avons été**

Attention aux verbes qui peuvent être transitifs et intransitifs.
Parmi les verbes qui se conjuguent avec **être**, certains peuvent être utilisés transitivement, c'est-à-dire avec un c.o.d. Dans ce cas, on doit les conjuguer avec l'auxiliaire **avoir**. Ces verbes sont:

monter	rentrer	retourner
descendre	sortir	passer

Ex. Elle **est montée** au sixième étage.
Elle **a monté** ses valises dans sa chambre.

Pierre **est sorti** avec des amis.
Pierre **a sorti** son argent pour payer.

Nous **sommes passés** chez nos parents hier soir.
Nous **avons passé** un mois en Europe.

C. L'accord du participe passé

1. Les verbes conjugués avec l'auxiliaire être

Comme vous l'avez appris au module 1, II.A.1.c., l'accord se fait avec le *sujet* du verbe.
Ex. **ils** sont rentré**s**, **elle** est né**e**

Vous venez de voir, à la section A, qu'il en est de même pour la voix passive.
Ex. **La maison** sera vendu**e**.
Les feuilles ont été ramassé**es**.

2. Les verbes conjugués avec l'auxiliaire avoir

Au module 2, VIII, vous avez vu que l'accord se fait avec le c.o.d., lorsque celui-ci précède le verbe.

Pour vous rappeler comment identifier le c.o.d. et le c.o.i., consultez le module 1, II.B.2.a. et b.
Ex. Les enfants ont joué dans leur chambre et puis je **les** ai mené**s** au parc.
Où as-tu trouvé ces lunettes **que** nous avons cherché**es** toute la matinée?

Remarques

Si un participe passé est suivi d'un infinitif, il faut bien analyser la phrase.
Ex. Je te montrerai les livres **que** j'ai aim**é** regarder. (Ici, **que** [= les livres] est le c.o.d. du verbe **regarder**. Il n'y a donc pas d'accord.)

3. Les verbes pronominaux

Vous avez étudié certains aspects de cet accord au module 1, II.A.1.c.

a. Lorsqu'on peut remplacer l'auxiliaire **être** par **avoir**, l'accord se fait avec le c.o.d. placé devant le verbe.
Ex. Elles **se** sont réveillé**es** de bonne heure. (On peut demander: «Elles ont réveillé qui?» et répondre «elles-mêmes».)
Elle **s'**est lav**é les cheveux**. («Elle a lavé quoi?» Le c.o.d., [**les cheveux**], suit le verbe.)
Ils ne **se** sont pas parl**é** depuis six mois. (**Se** est le c.o.i., car on parle **à** une personne.)

b. Les verbes «essentiellement pronominaux»

On appelle ainsi certains verbes qui sont toujours employés à la forme pronominale: *se souvenir, s'enfuir, se repentir, s'exclamer*, etc.

Ici, le participe passé s'accorde avec *le sujet*.

Ex. **Elle** s'est souven**e** de notre rencontre.
Les joueurs de notre équipe se sont empar**és** de la rondelle.

Vous pouvez consulter *Grammaire française*, Leçon 3, p. 64, p. 66, et Leçon 6, p. 139-142. Les francophones ont très souvent du mal à appliquer ces règles. Vous pourriez, comme eux, consulter des œuvres telles que *Dictionnaire des difficultés de la langue française* de Adolphe V. Thomas (Larousse).

EXERCICE XXXIII *Faites accorder le participe passé, là où c'est nécessaire.*

1. Ils ont rentré_____ les chaises quand la pluie a commencé_____.

2. Les livres que notre professeur a recommandé_____, les as-tu regardé_____?

3. Ah, les belles histoires que Grand-père a toujours aimé_____ raconter!

4. Je leur ai demandé_____ comment ils s'étaient rencontré_____.

5. Elle s'est habillé_____ avec soin, elle est parti_____ de bonne heure et elle s'est présenté_____

   à son entrevue, très détendue.

6. Comment est-ce que cette décision a été pris_____? Les membres du comité ont-ils été

   consulté_____?

7. Les deux garçons se sont enfui_____ de chez eux, puis ils se sont rappelé_____ la bonne

   cuisine de leur mère...

D. Les formes des temps composés

1. Le passé composé

Il est formé du présent des *auxiliaires* **avoir** ou **être**, suivi du *participe passé*.

EXERCICE XXXIV *Donnez le passé composé.*

1. accomplir: je _____

2. répondre: nous _____

3. revenir: elle _____

4. croire: je _____

5. écrire: elle _____

6. vivre: vous _____

7. apprendre: tu _____

8. naître: il _____

9. s'asseoir: elles _____

10. connaître: vous _____

11. permettre: nous _____

12. rester: tu _____

13. s'avancer: ils _____

14. se plaire: je _____

EXERCICE XXXV *Mettez les verbes entre parenthèses au passé composé.*

1. Tu _____ (écoutes) la météo et tu _____

(prends) ton imperméable. Tu _____ (es) prudent! Tu en _____

_____ (as) besoin?

2. Quand vous _____ (allez) à Québec, vous _____

_____ (voyez) le château Frontenac sans doute.

3. Jacques _____ (vient) et nous _____

(décidons) d'aller dîner. Nous _____ (choisissons) un restaurant français,

bien sûr. Nous _____ (entrons), je _____

(appelle) le garçon, et il nous _____ (apporte) la carte. Nous ne la

_____ (comprenons pas) mais je _____

(réussis) quand même à commander du poisson et un bon vin. Et Jacques nous _____

_____ (offre) du champagne.

4. Vous _____ (recevez) beaucoup d'appels pendant la matinée, Ma-

dame. Quand je _____ (veux) vous appeler, je _____

_____ (dois) attendre longtemps. Finalement, quand je vous _____

_____ (rejoins), je _____ (aperçois) mon patron, une pile

de documents dans les bras. Je _____ (me dis): «Quel bonheur! En-

core du travail pour moi!» Heureusement que je _____ (peux) vous

parler avant de m'attaquer aux documents qu'il me _____ (apporte)!

5. Pierrette _____ (se lève) en vitesse, elle _____

_____ (se fait) un café, elle le _____ (avale), debout,

puis elle _____ (s'assied). Samedi! Elle _____

_____ (se recouche).

EXERCICE XXXVI   *Mettez les verbes au passé composé, en vous rappelant que c'est **avoir** ou **être** qui devient négatif ou interrogatif. (Voir modules 5 et 10.)*

1. Prenez-vous un billet? _____

2. Reste-t-il à Paris? _____

3. Amène-t-elle son ami chez toi? _____

4. Il ne bat jamais son chien. _____

5. Ils ne reviennent pas. _____

6. Attendez-vous longtemps? _____

7. Elle ne se lève pas de bonne heure. _____

8. Elle ne peut pas finir ce livre. _____

EXERCICE XXXVII   *Écrivez les verbes à la voix passive au passé composé.*

Ex. Toutes les fleurs _____ (cueillir).
     Toutes les fleurs ont été cueillies.

1. Nous _____ (encourager) par ces remarques au sujet de notre soirée.

   Et en effet, les organisateurs _____ (féliciter) par tout le monde.

2. La table _____ (desservir) et la vaisselle _____

   (faire) en un temps record. Mais où les assiettes _____ (elles; ran-

   ger)? Je ne les vois pas.

3. La partie de sucre _____ (remettre) à plus tard parce qu'il fait encore

   trop froid pour le sirop d'érable. Mais une nouvelle date _____ (ne

   pas choisir).

4. Savez-vous qui _____ (élire) conseiller municipal dans notre district?

EXERCICE XXXVIII   *Écrivez les phrases à la voix passive.*
Ex. On a fermé la boutique «Rosy».
     La boutique «Rosy» a été fermée.

1. On a cassé deux de mes verres!

_____

2. Quelqu'un a trouvé une écharpe bleue.

_____

3. On nous a consultés, bien sûr.

_____

4. On leur a offert de très beaux cadeaux.

_____

5. On a déjà loué la maison.

_____

6. On n'a pas vendu les tableaux.

_____

7. Vous a-t-on invité à la soirée?

_____

8. On ne les a pas mis à la porte.

_____

Remarque

On emploie beaucoup moins souvent la voix passive en français qu'en anglais.

2. Le plus-que-parfait

Il est formé de l'*imparfait* des *auxiliaires* **avoir** ou **être**, suivi du *participe passé*.
Ex. La route était glissante parce qu'il **avait neigé**.
    Il m'a dit qu'il **avait eu** la grippe et qu'il **était resté** trois jours au lit.

EXERCICE XXXIX   *Mettez au plus-que-parfait.*

1. tu comprends _____   5. nous sommes _____

2. elle connaît _____   6. nous buvons _____

3. ils descendent _____   7. tu sais _____

4. je m'arrête _____   8. vous rougissez _____

EXERCICE XL   *Mettez les verbes entre parenthèses au plus-que-parfait.*

1. Il a su répondre à la question, puisqu'il _____ (lire) et _____

   _____ (comprendre) les articles que son professeur lui _____

   (recommander).

2. Je lui ai montré toutes les lettres que j'_____ (recevoir) la veille.

3. Aussitôt qu'il _____ (rentrer), il a commencé à crier.

4. Il a quitté le bureau à midi, parce qu'il _____ (rester) très tard la veille.

5. Les chiens semblaient contents, parce que nous les _____ (promener) sur la montagne.

6. J'ai téléphoné à plusieurs reprises: elle _____ (sortir), sans doute.

7. Elle a reconnu qu'elle _____ (avoir) tort. Elle _____ _____ (croire) comprendre que nos amis _____ (arriver) à un accord.

8. Il tombait de fatigue, tellement il _____ (courir).

9. Elle m'a dit qu'ils _____ (se connaître) autrefois, qu'ils _____ _____ (vivre) dans le même village.

10. Selon le journal, on _____ (disqualifier) les coureurs parce qu'ils _____ (se droguer) avant la course.

11. Nous l'_____ (entendre) crier, mais mon frère nous a assurés qu'il _____ (feindre) d'avoir peur seulement, qu'il _____ (vouloir) jouer un tour à son copain.

12. Nous avons cherché partout la bague que j'_____ (perdre). Mes parents me l'_____ (offrir).

3. Le futur antérieur

Il est formé du *futur* des *auxiliaires* **avoir** ou **être**, suivi du *participe passé*.
Ex. Je te donnerai mon opinion lorsque tu **auras lu** la lettre.
   Dès qu'ils **seront revenus** de Paris, ils vous appelleront.

EXERCICE XLI   *Mettez au futur antérieur.*

1. promettre: tu _____

2. conseiller: je_____

3. conclure: nous_____

4. craindre: ils _____

5. s'apercevoir: il _____

6. entreprendre: vous _____

7. s'endormir: je _____

8. arriver: elle _____

EXERCICE XLII   *Mettez les verbes entre parenthèses au futur antérieur.*

1. Il leur _____ (falloir) deux ans pour réaliser leur projet. Ils _____

_____ (traduire) toute l'œuvre de Miller, et leur travail leur _____

(valoir) un prix important.

2. Bientôt vous _____ (obtenir) des résultats convaincants à vos expé-

riences sur la migration des oiseaux. Vous les _____ (étudier) pen-

dant plusieurs étés, n'est-ce pas? Tout le monde _____ (vivre) des

moments exaltants, sans aucun doute. Et vous _____ (résoudre) cer-

tains problèmes qui intéressent vos collègues depuis très longtemps. Vous me l'annoncerez, quand

vos résultats _____ (être publié)? Ce sera certainement fascinant.

3. Une fois que nous _____ (rentrer) et que nous _____

_____ (se reposer) un petit moment, nous reprendrons la discussion.

4. Quand tu _____ (réussir) à comprendre la grammaire, tu _____

_____ (s'astreindre) à des efforts considérables. Tu _____

(découvrir) des choses intéressantes.

4. Le conditionnel passé

Vous vous en doutez, il est formé du *conditionnel présent* des *auxiliaires* **avoir** ou **être**, suivi du
participe passé.
Ex. Nous **serions arrivés** à l'heure si nous avions trouvé le chemin plus facilement.
Mes cousins m'ont dit qu'ils **auraient pu** nous aider à déménager. Ils **seraient venus**
volontiers.

EXERCICE XLIII   *Répondez à la question en utilisant les expressions données.*

Et si vous aviez vu atterrir un Martien?
Ex. Partir en courant — Moi, je serais parti(e) en courant.

1. lui parler _____

2. être content(e) _____

3. s'approcher de lui _____

4. l'inviter chez moi _____

5. ne pas avoir peur _____

6. monter dans sa soucoupe volante _____

7. s'envoler avec lui _____

8. découvrir des galaxies nouvelles _____

EXERCICE XLIV   *Mettez les verbes entre parenthèses au conditionnel passé.*

1. Nos athlètes _____ (gagner) hier s'ils avaient bénéficié d'un meilleur entraînement.

2. Elle _____ (se tromper) de route si nous ne lui avions pas donné une carte de la région.

3. Si nous en avions eu l'occasion, nous _____ (aller) à Québec et nous _____ (se promener) en calèche.

4. J'_____ (arroser) tes plantes si tu me l'avais demandé.

5. S'ils avaient écouté leurs amis, ils _____ (ne pas se marier). Ils _____ (attendre) deux ou trois ans.

6. Le médecin m'a dit que j'_____ (devoir) suivre ses conseils. J'_____ (souffrir) moins, et le temps m'_____ (paraître) moins long!

7. Comme elle _____ (se dépêcher), comme elle _____ (être soulagé) si elle avait su qu'elle arrivait à la fin du cahier!

5. Le subjonctif passé

Il existe un *passé du subjonctif* qu'on forme, comme les autres temps composés, à partir du *subjonctif présent* des *auxiliaires* **avoir** et **être** suivi du *participe passé*.
Ex. Il faut que tu **aies fini** ce travail avant 5 h.
     Bien qu'ils **se soient dépêchés**, ils sont arrivés en retard.

EXERCICE XLV   *Mettez ces verbes au subjonctif passé.*

1. je réponds _____   4. je viens _____

2. tu écris _____   5. elle se lève _____

3. il va _____   6. nous comprenons _____

EXERCICE XLVI *Mettez les verbes entre parenthèses au subjonctif passé.*

1. Nous sommes heureux qu'elle _____ (compléter) les cours et

   qu'elle _____ (réussir) à obtenir son permis.

2. Je crains qu'il _____ (ne pas recevoir) ma lettre.

3. Quel dommage qu tu n'_____ (pouvoir) venir avec nous!

4. Comment se fait-il que vos amis _____ (ne pas venir) hier?

5. L'épicier attend que nous _____ (faire) nos achats pour fermer le

   magasin.

6. Il faut que vous _____ (courir) bien vite pour être aussi essoufflés.

7. Avant même qu'il _____ (ouvrir) la bouche, on lui a dit de se taire!

8. Pierre est content que sa sœur _____ (s'apercevoir) de sa nou-

   velle coiffure!

9. Il est possible qu'elle _____ (se perdre), si tu ne lui as pas indiqué

   le chemin.

10. Il est surprenant que personne n'_____ (penser) à voler ces ta-

    bleaux.

11. Le professeur attend que nous lui _____ (remettre) nos devoirs

    pour nous laisser partir!

Corrigé des exercices

EXERCICE I

1. tu imagines
2. je compte
3. ils bâtissent
4. je vends
5. nous choisissons
6. il répond
7. vous réagissez
8. je montre

EXERCICE II

1. commençons
2. rejettes
3. se promène
4. interprète
5. souffre
6. vengeons
7. Achète-t-il
8. te lèves
9. préfère
10. Envoie-t-elle
11. renouvelle
12. espères

EXERCICE III

1. nous nettoyons
2. vous vous rappelez
3. nous avançons
4. nous protégeons
5. ils paient/ils payent
6. vous menez

EXERCICE IV

1. j'achève
2. tu exagères
3. je considère
4. tu envoies
5. tu gèles
6. j'annonce

EXERCICE V

1. Ils viennent
2. Elles me suivent.
3. Qu'écrivent-ils?
4. Vous devez
5. Nous craignons
6. Vous le prenez.

EXERCICE VI

1. Tu reçois
2. Je sers
3. Il te connaît
4. Tu vis
5. Il cuit
6. Tu reviens

EXERCICE VII

1. te mets
   lis
   viens
2. suit
   doit
   sort
3. Reconnaissent
   aperçoit
   court
4. craignons
   voyons
5. décrivez
   crois
6. voit
   souriez
   dites
   se permet
7. repeins
   me sers
   rend
8. construisez
   produisent
9. reçoivent
   se plaignent
   m'endors

EXERCICE VIII

1. refaisons
   vaut
   sommes
2. s'assied/s'assoit
   prenons
   meurs
3. font
   ont
   vas
   veulent

EXERCICE IX

1. Je vais
2. Tu vas
3. Tu veux
4. Nous voulons
5. Nous savons
6. Tu sais
7. Tu peux
8. Ils peuvent
9. Ils ont à
10. Vous avez à

EXERCICE X

1. Nous écrivons
2. Vous voulez
3. Ils battent
4. Nous reprenons notre souffle.
5. Nous mangeons
6. Vous amenez votre ami.
7. Vous pesez
8. Ils savent
9. Nous mourons
10. Vous vous en apercevez.
11. Vous dites
12. Nous transcrivons nos notes.

EXERCICE XI

1. Je tiens
2. Tu crains
3. Il comprend
4. Tu te sens

5. Il traduit
6. Je m'en vais.
7. Tu achèves
8. reviens-tu?

9. Je cède
10. Tu dois

EXERCICE XII

1. Prenez.
2. Écoute.

3. Dites.
4. Obéissons.

5. Travaille.
6. Achève.

EXERCICE XIII

1. obtiens
   construisons
2. appelle
   sors
3. éteignez
   vous asseyez/vous assoyez
   comprenez
   obéissez
4. peut
   plaît
   s'y intéresse
   ayez / aie
   doivent

5. considèrent
   défendent
   atteignent
6. Sachez
   mens
   croient
   méconnaissent
   rejettent
7. créez
   disparaissez
   répond
   soyez
   exagère

8. paies/payes
   laisse
   sert
9. réagissent
   Comprennent
10. répète
    peut
    changeons

EXERCICE XIV

1. revenant
2. mangeant
3. Craignant

4. rentrant
5. grimaçant
6. Connaissant

7. Étant
8. écrivant

EXERCICE XV

1. tu descendais
2. il démolissait
3. il apprenait
4. je buvais

5. vous veniez
6. elle voulait
7. il devait
8. tu connaissais

9. j'étudiais
10. nous commencions

EXERCICE XVI

1. te levais
   étais
2. me perdais
   j'allais

3. disait
   appréciait
   tenait
4. pleuvait
   faisait
   nagions

5. se mettait
   commençait
   préparait
   sentaient
   lisait

EXERCICE XVII

1. que je vende
2. que tu guérisses
3. qu'il apprenne
4. que je mette
5. que tu boives
6. qu'elle aille
7. que nous ouvrions
8. qu'il soit
9. que tu vives
10. que vous voyiez

EXERCICE XVIII

1. Bien qu'il soit tard, nous...
2. Bien qu'il ait du talent, il...
3. Bien que vous disiez la vérité, personne...
4. Bien qu'il ne fasse pas chaud, nous...
5. Bien qu'il se rende compte de son erreur, il...

EXERCICE XIX

1. vaille
   plaise
2. reçoive
3. craigne
4. sache
   choisisse
5. sortes
   prennes
6. alliez
   vouliez
7. ayons
   puissions

EXERCICE XX

1. Tu diras «Au revoir» avant de partir.
2. Il veut avoir les renseignements avant d'intervenir.
3. Je lirai un peu avant de dormir.
4. Vous fermerez bien les portes avant d'éteindre les lumières.
5. Je vais voir des professeurs avant de m'inscrire.
6. Vous réfléchirez bien avant de prendre la décision.
7. Il compte son argent avant d'acheter un nouveau disque.
8. Il faut beaucoup réfléchir avant de le punir. / Il nous faut beaucoup réfléchir...
9. Tu vérifieras l'adresse avant d'envoyer ce paquet.
10. J'aurai beaucoup appris avant de recevoir mon diplôme!

EXERCICE XXI

1. j'apprendrai
2. nous reconnaîtrons
3. tu partiras
4. vous créerez
5. il tolérera
6. tu riras

EXERCICE XXII

1. tu achèteras
2. il se promènera
3. je renouvellerai
4. elle exagérera
5. ils achèveront
6. vous rejetterez

EXERCICE XXIII

1. il viendra
2. tu courras
3. vous irez
4. nous ferons
5. tu enverras
6. je voudrai
7. ils pourront
8. elle aura

EXERCICE XXIV

1. accompagneras
   reviendras
2. pourra-t-il
   sera
   devra

3. reverrai
   dirai
   sortirons

4. vous assiérez/vous assoirez
   aurons
   adorerai
   se préparera
   raconterez

EXERCICE XXV

1. écrirez
   prendrons
   pourra
   faudra
   appellerez

2. montrera
   fera
   répétera
   mourrons
   améliorera

EXERCICE XXVI

1. il irait
2. tu serais
3. ils feraient
4. il entendrait

5. vous finiriez
6. ils prendraient
7. vous achèteriez
8. nous viendrions

9. je peindrais
10. nous saurions

EXERCICE XXVII

1. serait
2. expliquerais
3. deviendrais

4. pourrais
5. prendrais
6. gagnerions

7. offrirait
8. ferais

EXERCICE XXVIII

1. appelaient, répondrais
2. commençait, rentrerions
3. achetions, roulerait
4. démolissait, aurait

5. me mettais, réussirais
6. était, viendraient
7. pouvais, partirais-tu?

EXERCICE XXIX

1. reçu
2. ouvert
3. réussi

4. surpris
5. lu
6. regardé

7. dit
8. plu

EXERCICE XXX

né, fait, devenu, parti, mis, dû, pu, eu, voulu, mort

EXERCICE XXXI

1. est tué
2. est suivie
3. est photographiée

4. sont critiquées
5. est offert

EXERCICE XXXII

1. sera tué
2. sera suivie
3. sera photographiée
4. seront critiquées
5. sera offert

EXERCICE XXXIII

1. rentré
   commencé
2. recommandés
   regardés
3. aimé
4. demandé
   rencontrés
5. habillée
   partie
   présentée
6. prise
   consultés
7. enfuis
   rappelé

EXERCICE XXXIV

1. j'ai accompli
2. nous avons répondu
3. elle est revenue
4. j'ai cru
5. elle a écrit
6. vous avez vécu
7. tu as appris
8. il est né
9. elles se sont assises
10. vous avez connu
11. nous avons permis
12. tu es resté(e)
13. ils se sont avancés
14. je me suis plu

EXERCICE XXXV

1. as écouté
   as pris
   as été
   as eu
2. êtes allé(e, s, es)
   avez vu
3. est venu
   avons décidé
   avons choisi
   sommes entrés
   j'ai appelé
   a apporté
   ne l'avons pas comprise
   j'ai réussi
   a offert
4. avez reçu
   j'ai voulu
   j'ai dû
   ai rejointe
   j'ai aperçu
   me suis dit
   j'ai pu
   m'a apportés
5. s'est levée
   s'est fait
   l'a avalé
   s'est assise
   s'est recouchée

EXERCICE XXXVI

1. Avez-vous pris un billet?
2. Est-il resté à Paris?
3. A-t-elle amené…?
4. Il n'a jamais battu…
5. Ils ne sont pas revenus.
6. Avez-vous attendu…?
7. Elle ne s'est pas levée…
8. Elle n'a pas pu finir…

EXERCICE XXXVII

1. avons été encouragés(es)
   ont été félicités
2. a été desservie
   a été faite
   ont-elles été rangées?
3. a été remise
   n'a pas été choisie
4. a été élu

EXERCICE XXXVIII

1. Deux de mes verres ont été cassés!
2. Une écharpe bleue a été trouvée.
3. Nous avons été consultés, bien sûr.
4. De très beaux cadeaux leur ont été offerts.
5. La maison a déjà été louée.
6. Les tableaux n'ont pas été vendus.
7. Avez-vous été invité à la soirée?
8. Ils n'ont pas été mis à la porte.

EXERCICE XXXIX

1. tu avais compris
2. elle avait connu
3. ils étaient descendus
4. je m'étais arrêté(e)
5. nous avions été
6. nous avions bu
7. tu avais su
8. vous aviez rougi

EXERCICE XL

1. avait lu
   avait compris
   avait recommandés
2. avais reçues
3. était rentré
4. était resté
5. avions promenés
6. était sortie
7. avait eu
   avait cru
   étaient arrivés
8. avait couru
9. s'étaient connus
   avaient vécu
10. avait disqualifié
    s'étaient drogués
11. avions entendu
    avait feint
    avait voulu
12. avais perdue
    avaient offerte

EXERCICE XLI

1. tu auras promis
2. j'aurai conseillé
3. nous aurons conclu
4. ils auront craint
5. il se sera aperçu
6. vous aurez entrepris
7. je me serai endormi(e)
8. elle sera arrivée

EXERCICE XLII

1. aura fallu
   auront traduit
   aura valu
2. aurez obtenu
   aurez étudiés
   aura vécu
   aurez résolu
   auront été publiés
3. serons rentrés(es)
   nous serons reposés(es)
4. auras réussi
   te seras astreint(e)
   auras découvert

EXERCICE XLIII

1. Moi, je lui aurais parlé.
2. Moi, j'aurais été content(e).
3. Moi, je me serais approché(e) de lui.
4. Moi, je l'aurais invité chez moi.
5. Moi, je n'aurais pas eu peur.
6. Moi, je serais monté(e)...
7. Moi, je me serais envolé(e)...
8. Moi, j'aurais découvert des galaxies...

EXERCICE XLIV

1. auraient gagné
2. se serait trompée
3. serions allés(es)
   nous serions promenés(es)
4. aurais arrosé
5. ne se seraient pas mariés
   auraient attendu
6. aurais dû
   aurais moins souffert
   aurait paru
7. se serait dépêchée
   aurait été soulagée

EXERCICE XLV

1. que j'aie répondu
2. que tu aies écrit
3. qu'il soit allé
4. que je sois venu(e)
5. qu'elle se soit levée
6. que nous ayons compris

EXERCICE XLVI

1. ait complété
   ait réussi
2. n'ait pas reçu
3. n'aies pu/n'aies pas pu
4. ne soient pas venus
5. ayons fait
6. ayez couru
7. ait ouvert
8. se soit aperçue
9. se soit perdue
10. n'ait pensé
11. ayons remis

MODULE 4
Le mode

Barbara Sheppard

Table des matières

Objectifs

1. Apprécier la valeur de chacun des modes en français.
2. Voir en quoi ils s'opposent ou se complètent.
3. Reconnaître les contextes dans lesquels il faut les employer.

Introduction

On considère normalement qu'il y a quatre modes en français: l'indicatif, le subjonctif, l'impératif et le conditionnel.

Pour définir le mode, on peut citer Grévisse, *Le Bon Usage*: «Les modes expriment l'attitude prise par le sujet à l'égard de l'énoncé; ce sont les diverses manières dont ce sujet conçoit et présente l'action.» C'est donc l'état d'esprit de celui qui parle qui décide du choix du mode.

1. L'**indicatif** est le mode de la certitude, de l'affirmation, de la probabilité; on présente une action réelle.
   Ex. Tony **a** toujours **réussi** aux examens. Je pense qu'il **va réussir** cette fois-ci. Quand il **aura** son diplôme, nous **ferons** une fête.
2. Le **subjonctif** exprime l'émotion, le doute. L'action est envisagée dans la pensée, non pas sur le plan de la réalité.
   Ex. J'ai bien hâte que tu **viennes** nous voir à Montréal. Il faudrait que tu me **dises** l'heure de ton arrivée, car il est possible qu'on **aille** te chercher à l'aéroport.

3. L'**impératif** sert à exprimer un ordre, une exhortation.

    Ex. **Entrez** vite. **Enlevez** vos bottes. **Mettons-nous** tout de suite à table. Et toi, **va** te laver les mains.

4. Le **conditionnel** présente une action possible, mais hypothétique, basée sur une condition.

    Ex. Si tu avais confiance en toi, tu **réussirais** très bien.

Il faut noter que, dans la pratique, on sort parfois de ces définitions; le sens du mode peut, à l'occasion, s'exprimer par un temps de verbe, un infinitif, un autre mode.

Ex. 1. Tu t'**assoiras** là et tu m'**écouteras**.
      (des ordres exprimés par le futur)

    2. **Entrer** sans frapper.
      (un ordre exprimé par l'infinitif)

    3. **Qu**'on me **prévienne** si le président arrive.
      (un ordre exprimé par le subjonctif)

    4. **Cherchez**, vous trouverez.
      («Si vous cherchez.» L'impératif indique une supposition.)

Prétest

I *Complétez en employant l'impératif et les pronoms qui conviennent. (12 × 2 points)*

1. J'ai très mal à la tête. Est-ce que je devrais <u>me</u> reposer? Mais oui, _____
   donc jusqu'au souper.

2. Il paraît que Charles est libre samedi soir. Qu'est-ce que je dois dire à <u>Charles</u>? _____

   _____qu'il sera le bienvenu chez nous samedi.

3. C'est bien dommage, mais je devrais sans doute jeter <u>ces fleurs</u>, n'est-ce pas? Ah oui! _____

   _____, on va en acheter d'autres.

4. On peut s'asseoir, <u>Jules et moi</u>? Bien sûr, _____ là, sur le divan.

5. Est-ce que tu veux que je t'achète <u>des fruits</u> au marché? Oui, s'il te plaît, _____

   _____ si tu y vas.

6. J'ai fini mon test. Est-ce que je peux <u>m'en</u> aller? Bien sûr, _____.

II *Reliez les phrases en employant un indicatif ou un subjonctif dans la proposition subordonnée.
(4 × 2 points)*

1. Vous savez nager. / Il vaut mieux _____.

2. Le nouveau médicament va enfin enrayer cette terrible maladie. / Les spécialistes sont persuadés

   _____.

3. Elle ne reviendra plus à Montréal. / Nous sommes désolés _____

   _____.

4. Vous apprendrez beaucoup dans ce cours. / Il est probable _____

   _____.

III *Mettez les verbes au mode et au temps qui conviennent. Là où un mot est souligné, vous le
remplacerez par un pronom. (34 × 2 points)*

1. As-tu entendu la météo? Peut-être qu'il _____ (pleuvoir) cette nuit. Je doute

   qu'on _____ (avoir) de la neige avant la fin du mois.

2. Dès qu'on _____ (finir) de battre les œufs et le beurre, on ajoute

   la farine et on mélange jusqu'à ce que la pâte _____ (devenir) lisse.

3. Ne venez pas me déranger avant que je vous _____ (dire) d'entrer.

4. Tout le monde dit que Dumas _____ (être) le meilleur athlète du pays, mais moi, je ne suis pas vraiment convaincu qu'il _____ (pouvoir) gagner le championnat.

5. Puisque tu ne veux plus rester avec nous, _____ (partir).

6. Si tu as décidé d'inviter les Duval, _____ (écrire aux Duval) aujourd'hui même.

7. J'ai bien peur que mon réveille-matin ne _____ (être) détraqué. Si je _____ (ne pas être) debout à 8 h 30 demain, _____ _____ (me réveiller), veux-tu?

8. Si tes amis n'aiment pas ce restaurant, _____ (aller) ailleurs!

9. Ils _____ (aller) dans l'Ouest s'ils trouvent un bon emploi.

10. S'ils _____ (aller) là-bas, ils auraient déjà trouvé du travail.

11. Nous _____ (partir) dans l'Ouest, nous aussi, si tous nos amis ne restaient pas ici.

12. Je pense que vous _____ (revenir) immédiatement si je vous avais envoyé un télégramme.

13. Si elle n'est pas satisfaite de cet appareil, _____ (choisir) un autre appareil.

14. Tu veux que je _____ (venir) jouer avec toi? _____ (m'attendre) une demi-heure.

15. Henri dit qu'il _____ (se joindre) à nous dimanche prochain, au chalet.

16. Il serait bon que nous _____ (inviter) Henri, n'est-ce pas?

17. Nous sommes donc d'accord: _____ (inviter Henri).

18. Sarah _____ (inviter) Henri même si je n'y avais pas pensé.

19. Si vous _____ (pouvoir) venir avec nous, vous serez les bienvenus.

20. Je n'ai plus de sucre à la maison. Si tu veux du sucre dans ton café, _____ _____ (acheter du sucre) à l'épicerie du coin.

21. Pourvu qu'il _____ (ne pas pleuvoir) demain. C'est le dernier match de la saison.

22. Étant donné que vous _____ (savoir) toutes les réponses, tout est bien qui finit bien.

Résultats	
I	/ 24
II	/ 8
III	/ 68
Total	/ 100

Corrigé du prétest

I

1. repose-toi
2. Dis-lui / Dites-lui
3. jette-les / jetez-les
4. asseyez-vous / assoyez-vous
5. achète-m'en
6. va-t'en / allez-vous-en

II

1. que vous sachiez nager
2. que le nouveau médicament va enfin enrayer cette terrible maladie
3. qu'elle ne revienne plus à Montréal
4. que vous apprendrez beaucoup dans ce cours

III

1. pleuvra, ait
2. a fini / finit, devienne
3. dise
4. est, puisse / peut / pourra
5. pars
6. écris-leur
7. soit, ne suis pas, réveille-moi
8. qu'ils aillent
9. iront
10. étaient allés
11. partirions
12. seriez revenu(e), (s), (es)
13. qu'elle en choisisse un autre
14. vienne, attends-moi
15. se joindra
16. invitions
17. invitons-le
18. aurait invité
19. pouvez
20. achètes-en
21. ne pleuve pas
22. savez

I. L'indicatif ou le subjonctif?

L'**indicatif** s'emploie à tous les temps puisque c'est le mode déclaratif, celui qui rend compte de la réalité telle qu'elle est et telle qu'elle se définit dans le temps.

Le **subjonctif** n'est employé communément qu'au présent et au passé. Dans ce module, nous nous limiterons au présent, puisque c'est le temps qu'on utilise le plus fréquemment. Le subjonctif passé sera étudié dans le module 6.

Pour les formes des verbes à l'indicatif, consultez *Bescherelle* et le module 3.

Pour les formes des verbes au subjonctif, consultez *Bescherelle*, le module 3 et *Grammaire française*, p. 225-229.

L'**indicatif** s'emploie aussi bien dans des propositions principales que dans des propositions subordonnées. Par contre, le **subjonctif** s'emploie presque toujours dans des propositions subordonnées. Par conséquent, le problème de discrimination entre les deux modes se pose pour les propositions subordonnées.

A. Les verbes et les locutions introduisant le mode de la subordonnée

Les deux modes représentent deux *manières* différentes de présenter la réalité, l'une subjective (le subjonctif), l'autre objective (l'indicatif). C'est le verbe de la proposition principale qui, dans bien des cas, exprime cette différence.

Ex. Je **veux** qu'elle **comprenne**.
Je **sais** qu'elle **comprend**.
Il **faut** qu'il **soit** là.
On **dit** qu'il **sera** là.

Dans *Grammaire française,* p. 230-232, le tableau présente de façon assez complète les verbes et les expressions qui régissent le subjonctif. Vous pourrez constater que ces verbes et ces locutions traduisent toujours un souhait, un doute, une volonté, un sentiment ou une émotion.

Par opposition, les verbes et les locutions qui présentent normalement une simple déclaration: annoncer, expliquer, dire, savoir, etc., régissent l'indicatif.

Les verbes d'opinion (penser, croire, trouver, etc.) sont suivis de l'indicatif, sauf quand ils sont à la forme négative ou interrogative. Dans ce cas, il faut réfléchir avant de choisir le mode à employer. (*Grammaire française,* p. 233-234, les verbes de pensée et de déclaration.)

Remarque

Le verbe *espérer* et la locution *il est probable* employés à la forme affirmative sont suivis de l'indicatif. Considérez-les comme des exceptions.

Les exercices I et II vous aideront à mieux comprendre la différence entre les deux types de phrases. Remarquez bien les verbes et les locutions des propositions principales.

EXERCICE I   *Mettez les verbes entre parenthèses à l'indicatif, au temps qui convient.*

1. Messieurs les jurés, dans le cas présent, on constate que l'accusé _____ (être)

   innocent. Il nous a expliqué qu'il _____ (être) chez lui, comme d'habitude, au

   moment du crime. Après tout, on sait qu'il _____ (être) aveugle! Alors, je suis

   sûr que vous _____ (l'acquitter).

2. Attention! Cachons-nous. Je crois que le policier _____ (revenir).

   J'espère qu'il _____ (repartir) tout de suite, sans nous remarquer.

3. Comment t'appelles-tu? Il me semble que je te _____ (connaître).

4. Il paraît que nous _____ (recevoir) bientôt une augmentation de

   salaire.

5. Le président a été grièvement blessé. On pense qu'il _____ (ne pas

   survivre) à l'attentat.

6. Allons, courage! Je suis certaine que tu _____ (obtenir) ta promotion.

7. On dit que les loups _____ (être) des animaux cruels. Moi, je trouve que c'_____ (être) exagéré, ce point de vue-là. Quand ils _____ (tuer) un autre animal, c'est seulement parce qu'ils _____ (avoir) faim.

8. Cet enfant-là a mauvaise mine. J'ai l'impression qu'il _____ (ne pas prendre) assez de vitamines. Et il est certain qu'il _____ (ne pas aller) assez souvent jouer dehors.

9. Je suis convaincue que Pierre _____ (trouver) une bonne excuse pour ne pas assister à la réunion. Il considère que ces rencontres _____ (être) une perte de temps.

10. Ils prétendent que leur candidat _____ (obtenir) une très forte majorité aux prochaines élections.

EXERCICE II   *Mettez les verbes entre parenthèses au subjonctif présent.*

1. Je ne veux pas que tu _____ (suivre) ce cours-là. Il vaut mieux que tu _____ (choisir) autre chose.

2. Mon père serait vraiment content que je _____ (faire) mes études à la même université que lui.

3. Il est important que Jacqueline _____ (apprendre) enfin la vérité. Je regrette que tout le monde la lui _____ (cacher) depuis une semaine.

4. Le maire ne permettra jamais qu'on _____ (construire) un musée dans ce style-là. Ce n'est pas la peine que vous le lui _____ (proposer).

5. Nous regrettons que vous _____ (être) obligés de partir si tôt. La route est très mauvaise, en effet, et il faudra que Gilles _____ (conduire) prudemment.

6. Bienvenue au Château du Mont. Je souhaite que vous _____ (trouver) votre séjour agréable. Il est dommage que le temps _____ (être) si mauvais aujourd'hui. Il est possible qu'on _____ (avoir) un orage ce soir. Alors je recommande que vous en _____ (profiter) pour bien vous reposer jusqu'à demain.

7. Pardon, monsieur. Je ne tiens pas à ce que votre petit garçon _____ (aller)

trop près de la piscine. Je crains qu'il _____ (avoir) un accident.

8. Il faudrait que Maria _____ (revenir) avant l'anniversaire de son fils.

9. Il est important que vous _____ (savoir) tous ces verbes. Un de ces jours,

vous nous en remercierez. Faut-il que nous le _____ (répéter)? Il est temps

que vous _____ (prendre) vos responsabilités.

10. Il est peu probable que je vous _____ (revoir) avant l'examen, alors bonne

chance.

Je m'attends à ce que vous _____ (obtenir) un résultat spectaculaire.

B. Les conjonctions introduisant le mode de la subordonnée

L'**indicatif** est également employé dans les propositions subordonnées introduites par certaines conjonctions de cause ou de temps.

Cause
{
comme
du moment que
étant donné que
parce que
puisque
vu que
}

Temps
{
après que
aussitôt que
dès que
depuis que
lorsque
pendant que
quand
}

Ces conjonctions expriment un état de fait, la constatation d'une situation réelle et bien établie.

Par contre, si vous consultez le tableau C, *Grammaire française,* p. 235, vous aurez une liste des conjonctions qui sont suivies du subjonctif. Voici les plus courantes:

pour que
à moins que
à condition que
pourvu que
avant que

jusqu'à ce que
en attendant que
quoique
malgré que
soit que... soit que

Si vous comparez cette liste avec la précédente, vous noterez que ces conjonctions expriment toutes une sorte de *mais* (condition ou restriction) qui rend possible, mais non certaine, la situation exprimée dans la proposition subordonnée qu'elles introduisent.

Les exercices III et IV vous aideront à classer ces deux types de conjonctions à partir de ce qu'elles expriment.

EXERCICE III   *Mettez les verbes entre parenthèses à l'indicatif, au temps qui convient.*

1. Je suis bien organisé. Chaque jour, dès que je _____ (se lever), je

   _____ (faire) mes exercices. Quand c'_____ (être) fini, je _____

   (faire) ma toilette. Pendant que je _____ (prendre) mon petit déjeuner, je

   _____ (revoir) mon agenda pour la journée.

2. Quand le chat _____ (partir), les souris _____ (danser).

3. Étant donné que vous _____ (refuser) de payer votre loyer, votre

   propriétaire a raison de vous mettre dehors.

4. Robert semble beaucoup plus heureux depuis qu'il _____ (connaître) Lucie.

5. Quand il _____ (faire) froid, nous avons envie de manger de bons potages

   chauds. En été, nous buvons beaucoup parce que notre organisme _____

   (avoir) tendance à se déshydrater.

6. Comme nous _____ (ne pas sortir) souvent, nous ne sommes pas

   au courant des spectacles qui se _____ (donner) en ville.

7. Du moment que tu _____ (comprendre) l'introduction, tu vas trouver le reste

   du livre assez facile.

8. Il m'est impossible d'aller voir ce film avec vous parce que je _____

   (oublier) d'apporter mes lunettes.

9. Puisque tu _____ (être) une personne discrète, je vais te confier quelque

   chose.

10. Aussitôt que Cécile _____ (arriver), tout le monde _____

    _____ (applaudir).

11. Quand ils _____ (arriver) à la maison, ils ont trouvé la porte grande

    ouverte.

12. Dès que je _____ (apprendre) la bonne nouvelle, j'ai appelé Diane

    pour la féliciter.

13. Quand on _____ (ne pas savoir) nager, on ne se jette pas à l'eau, voyons!

14. Je ne pourrai pas partir en voyage cette année parce que je _____ (dépenser) tout mon argent.

EXERCICE IV   *Mettez les verbes entre parenthèses au subjonctif présent.*

1. Approche-toi un peu, pour que je te _____ (voir) mieux.

2. Je vais vous prêter cette somme à condition que vous me _____ (rembourser) avant la fin du mois.

3. Reste à l'école jusqu'à ce que maman _____ (venir) te chercher.

4. Nous allons faire cette démarche ensemble, à condition que nous _____ (être) tous d'accord.

5. Il faut qu'on _____ (attendre) Jacqueline. Pourvu qu'elle _____ _____ (ne pas être) en retard!

6. Bien que cette personne _____ (avoir) toutes les qualifications requises pour le poste, il semble qu'on _____ (ne pas pouvoir) l'engager. Le patron ne pense pas qu'elle _____ (faire) notre affaire. Mais il ne faut pas qu'elle _____ (partir) sans qu'on lui _____ (dire) exactement ce qu'on pense.

7. J'ai acheté toutes ces provisions afin que Gilles _____ (ne pas être) obligé de sortir pendant quelques jours. Il a une mauvaise grippe, et j'ai bien peur que ça _____ (devenir) une pneumonie.

8. Ne quittez pas la salle avant que je _____ (finir) mon cours.

9. Charles est parti vivre en Amérique du Sud sans que ses parents le _____ (savoir).

10. Ces méchants étudiants changent de place tous les jours pour que le professeur _____ (ne jamais pouvoir) apprendre leurs noms.

11. Nous ne relâcherons pas les otages, à moins que vous n'_____ (accepter) nos conditions.

12. Je ne pourrai pas prendre de décision avant qu'on m'_____ (apprendre) tous les détails de l'affaire.

13. Où sont mes clefs? Zut, je les ai perdues! Pourvu que tu _____ (ne pas perdre) les tiennes aussi!

14. Je vais demander l'avis de Claudine, à moins que vous n'_____ (avoir) une meilleure idée.

Faites maintenant l'exercice V pour vérifier votre compréhension des deux modes et de leurs emplois.

EXERCICE V   *Mettez chaque verbe entre parenthèses au mode (indicatif, subjonctif) et aux temps qui conviennent.*

Projets de vacances

On discute, on propose, on hésite, on décide.

Jules   1. — Il est temps que tu _____ (se décider).

Francine   2. — Que je _____ (se décider) à quoi?

Jules   3. — À organiser nos vacances pour cette année. Ça _____ (m'étonner)

un peu que tu ne _____ (savoir) pas encore notre itinéraire, comme

je te _____ (connaître).

Francine   4. — Pourquoi faut-il toujours que ce _____ (être) moi qui

_____ (s'occuper) de ça? J'attendais justement que tu m'en

_____ (parler). Je préférerais que nous _____

(décider) ensemble, bien calmement. Peut-être que nous _____

(pouvoir) rester au Canada pour une fois, à moins que tu ne _____

(vouloir) absolument partir pour l'étranger.

Jules   5. — Du moment que je _____ (ne pas avoir) à prendre l'avion, je

_____ (vouloir) bien visiter un peu ce vaste pays. Quand on

_____ (s'installer) dans un de ces beaux trains confortables..., ça

_____ (devoir) être agréable.

Francine   6. — Le train? Oui..., mais le CN recommande qu'on _____ (réserver)

bien à l'avance. J'ai bien peur que ce _____ (être) déjà trop tard.

Jules		— Trop tard? Pour le mois de septembre?

Francine 7. — Mais non. Nous _____ (partir) en juin puisque tu _____ (avoir) quatre semaines de vacances. Allons-nous attendre que l'automne _____ (arriver) pour aller nous promener?

Jules 8. — Ah! tu sais... Il est peu probable que mon patron me _____ (permettre) de partir avant septembre.

Francine 9. — Il peut aller au diable, ton patron! Mais, maintenant que j'y _____ (penser), depuis que nous _____ (être) mariés, nous _____ (prendre) toujours nos vacances ensemble. Je propose que nous _____ (partir) chacun de notre côté, cette fois-ci. Comme ça nous _____ (pouvoir) choisir indépendamment notre itinéraire et notre date de départ, et puis tout le monde _____ (être) satisfait, y compris ton patron.

Jules 10. — Il est vrai que nous _____ (rester) toujours ensemble pour les vacances. Cette année, donc, tu _____ (aller) voir les Rocheuses tandis que moi, je _____ (m'offrir) enfin deux semaines de pêche dans le nord du Québec ou dans les Maritimes. Après tout, je ne tiens pas absolument à ce que nous _____ (voyager) ensemble.

Francine 11. — Mais Gisèle? Étant donné qu'elle _____ (avoir) seize ans, crois-tu qu'elle _____ (vouloir) partir avec l'un de nous? En tout cas, je ne souhaite pas qu'elle _____ (faire) du camping avec ses amis.

Jules 12. — Demandons-lui d'abord ce qu'elle _____ (avoir) l'idée de faire, veux-tu? Et _____ (vivre) les vacances! Pourvu que je _____ (recevoir) bientôt mon remboursement d'impôts!

Lorsque les deux propositions d'une même phrase ont le même sujet, on emploie l'infinitif à la place du subjonctif, pour simplifier. Comparez les exemples suivants.

Je peux réussir. (**Je** doute)
Je doute **de pouvoir** réussir.

Je peux réussir. (**Il** doute)
Il doute que **je** puisse réussir.

On apprend le français. (**On** est content)
On est content **d'apprendre** le français.

On apprend le français. (**Vous** êtes content)
Vous êtes content qu'**on apprenne** le français.

Consultez *Grammaire française*, p. 240-241, IV. A et B, et faites l'exercice d'*Application immédiate*, p. 242. Faites ensuite les exercices IV, V et VI, p. 243-244.

Il existe plusieurs expressions idiomatiques, très courantes, formées à partir d'un verbe au subjonctif. Étudiez les exemples suivants.

Pierre n'est pas encore arrivé, **que je sache**.

Pourvu qu'il ne pleuve pas cet après-midi! Il y a le match final au club de tennis!

L'un de nous viendra t'aider; **soit** moi, **soit** Gilles.

Comme ça tu veux divorcer? **Soit!**

Soit dit en passant, il n'est pas très fort en espagnol.

Qu'on aille à Toronto ou **qu'on reste** ici, on aura le même problème de logement.

Tu devras passer cet examen, **que tu le veuilles ou non**.

II. L'impératif

Pour les **formes** de l'impératif, consultez le module 3 et *Grammaire française*, p. 25-26.

L'emploi de l'impératif comporte certaines particularités quant à l'orthographe à la 2e personne du singulier. Voyez *Grammaire française,* p. 25, «Particularités», et faites les exercices d'*Application immédiate,* p. 26.

L'impératif modifie la forme et l'ordre des **pronoms**. Alors qu'ils sont placés devant le verbe à l'indicatif, ils le suivent à l'impératif affirmatif. Étudiez attentivement le tableau 1.1, p. 26, et les remarques, p. 27, dans *Grammaire française*. Vous constaterez que les pronoms **me** et **te** deviennent **moi** et **toi** lorsqu'ils sont en dernière position.

Indicatif	Impératif
Vous **m'**écoutez.	Écoutez-**moi**.
Tu **te** réveilles.	Réveille-**toi**.
Vous **me** téléphonez.	Téléphonez-**moi**.

Les autres pronoms compléments d'objet direct (**le, la, les, nous, vous**) et indirect (**lui, leur, nous, vous**) se placent après le verbe à l'impératif affirmatif, *mais* sans changer de forme.

Vous **nous** écoutez.	Écoutez-**nous**.
Tu **les** réveilles.	Réveille-**les**.
Vous **lui** obéissez.	Obéissez-**lui**.

Faites maintenant les exercices pour vérifier votre compréhension.

EXERCICE VI   *Transformation. Mettez les phrases à l'impératif en employant* **moi** *ou* **nous**.
Ex. Tu **m'**écris. Écris-**moi**.

1. Tu m'aides. _____

2. Vous me parlez. _____

3. Vous me répondez. _____

4. Tu me regardes. _____

5. Tu m'embrasses. _____

6. Tu me laisses tranquille. _____tranquille.

7. Tu nous écoutes. _____

8. Vous nous suivez. _____

9. Vous nous rendez cela. _____cela.

10. Vous nous invitez. _____

11. Nous nous réunissons. _____

12. Nous nous habillons. _____

EXERCICE VII   *Continuez, en employant* **lui** *ou* **leur**.

1. Nous lui écrivons. _____

2. Tu lui chantes quelque chose. _____quelque chose.

3. Tu lui expliques cela. _____cela.

4. Vous lui pardonnez. _____

5. Tu leur prêtes une clef. _____une clef.

6. Vous leur donnez une clef. _____une clef.

7. Nous lui répondons. _____

8. Vous leur montrez cela. _____cela.

9. Nous leur donnons un coup de main. _____un coup de main.

EXERCICE VIII   *Continuez, en employant* **le**, **la**, **les**.

1. Vous l'arrêtez. _____

2. Vous les écoutez. _____

3. Nous les attendons. _____

4. Nous le renvoyons. _____

5. Tu les amènes. _____

6. Tu la cherches. _____

7. Tu le trouves. _____

8. Vous les encouragez. _____

EXERCICE IX *Continuez, en employant les pronoms qui conviennent et en faisant attention à l'ordre des mots.*

1. Tu te le dis bien. _____

2. Vous nous les prêtez. _____

3. Vous nous l'achetez. _____

4. Vous m'aidez. _____

5. Tu le lui offres. _____

6. Nous les lui montrons. _____

7. Nous la lui apportons. _____

8. Tu me le donnes. _____

9. Tu nous les vends. _____

10. Vous le leur prêtez. _____

11. Nous la leur rendons. _____

12. Vous me les envoyez. _____

Les pronoms **y** et **en** sont toujours en position finale. Ainsi, lorsqu'il y a une succession de pronoms compléments dans une phrase, dont **y** ou **en**, les formes toniques **moi** et **toi** sont automatiquement exclues.

Donne-le-**moi**.   *mais*   Donne-**m'**en.

Achète-la-**moi**.   Achète-**m'**en.

Attention aux verbes dont l'orthographe change à la 2ᵉ personne du singulier pour des raisons phonétiques. On rajoute -s devant **y** ou **en**, sauf si ce pronom est suivi d'un infinitif.

Vas-y.   **Achètes**-en.   *mais*   **Va** en acheter.

Dans les trois exercices qui suivent, vous devrez faire attention à ces différences, ainsi qu'à la place des pronoms dans la phrase impérative.

EXERCICE X   *Mettez les verbes à l'impératif (2ᵉ personne du singulier, forme «familière») en remplaçant les noms par les pronoms qui conviennent.*

Ex. Prendre .... ces livres. Prends-les.

1. Donner ....de l'argent à Claude. _____

2. Demander ....des sandwichs. _____

3. Demander ....des enveloppes à la secrétaire. _____

4. Écouter ....ces disques. _____

5. Écouter ....des disques avec moi. _____

6. Acheter ....des fruits. _____

7. Acheter ....des fruits à ce marchand. _____

8. Aller ....au supermarché. _____

9. Aller ....au cinéma avec tes copains. _____

10. Aller ....acheter du pain. _____

11. Aller ....chercher le lait. _____

12. Penser...................à ton avenir. _____

13. Mettre ....tes bottes là-bas. _____

14. Laisser...................ton frère tranquille. _____

15. Se servir ....généreusement. _____

EXERCICE XI   *Continuez, en faisant attention à l'ordre des mots.*

Ex. Tu lui donnes du jus. Donne-lui-en.

1. Tu m'apportes des timbres. _____

2. Tu lui verses du café. _____

3. Tu nous emmènes au nouveau restaurant. _____

4. Tu nous montres des photos. _____

5. Tu leur racontes des blagues. _____

6. Tu leur offres de l'argent. _____

7. Tu lui demandes des renseignements. _____

8. Tu me donnes des sous. _____

EXERCICE XII   *L'impératif: mises en situation.*
Répondez en employant l'impératif et les pronoms qui conviennent.

1 à 5 Forme familière. Un(e) jeune athlète reçoit des conseils de son nouvel entraîneur.

1. Faut-il vraiment aller régulièrement au gymnase?

   – Absolument. _____ tous les matins.

2. Est-ce que je dois prendre des vitamines?

   – Oui, _____ chaque jour.

3. Faut-il éviter les boissons alcoolisées?

   – _____ la plupart du temps.

4. Mais je peux boire du vin?

   – _____ modérément.

5. Je pense qu'il est temps d'acheter des souliers de course!

   – C'est ça. _____ une bonne paire.

6 à 14 Forme familière. Un jeune entrepreneur naïf consulte son oncle, homme d'affaires.

6. Comment faut-il parler aux employés?

   – _____ avec fermeté.

7. Faut-il congédier ceux qui ne donnent pas satisfaction

   – Bien sûr, _____.

8. On ne doit pas donner une deuxième chance à ces gens-là?

   – _____ une, si tu veux. Ça dépend.

9. Est-il bon d'étudier cette revue spécialisée?

   – Certainement. _____ bien.

10. Est-ce que je dois vraiment assister à tous ces congrès ennuyeux?

   – _____ sans faute!

11. Je devrais engager une secrétaire, sans doute?

   – _____ une, évidemment.

12. Alors, il faudra lui acheter un ordinateur?

   – Bien sûr. _____ un.

13. J'ai l'impression que je devrais me renseigner un peu plus sur la gestion des affaires!

   − Effectivement! _____ davantage.

14. Je peux t'appeler si j'ai d'autres questions?

   − _____ n'importe quand.

15 à 22 Pluriel. Lors d'une réunion de consommateurs, une diététiste répond aux questions.

15. Peut-on servir de la crème glacée à nos enfants?

   − _____, mais pas trop souvent.

16. Vaut-il mieux faire notre pain, ou peut-on l'acheter?

   − _____ vous-même, si vous voulez, ou _____

   _____ dans un bon magasin d'alimentation naturelle.

17. Que faut-il mettre dans les gâteaux?

   − _____ surtout du germe de blé.

18. Il faut consommer beaucoup de légumes, n'est-ce pas?

   − _____ plusieurs portions par jour.

19. Est-il vrai qu'on doit boire beaucoup d'eau?

   − _____ deux litres par jour.

20. L'eau du robinet est-elle bonne ou faut-il la filtrer?

   − _____, de préférence.

21. Quand faut-il changer le filtre?

   − _____ tous les mois.

22. Il paraît qu'on doit lire attentivement les étiquettes.

   − Oh! oui, _____ toujours.

III. Le rapport entre l'impératif et le subjonctif

Consultez *Grammaire française,* p. 28, n° 3. Notez bien l'emploi du subjonctif pour exprimer un ordre à la 3ᵉ personne du singulier et du pluriel. Faites ensuite les exercices qui suivent pour bien discerner l'emploi des deux modes.

EXERCICE XIII   *Remplacez les verbes soulignés par un impératif.*

1. Si tu veux me voir, <u>tu peux venir</u> jeudi après-midi.

_____

2. <u>Tu me donneras</u> un coup de main, si tu as le temps.

_____

3. Quand vous serez fatigués, <u>vous vous reposerez</u>.

_____

4. Si tu n'aimes pas mon projet, <u>tu me le diras</u>.

_____

5. Puisque nous ne pouvons pas interviewer toutes ces personnes maintenant, <u>nous leur demanderons</u> de revenir demain.

_____

6. Si ce chat salit le plancher, <u>tu le mets</u> dehors!

_____

7. Puisque ce problème semble être grave, <u>nous en discuterons</u> tout de suite.

_____

8. Si Michel a besoin de matériel, <u>vous lui en fournirez</u>.

_____

9. Quand j'aurai fini ce martini, <u>vous m'en apporterez</u> un autre.

_____

10. Tu n'as pas besoin de nous? Alors <u>tu te débrouilleras</u> tout seul.

_____

11. Si tu veux manger du poisson, <u>tu iras</u> en attraper!

_____

12. Puisque nous devons attendre quelques heures, <u>nous pouvons nous asseoir</u>.

_____

EXERCICE XIV   *L'impératif, troisième personne. Employez les formes du subjonctif.*

1. Michèle veut me voir? Qu'elle _____ (venir) demain matin.

2. Il nous faut d'autres rideaux? Qu'on en _____ (acheter) alors.

3. Si ces employées-là réclament une augmentation, qu'elles _____ (se mettre) un peu à travailler.

4. Si les gens recherchent des conditions de vie meilleures, qu'ils _____ (élire) donc un nouveau gouvernement.

5. Jean-Claude veut que je le conduise au stade en voiture? Qu'il y _____ (aller) à pied, voyons!

6. Le petit Claude veut qu'on soit gentil avec lui et qu'on lui permette de participer à toutes nos activités? Alors, qu'il _____ (s'essuyer) le nez, qu'il _____ (se souvenir) des règlements, qu'il _____ (ne pas jeter) le sable comme ça, qu'il _____ (courir) un peu dans le jardin chaque fois qu'il est excité, qu'il _____ (écrire) dans son cahier plutôt que sur les murs, et qu'il _____ (se taire) un peu! Bref, qu'il _____ (se conduire) de façon correcte, qu'il _____ (se battre) moins souvent et qu'il _____ (apprendre) à jouer sagement avec les autres. Voilà, et qu'on me _____ (faire) un rapport sur lui dans quelques jours.

EXERCICE XV   *Transformez les phrases pour qu'elles deviennent des ordres, en employant l'impératif ou le subjonctif, selon le cas. Remplacez les mots soulignés par des pronoms.*

Ex. Je veux que vous téléphoniez à Paul. Téléphonez-lui.
Je veux qu'elle téléphone à Paul. Qu'elle lui téléphone.

1. Je veux que tu ailles à l'épicerie avec Jeannine.

_____

2. Je veux que vous preniez de la salade.

_____

3. Il veut que nous soyons là à sept heures.

_____

4. Je veux qu'ils demandent la permission d'abord.

_____

5. Nous voulons qu'elle écrive ce rapport.

_____

6. Nous voulons que tu gardes notre clef.

_____

7. Nous voulons que vous préveniez vos parents.

_____

8. Il veut que tu lui expliques cela.

_____

9. Ils veulent qu'elle rappelle la secrétaire.

_____

10. Sa mère veut qu'il revienne chez les Lévesque.

_____

11. Je veux qu'elle obéisse aux médecins.

_____

12. Je veux que tu ramènes Charlotte.

_____

EXERCICE XVI *Complétez les phrases en exprimant un ordre ou un souhait. Utilisez un impératif ou un subjonctif, selon le cas, et remplacez les mots soulignés par des pronoms.*

1. Quand vous saurez la réponse, _____(m'appeler).

2. Si tu n'as pas besoin de ce manteau, _____ (prêter à Joanne).

3. Puisque M. Legros n'est pas ici, _____ (partir), toi et moi, et _____ (s'amuser) au centre-ville.

4. Quand Lise reviendra, _____ (passer) me voir.

5. Quand Lise reviendra, _____ (dire à Lise) de passer me voir, s'il vous plaît.

6. Si tu veux faire connaissance avec notre voisine, _____ (inviter la voisine) à notre soirée.

7. Si elle est un peu fatiguée, _____ (s'étendre) un petit moment sur le divan.

8. S'ils ne sont pas satisfaits de leurs achats, _____ (obtenir) un remboursement.

9. Si vous n'avez pas assez de biscuits, _____ (en prendre) d'autres et _____ (se servir) aussi de café.

10. Si Gérard n'a pas d'argent, _____ (nous demander <u>de l'argent</u>).

11. Puisque tu as apporté tes dessins, _____ (me montrer <u>tes dessins</u>).

12. Si Charles trouve ce problème tellement difficile à première vue, _____ (réfléchir <u>au problème</u>) plus longuement.

IV. Le conditionnel

Il existe un conditionnel présent et un conditionnel passé. Pour les formes, consultez le module 3 et *Grammaire française,* p. 200, 204, 205. Pour bien former le conditionnel présent, il faut revoir le radical du futur des verbes irréguliers.

Ex. faire — **fer**ai (futur)
             ferais (conditionnel présent)

Pour le conditionnel passé, il faut observer toutes les règles concernant l'accord du participe passé.

A. Les phrases de condition

Dans ce module, nous nous limiterons aux types les plus courants.

1. Si + présent ⟨ présent / impératif / futur ⟩

Ex. Si je ne **mange** pas bien le matin, je ne **peux** pas travailler.
     Si tout le monde **est** prêt, **commençons**.
     «Si tu y **mets** la patte, tu **auras** du bâton.» (*Il pleut bergère.* Chanson traditionnelle)

2. Si + imparfait → conditionnel présent
Ex. «Si j'**avais** plus de gasoline, je **monterais** toutes les belles collines.» (Robert Charlebois)

3. Si + plus-que-parfait → conditionnel passé
Ex. Si quelqu'un m'**avait dit** cela, je ne l'**aurais** jamais **cru**.

Il faut surtout retenir que, dans ces phrases de condition, le verbe de la proposition introduite par **si** ne peut être qu'au présent, à l'imparfait ou au plus-que-parfait, *jamais au futur ni au conditionnel*.

Faites les quatre exercices qui suivent afin de pratiquer ces concordances.

Remarque: L'ordre des propositions n'a rien à voir avec le temps que vous devez utiliser.
Ex. Si j'avais de l'argent, je voyagerais.
     Je voyagerais **si j'avais de l'argent.**

EXERCICE XVII   *Complétez les phrases en employant un conditionnel présent ou passé.*

1. Si nous comprenions tous les mystères, ce _____ (être) merveilleux.

2. Si tu étais très fort en mathématiques, tu _____ (s'ennuyer) à ce cours.

3. Si j'avais été plus douée, on m'_____ (encourager) à faire des études supérieures.

4. Si le vent n'était pas si fort, je _____ (aller) patiner.

5. Si elle n'avait pas eu la grippe, elle _____ (venir) nous voir.

6. Si je m'étais mariée à seize ans, je _____ (vouloir) finir mes études quand même.

7. Si vous aviez vu ce spectacle, qu'est-ce que vous _____ (penser) de tout cela?

8. Si l'on réduisait leurs salaires, ils _____ (se mettre) en grève immédiatement.

9. Même s'ils m'avaient mis en prison, je _____ (maintenir) mon point de vue.

10. Si tu avais pu quitter ton travail un peu plus tôt, est-ce que tu _____ (aller) voir la pièce avec eux?

11. Si vous me disiez ça, je vous _____ (croire), évidemment.

12. S'il n'était pas si lâche, il _____ (vouloir) accepter ce défi.

EXERCICE XVIII   *Mettez les verbes à la forme qui convient: imparfait, plus-que-parfait, conditionnel présent ou passé.*

1. S'il avait commencé à neiger, on _____ (rentrer) plus tôt.

2. Si elle n'était pas si désagréable, je l'_____ (inviter) à la fête.

3. Je _____ (faire) plus attention si j'avais vu le danger.

4. Tu ne l'aurais pas regretté, si tu _____ (avoir) le courage d'essayer.

5. Si elle _____ (trouver) cette tarte, elle l'aurait mangée tout entière.

6. Nous _____ (venir) tout de suite, si tu nous avais appelés.

7. Nous ferions un meilleur travail, si nous _____ (avoir) les bons outils.

8. Si cet arbre _____ (tomber) sur notre chalet, cela causerait des dommages considérables.

9. Qu'est-ce que vous _____ (faire), si je vous abandonnais?

10. Si tu me donnais quelques conseils, je _____ (savoir) peut-être résoudre mon problème.

EXERCICE XIX   *Mettez les verbes à la forme qui convient.*

1. Si tu te reposes maintenant, tu _____ (se sentir) mieux après.

2. Si je _____ (finir) vite ce travail, j'aurai le temps d'aller prendre une bière.

3. S'il faisait assez chaud, on _____ (pouvoir) manger sur la terrasse.

4. Si vous _____ (être) bien sages, on vous emmènera au planétarium.

5. Bien sûr que je t'aurais saluée si je te _____ (reconnaître).

6. S'il commence à pleuvoir, tout le monde _____ (rentrer).

7. Si ce serpent m'avait mordu, j'en _____ (mourir).

8. Tu serais beaucoup plus heureux, si tu _____ (oublier) tout le passé.

9. Si l'on _____ (ne pas perdre) espoir, on s'en sortira.

10. Si vous m'écoutez bien, je vous _____ (raconter) quelque chose d'intéressant.

11. Nous _____ (pouvoir) faire des randonnées ensemble, si nous achetions des bicyclettes.

12. Si j'avais apporté mon appareil, je _____ (pouvoir) prendre de belles photos.

13. S'il parlait moins, on l'_____ (écouter) davantage.

14. Si nous _____ (vivre) pendant la Renaissance, nous aurions été témoins d'événements extraordinaires.

15. Les employés _____ (s'arrêter) de travailler si le patron s'absentait.

EXERCICE XX   *Complétez les phrases de façon logique. (À corriger en classe.)*

1. Si je t'avais connu(e) il y a 15 ans, _____

_____

2. Si Christophe Colomb n'avait pas traversé l'Atlantique, _____

_____

3. Si tout le monde parlait bien le français, _____

_____

4. Si l'on n'avait pas inventé les armes nucléaires, _____

_____

5. Si la guerre éclate maintenant, _____

_____

6. Si tu me prêtes 500 $, _____

_____

7. Si les hommes avaient des ailes, _____

_____

8. J'aurais bien peur si _____

_____

9. Si j'avais un manteau, _____

_____

10. Notre équipe aurait gagné facilement si _____

_____

11. Si le téléphone n'existait pas, _____

_____

12. Le premier ministre sera très ennuyé si _____

_____

13. J'arriverais en classe à l'heure si _____

_____

14. Je serais arrivé(e) à l'heure si _____

_____

15. Nous aurions mieux compris si _____

_____

16. Si ce module avait été moins long, _____

_____

B. L'interrogation indirecte

Le conditionnel ne s'emploie jamais après **si** dans une phrase de condition, *mais* il peut s'employer dans les propositions subordonnées introduites par **si** quand il s'agit de l'*interrogation indirecte*. C'est le «whether» en anglais. Consultez *Grammaire française*, p. 203 f. et p. 192.

Notez bien que c'est *le seul cas où l'on emploie le futur ou le conditionnel après si*. Il est donc très important de bien faire la distinction entre le **si** du discours indirect et le **si** de condition.

Comparez les exemples suivants.

Discours indirect

«Est-ce que Luc viendra?»   Il me demande **si** Luc **viendra**.
                             Il m'a demandé **si** Luc **viendrait**.

Phrases de condition

Luc viendra **si** tu l'**invites**.
Luc viendrait **si** tu l'**invitais**.
Luc serait venu **si** tu l'**avais invité**.

Comme vous le verrez plus en détail dans le module 5, on utilise le style indirect pour rapporter les paroles de quelqu'un sans faire de citation. Dans l'exemple ci-dessus, la question: «Est-ce que Luc viendra?» est rapportée au présent (Il me demande...) et au passé (Il m'a demandé...). Notez bien le changement de temps, du futur au conditionnel, dans la proposition du discours indirect introduite par **si**.

Les deux exercices suivants vous aideront à mieux faire la distinction entre le **si** de l'interrogation indirecte et le **si** de condition.

EXERCICE XXI   *Complétez les phrases suivantes en respectant la concordance des temps de l'interrogation indirecte.*

1. «Est-ce qu'il fera beau?» Il se demandait s'il _____.

2. «Est-ce que les étudiants comprendront cette explication?» On se demande si les étudiants _____

_____.

3. «Est-ce que j'aurai la chance de lui parler?» Marie voulait savoir si elle _____

_____.

4. «Robert viendra-t-il?» Ils ne m'ont pas dit si Robert _____

_____.

122

5. «Pourras-tu venir ce soir?» Je ne sais toujours pas si tu _____

_____.

EXERCICE XXII   *Mettez les verbes à la forme qui convient.*

1. Il ne m'a pas encore dit s'il _____ (accepter) le poste.

2. Je ne savais pas si tu _____ (arriver) à l'heure juste, alors je n'ai pas encore fait le café.

3. Si vraiment tu _____ (vouloir) savoir mon secret, je te le dirais.

4. Mes collègues m'ont demandé si vous _____ (être) encore là l'année prochaine.

5. Nous lui avons demandé s'il _____ (être) libre mardi prochain.

6. Nous ne vous aurions pas demandé cela s'il _____ (être) possible de l'éviter.

7. Je t'aimerais encore plus si tu _____ (être) moins entêté et plus drôle.

8. Il ne comprendrait jamais si j'_____ (essayer) de lui expliquer ça.

9. Charles m'a demandé si tu le _____ (remplacer) au concert le mois prochain.

10. S'il me le _____ (demander), bien sûr que je le remplacerais.

Le dernier exercice du module est une synthèse. Vous aurez à bien faire la distinction entre les quatre modes.

Remarque

Attention aux structures qui traduisent les locutions anglaises:

«would, should, ought to, might»;

«would have, should have, ought to have, might have»;

«I wish you would, I wish he had done it, I wish I could have done it», etc.

En voici des exemples en français:

Tu ne ferais jamais ça!

Elle devrait faire plus attention.

Cela pourrait entraîner des conséquences graves.

Moi, je n'aurais jamais dit une chose pareille!

Elle aurait dû se faire soigner.

Cela aurait pu être dangereux.

J'aimerais que tu sois là.

J'aurais bien voulu que tu sois là.

N'oubliez pas que les mots «could» et «would» en anglais peuvent également représenter un temps du passé, non seulement un conditionnel.

Ex. Il m'a dit qu'il ne pouvait pas m'aider. (could not, was not able to)

Quand j'étais enfant, je descendais souvent vers le port. (would often go down, used to go down)

Je m'amusais pendant des heures à regarder les bateaux.

EXERCICE XXIII *En choisissant entre les quatre modes, mettez les verbes à la forme qui convient. Remplacez les mots soulignés par des pronoms.*

1. Si tante Claire veut un joli souvenir de nous tous, _____ (prendre) quelques photos pendant qu'elle _____ (être) ici.

2. Ça serait bien si elle _____ (prendre) quelques photos. Pourvu qu'elle _____ (ne pas faire) d'erreur. Si vous voulez de bonnes photos _____ (prêter <u>à tante Claire</u>) votre appareil.

3. Si ta montre ne fonctionne pas, _____ (en acheter) une autre.

4. Si j'avais pu m'acheter une montre, je _____ (arriver) à temps pour l'examen.

5. S'ils veulent réussir à l'examen, _____ (s'efforcer) un peu.

6. Ils auraient réussi à l'examen, s'ils _____ (s'efforcer) un peu.

7. Il paraît que Jean _____ (faire) de gros efforts déjà, mais je ne sais pas s'il _____ (réussir) demain.

8. Nous réussirons parce que nous _____ (travailler) très fort.

9. Je doute qu'elle _____ (obtenir) un A, mais il est fort possible qu'elle _____ (recevoir) un B+.

10. Peut-être que Lucie _____ (vouloir) se joindre à nous samedi. Tu veux qu'elle _____ (venir)? J'espère qu'on _____ (l'inviter). Mais oui, mes amis, _____ (inviter <u>Lucie</u>).

11. On dit que cette planète-là _____ (être) habitée. En tout cas, il est peu probable que nous _____ (pouvoir) y aller voir.

12. Étant donné que ce chapitre _____ (être) si difficile, _____ (m'expliquer <u>le chapitre</u>), veux-tu?

13. Nous regrettons que vous _____ (ne pas avoir) le temps de faire ça.

14. Ta mère s'inquiète facilement. Dès que tu arriveras à Londres _____ (téléphoner <u>à ta mère</u>) et _____ (rassurer <u>ta mère</u>).

15. Attention! Je ne voudrais pas qu'il y _____ (avoir) un accident.

16. Puisque Georges _____ (se croire) toujours si intelligent, _____

_____ (finir) le travail pour nous.

17. Ah! voilà Denise. Elle ne m'avait pas dit si elle _____ (venir) ou non.

18. Savez-vous si nous _____ (pouvoir) encore voir cette exposition la semaine

prochaine?

Corrigé des exercices

EXERCICE I

1. est, était, est, l'acquitterez / allez l'acquitter
2. revient / est revenu, repartira / va repartir
3. connais
4. recevrons / allons recevoir
5. ne survivra pas / ne va pas survivre

6. obtiendras / vas obtenir
7. sont, est, tuent, ont
8. ne prend pas, ne va pas
9. trouvera / va trouver, sont
10. obtiendra / va obtenir

EXERCICE II

1. suives, choisisses
2. fasse
3. apprenne, cache
4. construise, proposiez
5. soyez, conduise

6. trouviez, soit, ait, profitiez
7. aille, (n')ait
8. revienne
9. sachiez, répétions, preniez
10. revoie, obteniez

EXERCICE III

1. me lève, fais, est, fais, prends, revois
2. part / est parti, dansent
3. refusez / avez refusé
4. connaît
5. fait, a
6. ne sortons pas, donnent
7. comprends

8. j'ai oublié
9. es
10. arrivera, applaudira / est arrivée, a applaudi
11. sont arrivés
12. j'ai appris
13. ne sait pas
14. j'ai dépensé

EXERCICE IV

1. voie
2. remboursiez
3. vienne
4. soyons
5. attende, ne soit pas
6. ait, ne puisse pas, fasse, parte, dise
7. ne soit pas, (ne) devienne

8. (ne) finisse
9. sachent
10. ne puisse jamais
11. acceptiez
12. (ne) m'apprenne
13. ne perdes pas
14. ayez

EXERCICE V

1. te décides
2. me décide
3. m'étonne, saches, connais
4. soit, m'occupe, parles, décidions, pourrions / pourrons / pouvons, veuilles
5. n'ai pas, veux, s'installe, doit
6. réserve, (ne) soit
7. partons / partirons, as, arrive
8. permette
9. pense, sommes, prenons, partions, pouvons / pourrons, sera
10. restons, iras / vas aller, m'offrirai / vais m'offrir, voyagions
11. a, veuille / voudra, fasse
12. a, vive, reçoive

EXERCICE VI

1. Aide-moi.
2. Parlez-moi.
3. Répondez-moi.
4. Regarde-moi.
5. Embrasse-moi.
6. Laisse-moi
7. Écoute-nous.
8. Suivez-nous.
9. Rendez-nous
10. Invitez-nous.
11. Réunissons-nous.
12. Habillons-nous.

EXERCICE VII

1. Écrivons-lui.
2. Chante-lui
3. Explique-lui
4. Pardonnez-lui.
5. Prête-leur
6. Donnez-leur
7. Répondons-lui.
8. Montrez-leur
9. Donnons-leur

EXERCICE VIII

1. Arrêtez-le. / Arrêtez-la.
2. Écoutez-les.
3. Attendons-les.
4. Renvoyons-le.
5. Amène-les.
6. Cherche-la.
7. Trouve-le.
8. Encouragez-les.

EXERCICE IX

1. Dis-le-toi bien.
2. Prêtez-les-nous.
3. Achetez-le-nous.
   / Achetez-la-nous.
4. Aidez-moi.
5. Offre-le-lui.
6. Montrons-les-lui.
7. Apportons-la-lui.
8. Donne-le-moi.
9. Vends-les-nous.
10. Prêtez-le-leur.
11. Rendons-la-leur.
12. Envoyez-les-moi.

EXERCICE X

1. Donne-lui-en.
2. Demandes-en.
3. Demande-lui-en.
4. Écoute-les.
5. Écoutes-en avec moi.
6. Achètes-en.
7. Achète-lui-en.
8. Vas-y.
9. Vas-y avec eux.
10. Va en acheter.
11. Va le chercher.
12. Penses-y.
13. Mets-les là-bas.
14. Laisse-le tranquille.
15. Sers-toi généreusement.

EXERCICE XI

1. Apporte-m'en.
2. Verse-lui-en.
3. Emmène-nous-y.
4. Montre-nous-en.
5. Raconte-leur-en.
6. Offre-leur-en.
7. Demande-lui-en.
8. Donne-m'en.

EXERCICE XII

1. Vas-y
2. prends-en
3. Évite-les
4. Bois-en
5. Achètes-en
6. Parle-leur
7. congédie-les.
8. Donne-leur-en
9. Étudie-la
10. Assistes-y
11. Engages-en
12. Achète-lui-en
13. Renseigne-toi
14. Appelle-moi
15. Servez-leur-en
16. Faites-le, achetez-le
17. Mettez-y
18. Consommez-en
19. Buvez-en
20. Filtrez-la
21. Changez-le
22. lisez-les

EXERCICE XIII

1. viens
2. Donne-moi
3. reposez-vous
4. dis-le-moi
5. demandons-leur
6. mets-le
7. discutons-en
8. fournissez-lui-en
9. apportez-m'en
10. débrouille-toi
11. va
12. assoyons-nous / asseyons-nous

EXERCICE XIV

1. vienne
2. achète
3. se mettent
4. élisent
5. aille
6. s'essuie, se souvienne, ne jette pas, coure, écrive, se taise, se conduise, se batte, apprenne, fasse

EXERCICE XV

1. Vas-y avec elle.
2. Prenez-en.
3. Soyons là à sept heures.
4. Qu'ils la demandent d'abord.
5. Qu'elle l'écrive.
6. Garde-la.
7. Prévenez-les.
8. Explique-lui cela.
9. Qu'elle la rappelle.
10. Qu'il revienne chez eux.
11. Qu'elle leur obéisse.
12. Ramène-la.

EXERCICE XVI

1. appelez-moi
2. prête-le-lui
3. partons, amusons-nous
4. qu'elle passe
5. dites-lui
6. invite-la
7. qu'elle s'étende
8. qu'ils obtiennent
9. prenez-en, servez-vous
10. qu'il nous en demande
11. montre-les-moi
12. qu'il y réfléchisse

EXERCICE XVII

1. serait
2. t'ennuierais
3. m'aurait encouragée
4. j'irais

5. serait venue
6. j'aurais voulu
7. auriez pensé
8. se mettraient

9. j'aurais maintenu
10. serais allé(e)
11. croirais
12. voudrait

EXERCICE XVIII

1. serait rentré
2. inviterais
3. aurais fait
4. avais eu

5. avait trouvé
6. serions venus
7. avions
8. tombait

9. feriez
10. saurais

EXERCICE XIX

1. te sentiras
2. finis
3. pourrait
4. êtes
5. t'avais reconnue.

6. rentrera / va rentrer
7. serais mort
8. oubliais
9. ne perd pas
10. raconterai

11. pourrions
12. j'aurais pu
13. écouterait
14. avions vécu
15. s'arrêteraient

EXERCICE XX

(À corriger en classe.)

EXERCICE XXI

1. ferait beau.
2. comprendront cette explication.
3. aurait la chance de lui parler.

4. viendrait.
5. pourras venir ce soir.

EXERCICE XXII

1. accepterait
2. arriverais
3. voulais
4. seriez

5. serait
6. avait été
7. étais
8. essayais

9. remplacerais
10. demandait

EXERCICE XXIII

1. qu'elle prenne, est / sera
2. prenait, ne fasse pas, prêtez-lui
3. achètes-en
4. serais arrivé(e)
5. qu'ils s'efforcent
6. s'étaient efforcés
7. a fait / fait, réussira / va réussir
8. travaillons / avons travaillé / aurons travaillé
9. obtienne, reçoive

10. voudra, vienne, l'invitera / va l'inviter, invitons-la
11. est, puissions
12. est, explique-le-moi
13. n'ayez pas
14. téléphone-lui, rassure-la
15. ait
16. se croit, qu'il finisse
17. viendrait
18. pourrons

MODULE 5
L'interrogation directe
Le style indirect
Cécile Fay-Baulu

Table des matières

Objectifs

1. Montrer comment poser une question à quelqu'un au *style direct,* c'est-à-dire sans recourir à un intermédiaire.
2. Montrer comment rapporter les paroles de quelqu'un au *style indirect,* c'est-à-dire en recourant à un intermédiaire.

Introduction

Ce module se divise en deux parties qui sont, d'une certaine manière, complémentaires:

1. l'interrogation directe;
2. le style indirect.

Dans l'*interrogation directe,* vous verrez comment poser une question à quelqu'un au style direct, c'est-à-dire sans recourir à un intermédiaire.

Ex. Nicole s'adresse à Serge et lui demande: «Veux-tu aller au cinéma?» (style direct)

Dans le *style indirect,* par contre, vous apprendrez comment rapporter, à une tierce personne par exemple, les paroles énoncées par quelqu'un d'autre au style direct.

Ex. Vous rapportez les paroles de Nicole en disant:

Nicole demande à Serge s'il veut aller au cinéma.

Vous pouvez donc constater que le style direct et le style indirect sont deux modes d'expression différents d'un même discours selon qu'il est rapporté avec ou sans intermédiaire. C'est dans ce sens-là qu'on peut dire que l'interrogation directe et le style indirect sont complémentaires et c'est pourquoi nous les avons réunis dans le même module. Ces deux points grammaticaux sont d'ailleurs traités à la même leçon dans *Grammaire française,* (leçon 15, p. 330-353).

Prétest

I   *Complétez le dialogue suivant en utilisant les mots ou les groupes de mots interrogatifs qui conviennent. (25 × 2 points)*

Yuk-Chu — Salut! _____ (1) cette place est occupée?

Nicole — Non, elle est libre. Tu peux la prendre.

Yuk-Chu — Merci. Je m'appelle Lin Yuk-Chu. Et toi, _____ (2)?

Nicole — Je m'appelle Nicole Leroux.

Yuk-Chu — _____ (3) tu es de Montréal?

Nicole — Oui, je suis née à Montréal. Et toi, _____ (4)?

Yuk-Chu — Je viens de la République populaire de Chine. Je suis né à Pékin.

Nicole — Ça alors! _____ (5) tu es arrivé à Montréal?

Yuk-Chu — Il y a deux semaines environ.

Nicole — _____ (6) tu as des amis ici?

Yuk-Chu — Non, pas encore. Mais j'espère bien m'en faire!

Nicole — _____ (7) tu habites?

Yuk-Chu — À la résidence des étudiants.

Nicole — _____ (8) trouves-tu la vie ici?

_____ (9) bien différente de la vie en Chine?

Yuk-Chu — Oh! très différente! Mais je vais m'acclimater. Tout le monde est si gentil!

Nicole — _____ (10) as-tu appris le français? Tu le parles très bien.

Yuk-Chu — J'ai étudié le français à l'Institut des langues étrangères de Pékin.

Nicole — _____ (11)?

Yuk-Chu — Pendant quatre ans. J'y ai aussi appris l'anglais.

Nicole — _____ (12) sont les raisons qui t'ont amené à venir étudier à Montréal?

Yuk-Chu — On m'a envoyé au Canada pour que je me spécialise en génie électrique.

Nicole — _____ (13) tu feras quand tu retourneras dans ton pays?

Yuk-Chu	— Je travaillerai probablement dans une usine.
Nicole	— _____ (14) dans une usine?
Yuk-Chu	— Parce que la Chine doit moderniser son industrie et qu'il faudra construire de nouvelles usines.
Nicole	— _____ (15)?
Yuk-Chu	— J'ai vingt-deux ans. Et toi?
Nicole	— Moi aussi, j'ai vingt-deux ans.
Yuk-Chu	— Quelle coïncidence! Mais, _____ (16) que ce vacarme? _____ (17) signifie cette sonnerie assourdissante? _____ (18) se passe? _____ (19) il y a?
Nicole	— Ce n'est rien. C'est une fausse alerte. C'est ce qu'on appelle ici un «exercice de feu». Dépêchons-nous de sortir.
Yuk-Chu	— Mais, _____ (20) il faut sortir s'il n'y a pas vraiment le feu?
Nicole	— Parce que c'est le règlement. Tu comprends cela, _____ (21)?
Yuk-Chu	— Bien sûr! Les Chinois sont très respectueux des lois. Mais ici, je ne connais pas encore toutes les règles ni toutes les coutumes, alors...
Nicole	— J'ai une idée! Je vais te parler de Montréal, de l'université, de la ville, de nos coutumes et toi, en échange, _____ (22) tu pourrais bien me parler?
Yuk-Chu	— De... la Chine?
Nicole	— C'est en plein ça! J'ai toujours été fascinée par ton pays. On raconte tant de choses à son sujet.
Yuk-Chu	— _____ (23) t'intéresse en particulier?
Nicole	— Tout! Son histoire, sa culture, l'évolution de son peuple, la révolution culturelle...
Yuk-Chu	— Eh bien! Je crois qu'il va falloir se rencontrer souvent. J'en suis ravi.
Nicole	— Moi aussi. Mais je dois partir. Fixons-nous un rendez-vous pour demain _____ (24) es-tu libre?
Yuk-Chu	— À quatre heures. Ça te va?

Nicole	—	Parfait. _____ (25) veux-tu me retrouver?
Yuk-Chu	—	Au centre social, dans le grand salon.
Nicole	—	Entendu. Eh bien! À demain Yuk-Chu!
Yuk-Chu	—	À demain Nicole et bonne fin de journée!

II   *Rapportez au style indirect au passé le début du dialogue entre Nicole et Yuk-Chu (les onze premières lignes). Faites les transformations qui s'imposent et utilisez des verbes de liaison comme: demander, dire, répondre, enchaîner, préciser, etc. (50 × 1 point)*

_____

_____

_____

_____

_____

_____

_____

_____

_____

_____

_____

_____

Résultats	
I	/ 50
II	/ 50
Total	/ 100

Corrigé du prétest

I

1. Est-ce que
2. comment t'appelles-tu? / comment est-ce que tu t'appelles?
3. Est-ce que
4. où es-tu né? / où est-ce que tu es né?
   d'où viens-tu? / d'où est-ce que tu viens?
5. Quand est-ce que
6. Est-ce que
7. Où est-ce que
8. Comment
9. Est-elle / Est-ce qu'elle est
10. Où
11. Pendant combien de temps?
12. Quelles
13. Qu'est-ce que
14. Pourquoi
15. Quel âge as-tu?
16. qu'est-ce que c'est
17. Que
18. Qu'est-ce qui
19. Qu'est-ce qu'
20. pourquoi est-ce qu'
21. n'est-ce pas?
22. de quoi est-ce que
23. Qu'est-ce qui
24. À quelle heure / Quand
25. Où

II

Yuk-Chu <u>a salué</u> Nicole et il lui a demandé <u>si</u> cette place <u>était occupée</u>.

Nicole lui a répondu <u>qu'elle <u>était libre</u> et <u>qu'il <u>pouvait</u> la prendre.

Yuk-Chu <u>l'a remerciée</u> et il lui a dit <u>qu'il <u>s'appelait</u> Lin Yuk-Chu. Il <u>a enchaîné</u> en lui demandant <u>comment</u> <u>elle s'appelait</u>.

Nicole lui a dit <u>qu'elle s'appelait</u> Nicole Leroux.

Alors Yuk-Chu lui a demandé <u>si</u> <u>elle</u> <u>était</u> de Montréal.

Nicole lui a répondu <u>qu'elle</u> <u>était</u> <u>née</u> à Montréal et elle lui a demandé <u>d'où</u> <u>il</u> <u>venait, lui</u> (<u>où</u> <u>il était né, lui</u>).

Yuk-Chu lui a dit <u>qu'il</u> <u>venait</u> de la République populaire de Chine et <u>il a précisé</u> <u>qu'il était</u> <u>né</u> à Pékin.

Nicole lui a demandé <u>quand</u> <u>il</u> <u>était arrivé</u> à Montréal.

Yuk-Chu lui a répondu <u>que</u> <u>ça faisait</u> deux semaines environ.

Alors Nicole lui a demandé <u>s'il</u> <u>avait</u> des amis ici.

Yuk-Chu lui a répondu <u>qu'il</u> <u>n'en avait pas encore</u>, mais <u>qu'il</u> <u>espérait</u> bien <u>s'en</u> faire.

Note

Comptez un point par mot ou groupe de mots soulignés.

I. L'interrogation directe

Lisez attentivement les explications grammaticales données dans *Grammaire française*, p. 330-338, et faites au fur et à mesure les exercices d'*Application immédiate*. Vérifiez les réponses de chaque exercice avant de passer au suivant.

Vous avez dû constater qu'il existe deux sortes de phrases interrogatives en français:
– les phrases interrogatives qui demandent une réponse affirmative ou négative;
    Ex. «Est-ce que vous dansez?
        – Oui, je danse.
        – Non, je ne danse pas.»
– les phrases interrogatives qui demandent des renseignements spécifiques.
    Ex. «Où allez-vous danser?
        – Dans les discothèques.
        Quelle est votre danse préférée?
        – La lambada.»

A. Les phrases interrogatives à réponse simple

Ce sont les phrases auxquelles on répond simplement par **oui** ou par **non**. On formule la question en employant la tournure interrogative **est-ce que** ou en faisant l'inversion **verbe-sujet** quand c'est possible. Vous verrez, dans *Grammaire française,* l'emploi d'une autre tournure interrogative réservée à la langue orale (p. 331-332).

Faites maintenant l'exercice suivant pour vérifier votre compréhension.

EXERCICE I   *Pour chaque réponse donnée dans la colonne de droite, écrivez la question correspondante dans la colonne de gauche en faisant l'inversion **verbe-sujet** quand c'est possible.*

1. _____? — Oui, j'aime les fleurs.

2. _____? — Non, tu ne viens pas avec moi.

3. _____? — Non, elle n'a pas de chance.

4. _____? — Oui, tu fumes trop.

5. _____? — Mais oui, ça va changer.

6. _____? — Mais non, il n'y a rien.

7. _____? — Oui, nous passerons vous voir.

8. _____? — Non, vous ne pouvez pas téléphoner.

9. _____? — Mais non, tu n'es pas fou!

10. _____? — Mais oui, c'est vrai.

B. Les phrases interrogatives à réponse complexe

Ce sont celles qui demandent des réponses spécifiques, des renseignements précis. On doit alors employer différents mots interrogatifs qui sont:
- des *adverbes* interrogatifs (**combien, où, quand, comment, pourquoi**);
- des *adjectifs* (**quel**) ou des *pronoms* interrogatifs (**lequel, qui, que, quoi**).

Pour comprendre leurs différents emplois, lisez attentivement les explications qui vous sont données dans *Grammaire française,* p. 332-338. Référez-vous également au module 2, V. qui traite en particulier de l'adjectif interrogatif **quel** et du pronom interrogatif **lequel**.

Faites maintenant les exercices suivants. Chacun rassemble une seule ou diverses façons d'exprimer une question spécifique portant sur:

1. La manière (la façon d'être ou de faire)

EXERCICE II   *Pour chaque réponse donnée dans la colonne de droite, écrivez la question correspondante dans la colonne de gauche en faisant l'inversion **verbe-sujet**. Notez que vous devrez toujours employer le même adverbe interrogatif.*

1. _____? — Véronique va bien.

2. _____? — Je m'appelle Ginette Tremblay.

3. _____? — Il s'épelle T, R, E, M, B, L, A, Y.

4. _____? — Je veux mon bifteck saignant.

5. _____? — Elle s'est cassé la jambe en tombant.

2. La quantité (le prix, la distance)

EXERCICE III   *Pour chaque réponse donnée dans la colonne de droite, écrivez la question correspondante dans la colonne de gauche en faisant l'inversion **verbe-sujet**. Notez que vous devrez toujours employer le même adverbe interrogatif.*

1. _____? — Ce livre coûte 40 $.

2. _____? — Il gagne 15 $ l'heure.

3. _____? — J'ai 100 $.

4. _____? — Sainte-Adèle se trouve à 50 km.

5. _____? — Je l'ai répété cent fois.

6. _____? — Ce film dure quatre heures.

3. Le temps (l'heure, le moment, la durée)

EXERCICE IV   *Pour chaque réponse donnée dans la colonne de droite, écrivez la question correspondante dans la colonne de gauche en faisant l'inversion **verbe-sujet**. Notez que chacune des questions porte sur le temps (heure, moment, durée).*

1. _____?   — Il est midi.

2. _____?   — L'avion va décoller à six heures.

3. _____?   — Nous arriverons vers onze heures.

4. _____?   — Je reviendrai demain.

5. _____?   — Elle est partie après l'examen.

6. _____?   — Il travaille depuis cet été.

7. _____?   — Ils travaillent depuis six mois.

8. _____?   — Tu as étudié pendant deux heures.

9. _____?   — Je serai diplômé dans deux ans.

10. _____?   — J'ai fait cet exercice en cinq minutes.

EXERCICE V   *Pour chaque réponse donnée dans la colonne de droite, formulez une question appropriée dans la colonne de gauche. Faites l'inversion **verbe-sujet** quand c'est possible et utilisez **vous** en opposition à **je**.*

1. _____?   — Je m'appelle Sylvie Dumas.

2. _____?   — J'habite à Montréal.

3. _____?   — 2035, rue de la Montagne.

4. _____?   — 392-5476.

5. _____?   — Oui, je suis mariée.

6. _____?   — J'ai deux filles, Nathalie et Julie.

7. _____?   — Elles ont un an et trois ans.

8. _____?   — Nathalie est l'aînée.

9. _____?   — Non, je ne travaille pas à l'extérieur.

10. _____?   — Parce que je m'occupe de ma famille.

11. _____?   — Mon mari est médecin.

12. _____?   — Non, il est Japonais.

13. _____? — Il vient de Tokyo.

14. _____? — Il est arrivé il y a cinq ans.

15. _____? — Il s'acclimate très bien.

4. Quelqu'un ou quelque chose

Quand il s'agit d'identifier ou de nommer quelqu'un ou quelque chose, on emploie les pronoms interrogatifs invariables **qui, que, quoi**. Deux éléments sont alors à considérer simultanément:
– le pronom interrogatif remplace-t-il une personne ou une chose?
– le pronom interrogatif est-il le sujet ou le complément du verbe?

C'est ce qu'illustre le tableau 15.1, p. 336 de *Grammaire française*. Pour bien le comprendre, lisez attentivement les explications qui vous sont données aux pages 336-337 et faites l'exercice d'*Application immédiate* à la page 338.

EXERCICE VI   *Complétez en employant le pronom interrogatif qui convient (**qui est-ce qui** ou* ***qu'est-ce qui***).

1. _____a téléphoné?   — Mlle Duval.

2. _____s'est passé?   — Un malentendu.

3. _____est absent?   — Valérie.

4. _____est nocif?   — Les cigarettes.

5. _____vous ferait plaisir?   — Des vacances.

Vous avez remarqué que dans cet exercice le pronom interrogatif est toujours le *sujet* du verbe et qu'il varie entre **qui est-ce qui** et **qu'est-ce qui** selon qu'il se réfère à une personne ou à une chose. Notez qu'on peut employer la forme courte **qui** à la place de **qui est-ce qui** (Qui a téléphoné?), mais qu'il n'y a pas de forme courte pour **qu'est-ce qui**. Notez également que ces pronoms sont toujours au masculin singulier, quels que soient, dans les réponses, le genre et le nombre des noms auxquels ils se rapportent.

EXERCICE VII   *Complétez en employant le pronom interrogatif qui convient (**qui est-ce que** ou* ***qu'est-ce que***).

1. _____il cherche?   — Ses clés.

2. _____on t'a dit?   — Pas grand-chose.

3. _____tu as vu?   — Personne.

4. _____vous consulterez?   — Le professeur.

5. _____vous consulterez?   — Le dictionnaire.

Contrairement à l'exercice précédent, le pronom interrogatif est ici le *c.o.d.* du verbe et il varie entre **qui est-ce que** et **qu'est-ce que** selon qu'il se réfère à une personne ou à une chose. Notez également que les deux ont une forme courte, **qui** et **que**, qu'on emploie en faisant l'inversion.

Ex. **Qu'est-ce qu'**il cherche?

      Que cherche-t-il?

      Qui est-ce que tu as vu?

      Qui as-tu vu?

EXERCICE VIII   *Faites maintenant l'exercice de synthèse suivant où vous devrez considérer les deux éléments variables (**personne-chose** et **sujet-objet**).*

1. _____est en panne?   — L'ascenseur.

2. _____a causé l'accident?   — Le verglas.

3. _____a été blessé?   — Le conducteur.

4. _____l'accident a provoqué?   — Un embouteillage.

5. _____vas-tu inviter?   — Les Dubé.

6. _____va-t-on leur servir?   — De la dinde.

7. _____préparera le dessert?   — Toi, si tu veux.

8. _____on va servir à boire?   — Du champagne, bien entendu!

9. _____a-t-elle dit à Serge?   — Un secret.

10. _____avez-vous aperçu?   — Robert Redford et Catherine Deneuve!

Faites maintenant l'exercice de synthèse suivant qui regroupe différentes façons de demander des renseignements sur **quelqu'un**. Il faudra donc employer le pronom interrogatif **qui** (précédé ou non d'une préposition) comme sujet ou comme complément du verbe.

EXERCICE IX   *Pour chaque réponse donnée dans la colonne de droite, écrivez la question appropriée dans la colonne de gauche en employant alternativement la forme **est-ce que** et l'inversion **verbe-sujet**.*

1. _____?   — C'est Rachel qui est malade.

2. _____?   — Gilles a répondu.

3. _____?   — Nous avons parlé à Nicole.

4. _____?   — On a parlé du premier ministre.

5. _____?   — Il a acheté des roses pour Julie.

6. _____?   — Nous avons dîné avec des amis.

7. _____?   — Nous avons rencontré ta cousine.

8. _____? — Ils ont demandé conseil à l'avocat.

9. _____? — J'ai besoin de mes parents.

10. _____? — Tu as remercié le guide.

Faites maintenant l'exercice de synthèse suivant qui regroupe différentes façons de demander des précisions sur **quelque chose**. Il faudra donc employer les pronoms interrogatifs **que** comme sujet ou comme complément du verbe ou **quoi** (précédé d'une préposition) comme complément du verbe.

EXERCICE X   *Pour chaque réponse donnée dans la colonne de droite, écrivez la question appropriée dans la colonne de gauche en employant alternativement la forme **est-ce que** et l'inversion **verbe-sujet**. Utilisez le pronom personnel **tu** dans la question.*

1. _____? — Je dis des folies.

2. _____? — Je pense à ma vie.

3. _____? — J'ai envie de liberté.

4. _____? — J'ai besoin d'amour.

5. _____? — Je joue à cache-cache.

6. _____? — Je joue avec les mots.

7. _____? — Je fais des mots croisés.

8. _____? — Je proteste contre la violence.

9. _____? — Je compte sur l'appui des pacifistes.

10. _____? — Je m'intéresse aux questions environnementales.

Pour terminer, faites les exercices X, XI, XII, XIII, XIV, XV, XVI, *Grammaire française,* p. 341-342.

II. Le style indirect

Lisez attentivement les explications données dans *Grammaire française,* p. 343-350, ainsi que les points relatifs à ce sujet dans les modules 3 et 4. Avant tout, il est essentiel de comprendre ce qu'on entend par style direct et par style indirect.

On appelle **style direct** toutes les paroles prononcées directement par la personne elle-même. Dans un texte écrit, elles sont citées telles quelles, entre guillemets; c'est ce qu'on appelle «faire une citation».
Ex. Serge: «**J**'adore les papillons.»

On utilise le style direct quand on écrit des dialogues, au théâtre notamment.

Par contre, dans un texte narratif ou quand on rapporte oralement les paroles de quelqu'un, on utilise une autre tournure de phrases qu'on appelle **style indirect**. Dans ce cas, on doit mentionner le nom de la personne qui a prononcé les paroles et, conséquemment, la phrase dite au style direct devient une proposition subordonnée au style indirect.

Ex. **Serge** dit qu'**il** adore les papillons.

En général, les pronoms personnels des 1re et 2e personnes au style direct deviennent des pronoms personnels de la 3e personne au style indirect.

Ex. Serge à Ginette: «**Tu** as de la chance.»
Serge dit à Ginette (lui dit) qu'**elle** a de la chance.

Il en va de même pour les pronoms ou les adjectifs possessifs.

Ex. Ginette: «**Je** ne prête pas **mes** disques.» (style direct)
Ginette dit qu'**elle** ne prête pas **ses** disques. (style indirect)

A. Le style indirect au présent

Vous savez qu'il existe trois types de phrases du style direct, soit:
– les phrases déclaratives;
– les phrases impératives;
– les phrases interrogatives.

Il s'agit de voir maintenant comment les rapporter au style indirect au présent.

1. Les phrases déclaratives

On les rapporte au style indirect en les faisant précéder de la conjonction de subordination **que** et en effectuant les changements de pronoms ou d'adjectifs qui s'imposent.

Ex. Nicole: «**J'**ai reçu **mes** photos.» (style direct)
Nicole dit **qu'elle** a reçu **ses** photos. (style indirect)

EXERCICE XI   *Écrivez les phrases déclaratives suivantes au style indirect et faites les changements nécessaires, d'après le modèle donné ci-dessus.*

1. Le guide: «Cet édifice a été construit en 1895.»

_____

2. Gisèle: «J'invite toujours mes amis.»

_____

3. Paul à Jacques: «J'aimerais te voir après le cours.»

_____

4. Le professeur aux étudiants: «Il faut que vous étudiiez plus sérieusement.»

_____

5. Les étudiants au professeur: «Nous allons faire un réel effort.»

_____

2. Les phrases impératives

On les rapporte au style indirect en remplaçant le mode impératif par le mode **infinitif** précédé de la préposition **de**.

Ex. Nicole: «**Partez** avant moi.» (style direct)

Nicole dit **de partir** avant elle. (style indirect)

EXERCICE XII   *Écrivez les ordres suivants au style indirect et faites les changements nécessaires.*

1. L'infirmière à Julie: «Prenez cette pilule avant de vous coucher.»

_____

2. Le policier à un(e) automobiliste: «Ayez toujours votre permis de conduire sur vous.»

_____

3. Éric à ses amis: «Attendez-moi au restaurant du coin.»

_____

4. Ève à Natacha: «Montre-moi ta nouvelle voiture.»

_____

5. L'hôtesse aux passagers: «Attachez votre ceinture et préparez-vous pour le décollage.»

_____

3. Les phrases interrogatives

Quand la phrase interrogative au *style direct* est introduite par un adverbe d'interrogation (**quand, où, pourquoi**, etc.), par un adjectif ou par un pronom interrogatifs (**quel, lequel, qui**), on la rapporte au *style indirect* en rétablissant l'ordre des mots de la phrase déclarative. Il n'y a donc plus d'inversion ni de **est-ce que**. Le point d'interrogation disparaît dans la langue écrite.

Ex. Nicole: «**Quelle** heure **est-il?**» (style direct)

Nicole demande **quelle** heure **il est**. (style indirect)

Nicole: «**Quand est-ce que** l'avion va décoller?» (style direct)

Nicole demande **quand** l'avion va décoller. (style indirect)

EXERCICE XIII   *Écrivez les questions suivantes au style indirect, d'après les modèles donnés ci-dessus.*

1. Le médecin au malade: «Depuis combien de temps est-ce que vous toussez?»

_____

2. Ginette à Serge: «Où as-tu passé tes vacances?»

_____

3. Marc se demande: «Comment est-ce qu'on fait cuire des escargots?»

_____

4. Le consommateur veut savoir: «Pourquoi achète-t-on autant de produits inutiles?»

_____

Toutefois, quand la phrase interrogative au *style direct* commence par les pronoms interrogatifs **qu'est-ce qui**, **qu'est-ce que** ou **que**, on doit la rapporter au *style indirect* de la façon suivante.

– **Qu'est-ce qui** (style direct) devient **ce qui** (style indirect).
  Ex. Le pilote demande: «**Qu'est-ce qui** s'est passé?» (style direct)
  Le pilote demande ce **qui** s'est passé. (style indirect)

– **Qu'est-ce que** (style direct) devient **ce que** (style indirect).
  Ex. La serveuse aux clients: «**Qu'est-ce que** vous désirez comme entrée?» (style direct)
  La serveuse demande aux clients **ce qu'**ils désirent comme entrée. (style indirect)
  La serveuse aux clients: «**Que** prendrez-vous ensuite comme plat principal?» (style direct)
  La serveuse leur demande **ce qu'**ils prendront ensuite comme plat principal. (style indirect)

EXERCICE XIV

Écrivez les questions suivantes au style indirect, d'après les modèles donnés ci-dessus.

1. Le douanier aux touristes: «Qu'est-ce que vous avez à déclarer?»

_____

2. Le psychanalyste au patient: «Alors, quest-ce qui ne va pas aujourd'hui?»

_____

3. Le gardien au visiteur: «Que faites-vous dans cette salle?»

_____

4. Michel à Nicole: «Qui est-ce qui est allé te chercher à l'aéroport?»

_____

Quand la phrase interrogative au *style direct* ne comporte ni adverbe ni adjectif interrogatifs, on la rapporte au *style indirect* en la faisant précéder de la conjonction de subordination **si**.
Ex. Irène à Hélène: «Veux-tu aller voir ce film?» (style direct)
  Irène demande à Hélène (lui demande) **si** elle veut aller voir ce film. (style indirect)

  Les enfants à leur gardienne: «Est-ce qu'on pourra aller jouer dehors?» (style direct)
  Les enfants demandent à la gardienne (lui demandent) **s'**ils pourront aller jouer dehors. (style indirect)

Remarquez bien que le **si** du style indirect peut être suivi du futur ou du conditionnel, contrairement au **si** introduisant une phrase de condition. (Voir module 4, IV. B.)

EXERCICE XV

Écrivez les questions suivantes au style indirect, d'après les modèles donnés ci-dessus.

1. Les étudiants au professeur: «Pourriez-vous répéter votre dernière explication?»

_____

2. Les touristes se demandent: «Est-ce qu'il fera beau demain?»

_____

3. Un touriste demande: «Est-ce qu'il pleuvait autant la semaine dernière?»

_____

4. René à sa femme: «Aimerais-tu aller à La Barbade cet hiver?»

_____

Faites maintenant l'exercice de synthèse suivant.

EXERCICE XVI   _Écrivez les phrases interrogatives suivantes au style indirect et faites les changements nécessaires._

1. Nicole à Julie: «Pourquoi est-ce que tu ne m'as pas téléphoné hier soir?»

_____

2. Annie à sa secrétaire: «Qui est-ce qui m'a laissé ce message?»

_____

3. Le professeur aux étudiants: «À quoi pensez-vous?»

_____

4. Le vendeur à la cliente: «Qu'est-ce qu'il vous faut comme équipement de ski?»

_____

5. La malade au médecin: «Qu'est-ce qui m'arrive?»

_____

6. Julie à Nicole: «Est-ce que tu me prêterais ta voiture?»

_____

7. Serge aux enfants: «Avez-vous encore faim?»

_____

8. Serge à Julie: «À quelle heure viendras-tu me chercher?»

_____

9. Le gardien aux visiteurs: «Où est-ce que vous allez et qu'est-ce que vous cherchez?»

_____

10. Ginette à Michel: «Est-ce que nous devons vraiment aller à cette soirée?»

_____

B. Le style indirect au passé

Au lieu de rapporter les phrases du style direct au style indirect au *présent* (c'est-à-dire, *quand le verbe de la proposition principale est au présent:* il dit, elle demande, etc.) comme on l'a fait jusqu'à maintenant, on les rapporte au *passé,* style indirect au passé, *en mettant le verbe de la proposition principale au passé* (il disait, elle a demandé, etc.). D'autres changements viennent alors s'ajouter à ceux touchant le style indirect au présent.

1. Les changements de temps des verbes

On doit changer le temps du verbe employé au style direct dans trois cas.

– Le verbe conjugué au *présent* au style direct est rapporté à l'*imparfait* au style indirect au passé.
   Ex. Serge: «**J'adore** les papillons.» (style direct)
   Serge **dit** qu'il **adore** les papillons. (style indirect au présent)
   Serge **a dit** qu'il **adorait** les papillons. (style indirect au passé)

– Le verbe conjugué au *passé composé* au style direct est rapporté au *plus-que-parfait* au style indirect au passé.
   Ex. Nicole: «**J'ai reçu** mes photos.» (style direct)
   Nicole **dit** qu'elle **a reçu** ses photos. (style indirect au présent)
   Nicole **a dit** qu'elle **avait reçu** ses photos. (style indirect au passé)

– Le verbe conjugué au *futur* au style direct est rapporté au *présent du conditionnel* au style indirect au passé.
   Ex. Les enfants à leur mère: «Est-ce qu'on **pourra** aller jouer dehors?» (style direct)
   Les enfants **demandent** à leur mère s'ils **pourront** aller jouer dehors. (style indirect au présent)
   Les enfants **ont demandé** à leur mère s'ils **pourraient** aller jouer dehors. (style indirect au passé)

Pour tous les autres temps, le verbe conserve la même forme qu'au style direct.
Ex. Le juge: «Je **doute** que le témoin **dise** la vérité.»
   Le juge **déclare** qu'il **doute** que le témoin **dise** la vérité. (style indirect au présent)
   Le juge **déclarait** qu'il **doutait** que le témoin **dise** la vérité. (style indirect au passé)

Vous aurez noté que dans les trois cas où un changement de temps du verbe employé au style direct s'impose, vous obtenez toujours les terminaisons **ais, ais, ait, ions, iez, aient**.

EXERCICE XVII   *Écrivez les phrases au style indirect au passé et faites les changements nécessaires.*

1. Le témoin a déclaré: «Je n'ai jamais menti à la Cour.»

_____

2. Le médecin m'a demandé: «Où est-ce que vous avez mal?»

_____

3. Le policier a ordonné à l'automobiliste: «Montrez-moi vos papiers.»

_____

4. Le guide a répondu aux visiteurs: «Je regrette, mais vous ne pourrez prendre aucune photo dans cette salle.»

_____

_____

5. Un visiteur lui a demandé: «Est-ce que je pourrais connaître la raison de cette interdiction?»

_____

_____

2. Les changements des expressions de temps

Ce qui détermine les changements des expressions de temps (aujourd'hui, hier, la semaine prochaine, etc.), c'est le moment où l'on rapporte au style indirect la phrase du style direct (la citation).

Ex. La météorologue: «Il a fait un maximum de 2 °C **hier**.» (style direct)
Ce matin, la météorologue a déclaré qu'il avait fait un maximum de 2 °C **hier**. (style indirect au passé)

Ici, l'expression de temps *hier* ne change pas parce que la citation est rapportée le jour même.

Par contre, si on la rapportait en prenant pour référence un autre moment du passé (jeudi dernier, par exemple), l'expression de temps *hier* devrait être changée pour *la veille*.

Ex. Jeudi dernier, la météorologue a déclaré qu'il avait fait un maximum de 2 °C **la veille**. (style indirect au passé)

Il faut donc que vous appreniez le tableau 15.2, p. 344 de *Grammaire française*.

EXERCICE XVIII   *Écrivez les phrases au style indirect au passé et faites les changements qui s'imposent.*

1. Ce matin, Éric a dit à Nicole: «Je passerai te voir ce soir.»

_____

2. Samedi dernier, Éric a dit à Nicole: «Je passerai te voir ce soir.»

_____

3. L'été dernier, le président se demandait: «Qui est-ce qui peut prendre des vacances en ce moment?»

_____

4. Au déjeuner, Michel m'a demandé: «Qu'est-ce que tu as fait hier pour ton anniversaire?»

_____

5. La semaine dernière, le juge a demandé à l'accusé: «Qu'avez-vous déclaré à la police hier?»

_____

6. Il y a deux mois, le ministre des Finances déclarait: «L'année prochaine, le gouvernement prendra des mesures exceptionnelles pour relancer l'économie.»

_____

_____

7. Ce matin, un journaliste a demandé: «Monsieur le Maire, donnerez-vous une conférence de presse demain matin?»

_____

_____

8. Jeudi dernier, Michel m'a demandé: «Viendrais-tu dîner chez moi demain soir?»

_____

9. Ce soir, tu m'as rappelé: «C'est moi qui ai fait le ménage la semaine dernière.»

_____

10. Il y a un mois, un député voulait savoir: «Quelle décision a été prise la semaine dernière?»

_____

_____

Pour terminer, faites par écrit les exercices VII, VIII, IX, X, XI de _Grammaire française_, p. 352-353.

Corrigé des exercices

EXERCICE I

1. Aimez-vous les fleurs? / Aimes-tu les fleurs?
2. Est-ce que je viens avec toi?
3. A-t-elle de la chance?
4. Est-ce que je fume trop?
5. Est-ce que ça va changer?
6. Y a-t-il quelque chose?
7. Passerez-vous nous voir? / Passerez-vous me voir?
8. Puis-je téléphoner? / Pouvons-nous téléphoner?
9. Suis-je fou?
10. Est-ce vrai?

EXERCICE II

1. Comment va Véronique?
2. Comment vous appelez-vous? / Comment t'appelles-tu?
3. Comment s'épelle votre nom? / Comment s'épelle ton nom?
4. Comment voulez-vous votre bifteck? / Comment veux-tu ton bifteck?
5. Comment s'est-elle cassé la jambe?

EXERCICE III

1. Combien coûte ce livre? / Combien ce livre coûte-t-il?
2. Combien gagne-t-il l'heure?
3. Combien d'argent as-tu? / Combien d'argent avez-vous?
4. À combien de kilomètres se trouve Sainte-Adèle?
5. Combien de fois l'as-tu répété? / Combien de fois l'avez-vous répété?
6. Combien de temps dure ce film? / Combien de temps ce film dure-t-il?

EXERCICE IV

1. Quelle heure est-il?
2. À quelle heure va décoller l'avion? / À quelle heure l'avion va-t-il décoller?
3. Vers quelle heure arriverez-vous? / Vers quelle heure arriverons-nous?
4. Quand reviendras-tu? / Quand reviendrez-vous?
5. Quand est-elle partie?
6. Depuis quand travaille-t-il?
7. Depuis combien de temps travaillent-ils?
8. Pendant combien de temps ai-je étudié?
9. Dans combien de temps serez-vous (seras-tu) diplômé?
10. En combien de temps avez-vous fait (as-tu fait) cet exercice?

EXERCICE V

1. Comment vous appelez-vous?
2. Où habitez-vous?
3. Quelle est votre adresse?
4. Quel est votre numéro de téléphone?
5. Êtes-vous mariée?
6. Combien d'enfants avez-vous?
7. Quel âge ont-elles?
8. Qui est l'aînée? / Laquelle est l'aînée?
9. Travaillez-vous à l'extérieur?
10. Pourquoi pas?
11. Que fait votre mari?
12. Est-il Canadien?
13. D'où vient-il?
14. Quand est-il arrivé?
15. Comment s'acclimate-t-il?

EXERCICE VI

1. Qui est-ce qui
2. Qu'est-ce qui
3. Qui est-ce qui
4. Qu'est-ce qui
5. Qu'est-ce qui

EXERCICE VII

1. Qu'est-ce qu'
2. Qu'est-ce qu'
3. Qui est-ce que
4. Qui est-ce que
5. Qu'est-ce que

EXERCICE VIII

1. Qu'est-ce qui
2. Qu'est-ce qui
3. Qui est-ce qui / Qui
4. Qu'est-ce que
5. Qui
6. Que
7. Qui est-ce qui / Qui
8. Qu'est-ce qu'
9. Qu'
10. Qui

EXERCICE IX

1. Qui est-ce qui est malade?
2. Qui a répondu?
3. À qui est-ce que vous avez parlé?
4. De qui a-t-on parlé?
5. Pour qui est-ce qu'il a acheté des roses?
6. Avec qui avez-vous dîné?
7. Qui est-ce que vous avez rencontré?
8. À qui ont-ils demandé conseil?
9. De qui est-ce que tu as besoin?
10. Qui ai-je remercié?

EXERCICE X

1. Qu'est-ce que tu dis?
2. À quoi penses-tu?
3. De quoi est-ce que tu as envie?
4. De quoi as-tu besoin?
5. À quoi est-ce que tu joues?
6. Avec quoi joues-tu?
7. Qu'est-ce que tu fais?
8. Contre quoi protestes-tu?
9. Sur quoi est-ce que tu comptes?
10. À quoi t'intéresses-tu?

EXERCICE XI

1. Le guide dit que cet édifice a été construit en 1895.
2. Gisèle dit qu'elle invite toujours ses amis.
3. Paul dit à Jacques (lui dit) qu'il aimerait le voir après le cours.
4. Le professeur dit aux étudiants (leur dit) qu'il faut qu'ils étudient plus sérieusement.
5. Les étudiants disent au professeur (lui disent) qu'ils vont faire un réel effort.

EXERCICE XII

1. L'infirmière dit à Julie (lui dit) de prendre cette pilule avant de se coucher.
2. Le policier dit à un(e) automobiliste (lui dit) d'avoir toujours son permis de conduire sur lui (elle).
3. Éric dit à ses amis (leur dit) de l'attendre au restaurant du coin.
4. Ève dit à Natacha (lui dit) de lui montrer sa nouvelle voiture.
5. L'hôtesse dit aux passagers (leur dit) d'attacher leur ceinture et de se préparer pour le décollage.

EXERCICE XIII

1. Le médecin demande au malade (lui demande) depuis combien de temps il tousse.
2. Ginette demande à Serge (lui demande) où il a passé ses vacances.
3. Marc se demande comment on fait cuire des escargots.
4. Le consommateur veut savoir pourquoi on achète autant de produits inutiles.

EXERCICE XIV

1. Le douanier demande aux touristes (leur demande) ce qu'ils ont à déclarer.
2. Le psychanalyste demande au patient (lui demande) ce qui ne va pas aujourd'hui.
3. Le gardien demande au visiteur (lui demande) ce qu'il fait dans cette salle.
4. Michel demande à Nicole (lui demande) qui est allé la chercher à l'aéroport.

EXERCICE XV

1. Les étudiants demandent au professeur (lui demandent) s'il pourrait répéter sa dernière explication.
2. Les touristes se demandent s'il fera beau demain.
3. Un touriste demande s'il pleuvait autant la semaine dernière.
4. René demande à sa femme (lui demande) si elle aimerait aller à La Barbade cet hiver.

EXERCICE XVI

1. Nicole demande à Julie (lui demande) pourquoi elle ne lui a pas téléphoné hier soir.
2. Annie demande à sa secrétaire (lui demande) qui lui a laissé ce message.
3. Le professeur demande aux étudiants (leur demande) à quoi ils pensent.
4. Le vendeur demande à la cliente (lui demande) ce qu'il lui faut comme équipement de ski.
5. La malade demande au médecin (lui demande) ce qui lui arrive.
6. Julie demande à Nicole (lui demande) si elle lui prêterait sa voiture.
7. Serge demande aux enfants (leur demande) s'ils ont encore faim.
8. Serge demande à Julie (lui demande) à quelle heure elle viendra le chercher.
9. Le gardien demande aux visiteurs (leur demande) où ils vont et ce qu'ils cherchent.
10. Ginette demande à Michel (lui demande) s'ils doivent vraiment aller à cette soirée.

EXERCICE XVII

1. Le témoin a déclaré qu'il n'avait jamais menti à la Cour.
2. Le médecin m'a demandé où j'avais mal.
3. Le policier a ordonné à l'automobiliste (lui a ordonné) de lui montrer ses papiers.
4. Le guide a répondu aux visiteurs (leur a répondu) qu'il regrettait, mais qu'ils ne pourraient prendre aucune photo dans cette salle.
5. Un visiteur lui a demandé s'il pourrait connaître la raison de cette interdiction.

EXERCICE XVIII

1. Ce matin, Éric a dit à Nicole (lui a dit) qu'il passerait la voir ce soir.
2. Samedi dernier, Éric a dit à Nicole (lui a dit) qu'il passerait la voir ce soir-là.
3. L'été dernier, le président se demandait qui pouvait prendre des vacances à ce moment-là.
4. Au déjeuner, Michel m'a demandé ce que j'avais fait hier pour mon anniversaire.
5. La semaine dernière, le juge a demandé à l'accusé (lui a demandé) ce qu'il avait déclaré à la police la veille.
6. Il y a deux mois, le ministre des Finances déclarait que l'année prochaine, le gouvernement prendrait des mesures exceptionnelles pour relancer l'économie.
7. Ce matin, un journaliste a demandé au maire s'il donnerait une conférence de presse demain matin.
8. Jeudi dernier, Michel m'a demandé si je viendrais dîner chez lui le lendemain soir.
9. Ce soir, tu m'as rappelé que c'était toi qui avais fait le ménage la semaine dernière.
10. Il y a un mois, un député voulait savoir quelle décision avait été prise la semaine précédente.

MODULE 6
La concordance des temps
Jean-Philippe Aubert

Table des matières

Objectifs

1. Montrer comment *les temps* les plus usuels des verbes s'emploient dans le cadre des divers modes.
2. Éclaircir quelques aspects de l'emploi des temps propre au français, notamment celui de l'imparfait et du passé composé de l'indicatif.
3. Étudier les temps qui *peuvent* ou qui *doivent* être utilisés dans un contexte donné.

Introduction

Comme les autres langues, le français se sert de formes spécifiques pour *situer l'action dans le temps*, c'est-à-dire dans le présent, dans le passé ou dans l'avenir. Il dispose pour cela de quelque vingt-deux temps différents, répartis selon les modes. Dans ce module, nous laisserons de côté les formes proprement littéraires comme le passé simple de l'indicatif, l'imparfait du subjonctif, etc., pour nous limiter aux dix temps les plus courants ainsi qu'aux formes du futur proche et du passé récent.

Après avoir rafraîchi vos notions de conjugaison (module 3) et raffermi votre sens de l'emploi des modes (module 4), il vous reste à savoir quels temps choisir pour être toujours à propos. Or, tout dépend de ce que vous voulez exprimer. En effet, si dans certaines constructions comme le discours indirect ou la phrase de condition, nous sommes contraints d'employer certains modes et temps, en dehors de ces constructions, il n'y a pas de règles rigoureuses ou automatiques pour dicter l'emploi de tel ou tel temps. Comme l'écrit le célèbre grammairien F. Brunot dans *La pensée et la langue*: «Le chapitre de la concordance des temps se résume en une ligne: il n'y en a pas.» Par contre, un mauvais choix de temps est immédiatement perçu par les francophones comme une faute majeure: non seulement s'agit-il d'une note discordante mais plus encore d'une source d'incompréhension et de mauvaise interprétation dans la conversation ou la correspondance.

Ainsi, s'il n'y a pas de règles strictes, il existe cependant un bon usage que nous allons illustrer par de nombreux exemples. Au terme de ce module, vous devriez donc vous sentir plus à l'aise avec la concordance des temps et en arriver à employer les divers temps de façon appropriée et harmonieuse.

Prétest

I *Mettez les verbes aux temps appropriés du passé. (10 × 3 points)*

1. Les Rivest _____ (habiter) au Nouveau-Brunswick quand ils _____ (décider) de venir à Montréal, il y a cinq ans. Avant cela, ils _____ (vivre) aux États-Unis pendant 10 ans.

2. À minuit, je _____ (voir) un homme étrange qui _____ _____ un masque sombre.

3. — En quelle année est-ce que vous _____ (apprendre) l'espagnol?

   — En 1975, pendant que je _____ (étudier) à Barcelone.

4. Quand il _____ (se rendre compte) qu'il _____ _____ (aller) échouer aux examens, il _____ (se mettre) à travailler dur.

II *Mettez les verbes aux temps appropriés. (3 × 3 points)*

1. Je savais bien que tu _____ (faire) ton possible depuis toujours.

2. Vous _____ (se tromper) pendant plus de 10 ans, reconnaissez-le maintenant!

3. Il y a maintenant une heure qu'ils _____ (attendre) les résultats.

III *Mettez les verbes au futur (simple ou antérieur). (3 × 3 points)*

1. Une fois qu'il _____ (achever) son projet, vous _____ _____ (pouvoir) l'admirer.

2. Un jour, tu _____ (voir), je serai célèbre!

IV *Mettez les verbes aux temps appropriés (supposition et condition). (6 × 3 points)*

1. Si vous me _____ (dire) la vérité, vous ne le regretterez pas.

2. Si nous _____ (se préoccuper) de l'environnement plus tôt, nous _____ (ne pas connaître) actuellement des problèmes aussi graves.

3. Tu _____ (avoir) une attaque si tu l'avais vu après l'accident.

4. Notre représentant _____ (venir) chez vous si vous le désirez.

5. Si vous étiez d'accord, tout _____ (s'arranger) maintenant.

V *Mettez les verbes aux temps appropriés du subjonctif. (4 × 3 points)*

1. Faut-il vraiment qu'ils _____ (lire) ces quatre chapitres tout de suite?

2. Cela m'étonnerait que Sylvie _____ (aller) chez son petit ami ce jour-là, car elle était malade.

3. Elle avait surtout peur que je _____ (se mettre) en colère quand elle m'a avoué la vérité.

4. Nous sommes désolés que tu _____ (mal comprendre) notre message, lundi passé.

VI *Mettez les verbes au passé récent ou au futur proche. (2 × 2 points)*

1. Si ça continue comme ça, je suis sûr qu'ils _____ (se battre).

2. — Le patron est là?

   — Non, il _____ (sortir).

VII *Mettez les verbes aux divers temps qui conviennent. (6 × 3 points)*

1. Après _____ (lire) son texte, il était prêt à répondre aux questions.

2. D'habitude, on y allait tous ensemble; mais, cette fois, il _____ (partir) seul.

3. Il ne faut pas que tu _____ (se sentir) abandonnée.

4. Pose la question, ils te _____ (répondre).

5. Elle s'est dit qu'elle _____ (ne pas faire) la même erreur deux fois.

6. Je _____ (s'inquiéter) si j'avais su que ce serait aussi difficile.

Résultats			
I	/ 30	V	/ 12
II	/ 9	VI	/ 4
III	/ 9	VII	/ 18
IV	/ 18		
		Total	/ 100

Corrigé du prétest

I

1. habitaient, ont décidé, avaient vécu
2. j'ai vu, portait
3. avez appris, j'étudiais
4. s'est rendu compte, allait, s'est mis

II

1. faisais
2. vous êtes trompé(e), (s), (es)
3. attendent

III

1. aura achevé, pourrez
2. verras

IV

1. dites
2. nous étions préoccupés, ne connaîtrions pas
3. aurais eu
4. viendra
5. s'arrangerait

V

1. lisent
2. soit allée
3. me mette
4. aies mal compris

VI

1. vont se battre
2. vient de sortir

VII

1. avoir lu
2. est parti
3. te sentes
4. répondront
5. ne ferait pas
6. me serais inquiété(e)

I. Les temps de l'indicatif

A. Le présent

En principe, ce temps ne présente pas de grandes difficultés. Lisez les pages 11 à 13 dans *Grammaire française*.

Remarquez les formes a) du *passé récent* et b) du *futur proche* (p. 12, n°s 4 et 5).

Ex. a) Je vous **comprends**. / Je **viens de** vous comprendre.

b) Vous **finissez** le chapitre. / Vous **allez** finir le chapitre.

L'emploi du présent après le **si** de condition (p. 12, n° 6) sera repris dans ce module à la section II.A. sur le conditionnel.

Remarquez l'emploi normal du présent avec **depuis** («for / since») et les constructions équivalentes (p. 12, n° 8). Cette question sera reprise avec les temps du passé.

Faites l'exercice d'*Application immédiate*, page 14 et l'exercice ci-dessous.

EXERCICE I   *Mettez les phrases au passé récent et au futur proche.*

1. Michel sort.

_____

2. L'écrivain finit son roman.

_____

3. Elle rejette mon offre.

_____

4. Vous avez la grippe.

_____

5. Mes amis apprennent le français.

_____

6. Ils se plaignent.

_____

B. Le futur simple et le futur antérieur

L'emploi du futur est aussi relativement simple. Lisez les pages 190, 191 dans *Grammaire française*, spécialement la page 191, b. (Laissez de côté pour l'instant l'emploi du temps après le **si** de condition [voir plus loin].)

Sur l'emploi du futur antérieur, lisez *Grammaire française*, p. 193-194.

Faites l'exercice d'*Application immédiate*, p. 193; faites ensuite les exercices II et III, p. 196; VIII, p. 197-198, et l'exercice ci-dessous.

EXERCICE II   *Mettez les phrases au futur ou au futur antérieur.*

1. Quand tu viens me voir, tu peux admirer mes nouvelles gravures.

   _____

2. Il va à l'hôpital dès qu'il ressent les premiers symptômes.

   _____

3. Dès qu'il est arrivé, vous m'envoyez un télégramme.

   _____

4. Quand vous recevez ce questionnaire-là, il faut y répondre immédiatement.

   _____

5. Elle se sent mieux quand elle a mangé.

   _____

6. Il s'habille quand il a pris sa douche.

   _____

7. Il faut persévérer même quand vous rencontrez des difficultés avec les conjugaisons.

   _____

C. Les temps du passé: le passé composé, l'imparfait, le plus-que-parfait

«Nous ne **sommes** pas **allés** (passé composé) au chalet cet hiver; ça ne **valait** pas la peine (imparfait), il n'**avait** pas **neigé** du tout (plus-que-parfait).»

Les formes de ces trois temps sont faciles à identifier (sinon, revoyez le module 3).

Pour comprendre ces trois temps et savoir quand les employer, lisez attentivement les pages suivantes, dans *Grammaire française*, et imprégnez-vous surtout des exemples: passé composé, p. 67-70; imparfait, p. 72-76; plus-que-parfait, p. 84-86.

Vous pouvez laisser de côté, pour l'instant, les pages 69, n° 5.a.; 74, n°s 5 et 7; 85, n°s 3 et 5. (**Si** de condition, verbes avec **depuis**, etc.: à suivre.)

Cela peut vous paraître complexe, mais voici comment la question peut être schématisée.

1. Le passé composé

Le **passé composé** est un temps *narratif*: il répond à la question «qu'est-ce qui s'est passé?» («what happened?»). Il exprime une action vue sous un angle *historique* (indépendamment de sa durée), accomplie à un *moment défini*.

2. L'imparfait

L'**imparfait** est un temps *descriptif*: il répond à la question «quelle était la situation?» («what was going on?», «what were you doing?») *ou* il exprime une action *habituelle* («what used to happen?») et s'accompagne souvent d'un adverbe comme: en général, quelquefois, souvent, d'habitude, le samedi, etc. (Voir *Grammaire française*, p.74, n° 4.)

Considérez l'exemple donné dans la note, au haut de la page 76.

a) Je **jouais** au tennis **tous les matins** pendant les vacances.

b) J'**ai joué** au tennis tous les matins **pendant les vacances**.

En a), l'imparfait exprime l'*aspect habituel* (*tous les matins*).

En b), le passé composé exprime l'*événement daté* (qu'est-ce que j'ai fait *pendant les vacances?*). Les deux temps sont donc possibles ici, tout dépend de ce que vous voulez dire. De même, comparez ces exemples.

c) Mardi passé, je **jouais** au tennis quand tu m'**as appelé**.

d) Mardi passé, j'**ai joué** au tennis, car j'**étais** en grande forme.

En c), je **jouais** (situation, «what was I doing?»); tu m'**as appelé** (qu'est-ce qui s'est passé à ce moment-là?).

En d), j'**ai joué** (qu'est-ce que j'ai fait mardi?); j'**étais** en forme (situation, verbe *être* exprimant un état, voir *Grammaire française*, p. 72, n° 1.a.: verbes d'état d'esprit).

On peut donc «jouer» à l'infini avec ces temps selon ce qu'on veut exprimer. Ainsi, vous pouvez dire: «Je jouais au tennis (habitude) chaque fois que j'en avais le temps (situation).» Ou encore, «Nous avons joué au tennis lorsqu'il me l'a proposé (deux événements successifs).»

Prenez particulièrement garde à ces *verbes d'état d'esprit* déjà cités (*Grammaire française*, p. 72, n° 1.a.). Ajoutez-y: se sentir, comprendre, connaître, devoir... Ils sont souvent à l'imparfait puisqu'ils tendent à décrire une attitude, une situation; mais vous devez les mettre au passé composé dès qu'ils expriment un événement, un changement de situation; ils prennent alors un sens différent. Comparez ces exemples.

a) Non, je ne **savais** pas que tu étais malade (état).

b) Dès que je l'**ai su**, j'ai téléphoné chez toi (j'ai appris la nouvelle, événement).

c) Il ne **pouvait** pas supporter cette musique (incapacité, état).

d) Il n'**a** pas **pu** venir à notre rendez-vous (il n'y a pas réussi).

3. Le plus-que-parfait

Le **plus-que-parfait** s'emploie quand vous voulez exprimer une action *précédant* d'autres actions passées, comme en anglais. (Voir *Grammaire française*, p. 84.)
Ex. Il **avait plu** quand vous êtes sorti.
    Je comprenais l'espagnol, mais je ne l'**avais** jamais **étudié**.

Pour la concordance des temps au style indirect, voir module 5, II.B., et *Grammaire française*, p. 343-345.
Ex. Elle m'**a dit** qu'elle **avait faim**.
    J'**affirmais** qu'il **était** déjà **parti**.

EN RÉSUMÉ, dans chaque cas, vous devez déterminer si le verbe a un *aspect narratif* (passé composé), un *aspect descriptif* ou *habituel* (imparfait), ou encore, s'il exprime une *action antérieure* (plus-que-parfait). Chaque fois, il faut *discerner* le type d'action à exprimer et s'arrêter pour y réfléchir.

Évitez absolument de transcrire automatiquement les formes de l'anglais. «He was, you could, I went» ne veulent pas nécessairement dire «Il était, tu pouvais, j'allais».

Rappelez-vous enfin que, dans certains cas (pas dans tous), on a le choix d'employer l'un ou l'autre temps, tout dépendant du contexte et de l'intention. (Voir l'exemple cité ci-dessus, C.2.a et b.) Vous pourrez en discuter avec votre professeur en revoyant vos exercices écrits.

Faites d'abord les exercices d'*Application immédiate*, p. 70, 75, 76; puis les exercices II et IV, p. 77; VIII, p. 79; XVII, XVIII et XIX, p. 80-81; XX, p. 82; XXIV, p. 86.

EXERCICE III   *Mettez les verbes entre parenthèses au passé composé ou à l'imparfait.*

1. Notre succès _____ (ne pas s'établir) du jour au lendemain; déjà

   quand nous _____ (être) enfants, Mathilde _____

   _____ (faire) des expériences scientifiques pendant que moi, je _____

   _____ (écrire) des histoires pour mes amis.

2. Dès que Sylvie et Michel _____ (voir) la maison, ils en _____

   _____ (devenir) amoureux.

3. L'autre soir, je _____ (ne pas vouloir) arriver en retard, mais quand

   je _____ (se rendre compte) que mon réservoir à essence

   _____ (être) presque à sec, il _____ (falloir) m'arrêter à la

   station-service.

4. Au lendemain de la guerre, des milliers d'immigrants _____ (venir) s'installer

   au Québec et y _____ (prendre) racine. Leur vie _____ (être)

   dure car ils _____ (devoir) travailler fort pour se tailler une place.

5. Quand elle _____ (entrer) dans le restaurant, elle _____

   (avoir) faim. Elle _____ (commander) le menu du jour; mais elle

   _____ (ne pas avoir) de chance, car le chef _____

   (être) malade et son remplaçant _____ (ne pas connaître) le métier.

6. Est-ce que tu _____ (déjà aller) en Europe? Moi, j'y _____

   _____ (habiter) pendant des années. Je _____ (avoir) 20 ans

   quand je _____ (arriver) à Londres et je _____ (avoir) de la

   peine quand j'en _____ (partir). C'est une ville passionnante, je

   l'_____ (toujours aimer).

7. Hier, je _____ (devoir) rencontrer un client à l'hôtel Ritz, mais, finalement, il

_____ (ne pas venir). Heureusement, pendant que je le _____

_____ (attendre) au bar, Marina _____ (arriver); comme tou-

jours, elle _____ (paraître) emballée par un nouveau projet.

EXERCICE IV

Un vol de banque

a) *Qu'est-ce qui s'est passé?*
Mettez le texte au passé composé.

Tout à coup, deux bandits masqués _____ 1 (entrer) dans la banque.

L'un d'eux _____ 2 (sauter) par-dessus le comptoir et l'autre _____

3 (braquer) son revolver sur les clients en criant: «C'est un vol à main armée, ne bougez pas!»

Tout _____ 4 (se passer) très vite. Le bandit _____

_____ 5 (bousculer) les caissiers, les _____ 6 (menacer) de

son arme; il leur _____ 7 (dire): «L'argent, dans le sac, en vitesse!» Aucun des

caissiers _____ 8 (ne perdre) son sang-froid. Ils _____ 9 (vider) les

caisses, puis _____ 10 (jeter) les liasses de billets de banque dans le sac du

malfaiteur. Les deux hommes _____ 11 (sortir) précipitamment,

_____ 12 (se jeter) dans l'auto qui _____

13 (démarrer) brusquement, puis _____ 14 (disparaître) au coin de la

rue. Mais elle _____ 15 (ne pas aller) loin. Les voleurs _____

_____ 16 (ne pas résister) et _____ 17 (se rendre) quand ils

_____ 18 (voir) les voitures de police.

b) *Pendant ce temps-là, quelle était la situation?*
Mettez le texte à l'imparfait.

Vendredi passé, vers une heure, je _____ 1 (retirer) de l'argent au guichet de ma

banque. Il y _____ 2 (avoir) beaucoup de monde, une vingtaine de personnes

_____ 3 (patienter). Une auto _____ 4 (attendre) à la porte.

Un bandit _____ 5 (se trouver) derrière les guichets. Nous _____

6 (avoir) le souffle coupé. Personne _____ 7 (ne dire) un mot, on _____ 8 (entendre) seulement le bruit des ventilateurs. Les caissiers _____ 9 (être) pâles. Le malfaiteur _____ 10 (regarder) à chaque instant dans la rue où son complice _____ 11 (faire) le guet. Pendant ce temps, nous _____ 12 (trembler) sous sa menace. Mais les voleurs _____ _____ 13 (être) cernés.

c) *Avant le vol, qu'est-ce qui s'était passé?*
    Avant la fuite, qu'est-ce que le gérant avait fait?
    Mettez les phrases au plus-que-parfait.

Les gangsters _____ 1 (bien préparer) leur coup. Le gérant de la succursale _____ 2 (s'éclipser) discrètement et _____ _____ 3 (téléphoner) à la police qui _____ 4 (arriver) sur les lieux en moins d'une minute.

d) *Maintenant, mettez le texte entier aux temps qui conviennent.*

Vendredi passé, vers une heure, je _____ 1 (retirer) de l'argent au guichet de ma banque. Il y _____ 2 (avoir) beaucoup de monde, une vingtaine de personnes _____ 3 (patienter). Tout à coup, deux bandits masqués _____ _____ 4 (entrer). L'un d'eux _____ 5 (sauter) par-dessus le comptoir et l'autre _____ 6 (braquer) son revolver sur les clients en criant: «C'est un vol à main armée, ne bougez pas!» Pendant ce temps, une auto _____ 7 (attendre) à la porte. Ils _____ 8 (bien préparer) leur coup. Tout _____ _____ 9 (se passer) très vite. Le bandit qui _____ 10 (se trouver) derrière les guichets _____ 11 (bousculer) les caissiers, les _____ 12 (menacer) de son arme; il leur _____ 13 (dire): «L'argent, dans le sac, en vitesse!» Nous, les témoins, _____ 14 (avoir) le souffle coupé. Personne _____ 15 (ne dire) un mot, on _____ 16 (entendre) seulement le bruit des ventilateurs. Les caissiers _____ 17 (être) pâles, mais aucun

_____ 18 (ne perdre) son sang-froid. Ils _____ 19 (vider) les

caisses, puis _____ 20 (jeter) les liasses de billets de banque dans le sac du

malfaiteur. Celui-ci _____ 21 (regarder) à chaque instant dans la rue. Puis tous

deux _____ 22 (sortir) précipitamment, _____

_____ 23 (se jeter) dans l'auto où leur complice _____ 24 (faire) le

guet. Leur voiture _____ 25 (démarrer) brusquement, puis

_____ 26 (disparaître) au coin de la rue. Mais elle _____

_____ 27 (ne pas aller) loin. Car, pendant que nous _____ 28 (trem-

bler) sous la menace, le gérant de la succursale _____ 29 (s'éclipser)

discrètement, il _____ 30 (téléphoner) à la police qui _____

_____ 31 (arriver) sur les lieux en moins d'une minute. Les voleurs _____

_____ 32 (ne pas résister) et _____ 33 (se rendre)

quand ils _____ 34 (voir) qu'ils _____ 35 (être) cernés.

D. L'emploi des temps avec depuis, il y a... que, il y a...

Dans cette section, nous allons reprendre et réunir ce que vous avez vu sur cette question. Reprenez *Grammaire française*, p. 13-15 (présent et passé composé); p. 74, n° 7 (imparfait); p. 85, n° 5 (plus-que-parfait).

En résumé, **depuis** traduit les prépositions «for» et «since», mais ne s'accompagne pas des mêmes temps qu'en anglais.
Ex. Il **habite** la rue Durocher **depuis** 1970. («since»)
   Il **habite** la rue Durocher **depuis** 10 ans. («for»)
   En anglais, on dirait: («He has been living...»)

Il en va de même pour les expressions équivalentes.
Ex. **Il y a** 10 ans **qu'**il habite ici.
   Cela fait / **Voilà** 10 ans qu'il habite ici.

Par contre, quand le verbe est *négatif*, en français, on emploie le plus souvent le passé composé. (Voir *Grammaire française*, p. 15, b.)
Ex. Je **ne suis pas allé** au cinéma **depuis** trois semaines.
   ou
   Il y a trois semaines **que** je **ne suis pas allé** au cinéma.
   («I have not gone... »)

Si l'action se situe dans le passé, c'est l'imparfait qui remplace le présent, en français; avec un verbe négatif, c'est le plus-que-parfait. (Voir *Grammaire française*, p. 74, n° 7; p. 85, n° 5.)

Ex. Quand tu as déménagé, tu **habitais** là **depuis** 10 ans.

    ou

Il y avait 10 ans **que** tu **habitais** là, etc.

(«You had been living there for 10 years.»)

Au négatif: Le jour de Noël, il **n'avait pas** encore **neigé**.

(«It had not snowed yet.»)

Ne confondez pas: **il y a... que...** («for») avec **il y a...** («ago»).

Ex. **Il y a** deux mois, je **suis allé** au Mexique. («Two months ago... »)

Il y a quelques années, j'**habitais** à Québec. («Some years ago... »)

Dans ce cas, l'action est terminée et le verbe, comme en anglais, doit toujours être à un *temps passé*: l'imparfait, le passé composé ou le plus-que-parfait.

Faites maintenant l'exercice d'*Application immédiate*, p. 15, et l'exercice VIII, p. 16 dans *Grammaire française*. Faites ensuite les exercices ci-dessous.

EXERCICE V   *Répondez brièvement à ces questions. (À corriger en classe.)*

1. Depuis quand habitez-vous dans cette ville?

_____

2. Depuis combien de temps n'avez-vous pas assisté à un concert?

_____

3. Depuis combien de temps faisiez-vous du français quand vous vous êtes inscrit à ce cours?

_____

4. Ça fait combien de temps que vous suivez ce cours?

_____

5. En 1992, depuis combien d'années la ville de Montréal existait-elle?

_____

6. Quand est-ce que l'homme s'est posé sur la lune pour la première fois? (Répondez en ajoutant *Il y a*.)

_____

EXERCICE VI   *Mettez les verbes entre parenthèses au temps qui convient.*

1. Il y a 20 ans aujourd'hui que M. Tremblay _____ (être) notre directeur.

2. Les prisonniers _____ (s'échapper) il y a 10 jours.

3. Ça fait 10 jours qu'ils _____ (menacer) la paix publique.

4. On _____ (ne pas voir) Henri depuis cinq ans quand il est rentré au pays.

5. Mademoiselle, je vous _____ (attendre) ici depuis plus d'une heure!

6. Les Duval _____ (prendre) leurs vacances en Gaspésie depuis cinq ans quand ils ont décidé d'explorer une autre région.

7. Vous _____ (connaître) la vérité depuis toujours et vous ne dites rien!

8. Il y a des mois que vous _____ (ne pas venir) me voir.

9. Les étudiants _____ (vouloir) vous parler depuis longtemps, mais vous étiez toujours absent.

10. Je _____ (s'apercevoir) de l'erreur il y a déjà dix minutes.

11. Quand l'orage a éclaté, nous _____ (dormir) depuis trois heures.

12. Il y a cinq minutes à peine, je _____ (entendre) un coup de feu.

II. Les temps dans les autres modes

A. Les temps du conditionnel (supposition et condition)

Le conditionnel est un *mode*. Référez-vous au module 4 qui vous renvoie également à *Grammaire française* (p. 201 et suivantes), aux principaux cas d'*emploi* du conditionnel.

La proposition introduite par **si**, qui énonce la *supposition*, n'est jamais au futur ni au conditionnel, sauf dans des phrases au style indirect. (Voir *Grammaire française*, p.192, Attention et 203, f. et module 5, B.1.)

Ex. Je ne sais pas **s**'il **fera** beau.
Je ne savais pas **s**'il **ferait** beau.

L'emploi normal des temps exprimant la supposition et la condition est bien résumé au module 4; référez-vous de nouveau au tableau 8.5, p. 207, dans *Grammaire française*, pour toutes les variantes possibles.

Faites les exercices suivants.

EXERCICE VII *Mettez les phrases au passé.*

1. Pierre pense que les Canadiens gagneront.

_____

2. Je ne sais pas si je pourrai aller au Forum.

_____

3. Vous vous demandez combien il y aura de spectateurs.

_____

4. Tom demande si on lui permettra de venir.

_____

5. Maman veut savoir si je rentrerai tard.

_____

6. Papa estime que vous ne serez pas déçus.

_____

EXERCICE VIII   _Mettez les verbes entre parenthèses au présent ou au futur._

1. Si tu travailles fort, ce soir tu _____ (être) fier de toi.

2. Tu _____ (pouvoir) poser une question maintenant si tu ne comprends pas.

3. Si vous ne vous dépêchez pas, vous _____ (manquer) l'autobus.

4. Tous les étudiants peuvent réussir s'ils le _____ (vouloir).

5. Si tout _____ (aller) bien, ma sœur aura son bébé en juin.

6. Prenez un médicament si vous _____ (avoir) mal.

EXERCICE IX   _Mettez les verbes entre parenthèses au conditionnel présent ou passé._

1. Si tu voulais vraiment maigrir, tu _____ (manger) moins chaque jour.

2. Vous _____ (réussir) au dernier test si vous étiez plus studieux.

3. Si vous étiez vraiment malade, vous _____ (ne pas vouloir) sortir par un temps pareil!

4. Je _____ (ne pas manquer) l'avion ce matin si j'étais ponctuel.

5. Si vous écriviez plus souvent, vous _____ (recevoir) des lettres régulièrement.

6. Si la situation économique était meilleure, bien des entreprises _____ (ne pas faire) faillite au cours de la dernière année.

EXERCICE X   _Mettez les verbes entre parenthèses au conditionnel présent ou passé._

1. S'il avait plu, la terre _____ (être) mouillée maintenant.

2. Hier, je _____ (comprendre) votre explication si vous aviez parlé clairement.

3. Si les témoins s'étaient tus, le coupable _____ (pouvoir) repartir en toute liberté.

4. Si on m'avait nommé à ce poste, c'est moi qu'on _____ (envoyer) à Rio le mois prochain.

5. Si les gens n'avaient pas spéculé, l'or _____ (ne pas valoir) autant de nos jours.

6. Si les explorateurs n'avaient pas été courageux, ils _____ (ne pas conquérir) l'Amérique.

EXERCICE XI   *Mettez les verbes entre parenthèses aux temps qui conviennent.*

1. J'ai toujours dit que ton frère _____ (réussir).

2. S'il n'y avait plus de pétrole en l'an 2000, nous _____ (se chauffer) au bois.

3. Si je _____ (avoir) de la chance, je gagnerais à la loterie.

4. S'il avait mangé ce champignon, le chat _____ (mourir).

5. On se demandait si vous _____ (venir) demain.

6. Vous seriez le bienvenu si vous _____ (venir).

7. Vous _____ (être) le bienvenu si vous étiez venu la semaine dernière.

8. On _____ (devoir) se dépêcher si on avait été en retard.

9. Nous _____ (aller) tout de suite au cinéma si nous avions l'argent.

10. Ce soir, si tu m'invitais, tu me _____ (faire) plaisir.

B. Les temps du subjonctif

Le subjonctif et ses emplois ont déjà été vus de façon détaillée au module 4.

Si l'emploi du *mode* subjonctif présente quelques difficultés, comme vous l'avez vu, l'emploi de ses *temps* est beaucoup plus facile, d'autant plus que nous ne traitons ici que des deux temps les plus usuels: le présent et le passé (l'imparfait et le plus-que-parfait du subjonctif sont d'usage littéraire).

Relisez *Grammaire française*, p. 238-240, section III. Comme l'indique clairement le tableau 10.1, le temps du verbe principal n'importe pas ici; *le verbe de la subordonnée au subjonctif* est généralement *au présent*; il est *au passé* seulement s'il exprime une action *précédant* l'action du verbe principal.

Ex. Je demande
Je demandais
J'ai demandé   } que tu viennes.
J'avais demandé
Je demanderai

Il regrette
Il regrettait   } que tu ne sois pas venu hier.
etc.

(Dans ce dernier cas, *venir* est antérieur à *regretter*.)

Remarquez qu'il n'est pas toujours facile de voir s'il faut utiliser le présent ou le passé; cela dépend du sens de la phrase. Un adverbe comme **hier**, **il y a deux jours**, etc., ou une référence au passé indiquent l'antériorité.

Faites l'exercice d'*Application immédiate*, p.239, puis l'exercice VIII, p. 245, de *Grammaire française*, et terminez avec l'exercice suivant.

EXERCICE XII   *Mettez les verbes entre parenthèses au subjonctif présent ou passé.*

1. Bien qu'il _____ (faire) beau, nous n'avons pas profité de nos vacances l'été passé.

2. Je pars demain pour les Rocheuses, pourvu qu'il _____ (faire) beau!

3. Maintenant, j'aimerais vraiment que vous _____ (savoir) les règles d'emploi du subjonctif!

4. Comment aurais-tu voulu qu'elle me _____ (reconnaître)? Je ne l'avais jamais rencontrée.

5. Quel dommage que nous _____ (ne pas vivre) au temps des Grecs!

6. Je ne pense pas qu'elle _____ (se tromper) dans le calcul de son budget, à moins qu'elle _____ (oublier) d'inclure les frais de transport.

7. Parlez lentement afin que je _____ (pouvoir) bien vous comprendre.

8. Ça m'étonnerait qu'ils _____ (se parler) une seule fois durant toute l'année passée!

9. Pourquoi fallait-il que tu _____ (dire) toujours le contraire de ce que je venais de dire?

10. Je suis désolé que tu _____ (avoir) la grippe la semaine passée.

11. Bien qu'en 30 ans la maison _____ (se détériorer), elle est toujours habitable.

12. Oh! comme je voudrais que demain la terre _____ (se couvrir) de fleurs!

13. Vous devriez partir demain, à moins qu'il ne vous _____ (falloir) un visa.

14. Elle a filé tout à l'heure avant que vous _____ (s'en apercevoir).

C. Les temps de l'infinitif

Comme vous le savez déjà, le verbe se met à l'infinitif lorsqu'il suit une préposition (sauf la préposition **en** qui est suivie du participe présent) ou un autre verbe.

Ex. Téléphone-moi **avant de partir**.

Il travaille **pour gagner** sa vie.

Il **pense venir**.

Je **veux** vous **répondre**.

Lisez maintenant *Grammaire française*, p. 266-268, B et C. La *forme* de l'infinitif passé ne pose aucun problème.

Ex. Tu t'es arrêté après **avoir vu** le signal.

Il regrette d'**être venu**.

Son emploi est également simple à comprendre: il s'utilise pour indiquer une action antérieure à l'action du verbe principal. Cette antériorité peut être mise en évidence par une expression de temps, par la préposition après, ou tout simplement se déduire de la logique de la phrase.

Ex. Il souhaite avoir terminé **avant demain**.

Elle prendra sa décision **après** avoir interviewé les candidats.

Bertrand s'est excusé de m'avoir bousculé.

Faites l'exercice d'*Application immédiate*, p. 267. Faites ensuite l'exercice ci-dessous.

EXERCICE XIII   *Complétez avec l'infinitif présent ou passé, selon le sens.*

1. J'ai décidé de _____ (prendre) l'avion.

2. Il n'est pas sûr de _____ (comprendre) la question que vous avez posée.

3. Après _____ (aller) en vacances au bord de la mer, les enfants auront meilleure mine.

4. Ne tirez pas de conclusion sans _____ (essayer) la recette.

5. Ils sont désolés de _____ (manquer) la représentation d'hier.

6. Il sera condamné pour _____ (fabriquer) de la fausse monnaie.

7. Réjouissez-vous de _____ (bientôt terminer) ce module.

8. Vous verrez, l'examen sera très facile à _____ (passer)!

Corrigé des exercices

EXERCICE I

1. vient de sortir, va sortir
2. vient de finir, va finir
3. vient de rejeter, va rejeter

4. venez d'avoir, allez avoir
5. viennent d'apprendre, vont apprendre
6. viennent de se plaindre, vont se plaindre

EXERCICE II

1. viendras, pourras
2. ira, ressentira
3. sera arrivé, enverrez
4. recevrez / aurez reçu, faudra
5. se sentira, aura mangé
6. s'habillera, aura pris
7. faudra, rencontrerez

EXERCICE III

1. ne s'est pas établi, étions, faisait, écrivais
2. ont vu, sont
3. ne voulais pas, me suis rendu compte, était, a fallu
4. sont venus, ont pris, a été / était, ont dû / devaient
5. est entrée, avait, a commandé, n'a pas eu, était, ne connaissait pas
6. es déjà allé(e), ai habité, avais, suis arrivé(e), ai eu, suis parti(e), ai toujours aimée
7. je devais, n'est pas venu, attendais, est arrivée, paraissait

EXERCICE IV

a)
1. sont entrés
2. a sauté
3. a braqué
4. s'est passé
5. a bousculé
6. a menacés
7. a dit
8. n'a perdu
9. ont vidé
10. ont jeté
11. sont sortis
12. se sont jetés
13. a démarré
14. a disparu
15. n'est pas allée
16. n'ont pas résisté
17. se sont rendus
18. ont vu

b)
1. retirais
2. avait
3. patientaient
4. attendait
5. se trouvait
6. avions
7. ne disait
8. entendait
9. étaient
10. regardait
11. faisait
12. tremblions
13. étaient

c)
1. avaient bien préparé
2. s'était éclipsé
3. avait téléphoné
4. était arrivée

d)
1. retirais
2. avait
3. patientaient
4. sont entrés
5. a sauté
6. a braqué
7. attendait
8. avaient bien préparé
9. s'est passé
10. se trouvait
11. a bousculé
12. a menacés
13. a dit
14. avions
15. ne disait
16. entendait
17. étaient
18. n'a perdu / n'avait perdu
19. ont vidé
20. ont jeté
21. regardait
22. sont sortis
23. se sont jetés
24. faisait
25. a démarré
26. a disparu
27. n'est pas allée
28. tremblions
29. s'était éclipsé
30. avait téléphoné
31. était arrivée / est arrivée
32. n'ont pas résisté
33. se sont rendus
34. ont vu
35. étaient

EXERCICE V   *(À corriger en classe.)*

EXERCICE VI

1. est
2. se sont échappés
3. menacent
4. n'avait pas vu
5. attends
6. prenaient
7. connaissez
8. n'êtes pas venu(e), (s), (es)
9. voulaient
10. je me suis aperçu(e)
11. dormions
12. j'ai entendu

EXERCICE VII

1. pensait / a pensé, gagneraient
2. savais, pourrais
3. demandiez / êtes demandé, aurait
4. demandait / a demandé, permettrait
5. voulait / a voulu, rentrerais
6. estimait / a estimé, seriez

EXERCICE VIII

1. seras
2. peux
3. manquerez
4. veulent
5. va
6. avez

EXERCICE IX

1. mangerais
2. auriez réussi
3. ne voudriez pas
4. n'aurais pas manqué
5. recevriez
6. n'auraient pas fait

EXERCICE X

1. serait
2. aurais compris
3. aurait pu
4. enverrait
5. ne vaudrait pas
6. n'auraient pas conquis

EXERCICE XI

1. réussirait
2. nous chaufferions
3. j'avais
4. serait mort
5. viendriez
6. veniez
7. auriez été
8. aurait dû
9. irions
10. ferais

EXERCICE XII

1. ait fait
2. fasse
3. sachiez
4. reconnaisse
5. n'ayons pas vécu
6. se soit trompée, ait oublié
7. puisse
8. se soient parlé
9. dises
10. aies eu
11. se soit détériorée
12. se couvre
13. faille
14. vous en soyez aperçu(e), (s), (es) / vous en aperceviez

EXERCICE XIII

1. prendre
2. d'avoir compris / comprendre
3. être allés
4. avoir essayé
5. d'avoir manqué
6. avoir fabriqué
7. avoir bientôt terminé
8. passer

MODULE 7
Les pronoms
Marie-Noëlle Legoux

Table des matières

Objectifs

1. Revoir la notion de pronom, les différentes sortes de pronoms et leurs fonctions:
   - pronoms personnels;
   - pronoms relatifs;
   - pronoms indéfinis.

2. Montrer le fonctionnement de chaque type de pronom dans la phrase:
   - choix du pronom;
   - place du pronom dans la phrase.

3. Montrer le fonctionnement des pronoms relatifs avec les pronoms disjoints et les pronoms démonstratifs.
     Ex. C'est **lui qui** m'a annoncé cette nouvelle.
        (pronom personnel – pronom relatif)

        C'est **ce que** je viens de dire.
        (pronom démonstratif – pronom relatif)

Introduction

Les pronoms, comme les noms qu'ils remplacent, sont des éléments *variables*. Il est donc très important de bien comprendre *comment* ils varient dans la phrase.

Vous avez déjà étudié certains pronoms dans les modules précédents. (Voir modules 1, 2 et 5.)

Dans le module 2, vous avez vu que les pronoms démonstratifs, possessifs, interrogatifs et indéfinis varient selon le genre et le nombre des noms qu'ils remplacent. De plus, les pronoms possessifs varient aussi selon la personne grammaticale. (Voir module 2, III.)

Dans ce module, nous insisterons particulièrement sur ce qui n'a été vu que partiellement, ou n'a pas encore été étudié, à savoir:

I.   les pronoms personnels;
II. les pronoms relatifs;
III. les pronoms indéfinis.

Nous verrons aussi en détail le fonctionnement des pronoms entre eux chaque fois que cela sera pertinent.

Prétest

I *Complétez les réponses du dialogue en employant les pronoms qui conviennent. (10 × 2 points)*

Hélène — Es-tu allé au Salon des métiers d'art?

Claude — Oui, j'_____ (1).

Hélène — As-tu vu de belles choses?

Claude — Oui, j'_____ (2) et j'ai rencontré nos vieux amis, les Lachance.

Hélène — _____ (3)! Ils étaient là! Et tu _____ (4) as rencontrés dans toute cette foule?

Claude — Oui. Ils étaient avec leur fils Georges.

Hélène — Ah, _____ (5), il est souvent avec ses parents. Il s'occupe beaucoup de _____ (6). C'est un fils dévoué.

Claude — Il marchait avec sa mère et _____ (7) donnait le bras. Mme Lachance ne vieillit pas. Je _____ (8) trouve toujours aussi jeune. M. Lachance marchait derrière, il n'aime pas qu'on s'occupe de _____ (9). Je _____ (10) ai dit que nous irions les voir bientôt.

Hélène — Entendu.

II *Répondez aux questions en employant les pronoms qui conviennent. (8 × 2 points)*

1. — As-tu raconté la nouvelle à tes parents?

— Oui, _____.

2. — Jean a-t-il écrit des vers à son amie?

— Oui, _____.

3. — Est-ce qu'il y avait des fleurs au marché?

— Oui, _____.

4. — Es-tu fatigué d'avoir fait la queue au Parisien pour acheter les billets?

— Oui, _____.

5. — Les enfants se souviennent-ils de leur grand-mère?

— Oui, _____.

III   *Complétez le texte en employant les pronoms relatifs qui conviennent (**qui**, **que**, **ce qui**, **dont**, etc.). (16 × 2 points)*

Je suis parti en vacances à un moment _____ (1) j'étais très fatigué. Le travail sur

_____ (2) j'avais peiné si fort était terminé. J'étais enfin libre, _____ (3)

me plaisait beaucoup _____ (4) j'avais besoin alors, c'était de me reposer, de pouvoir

enfin faire _____ (5) je voulais. J'avais l'impression d'être un flocon de neige

_____ (6) volait au vent, _____ (7) le vent emportait et avec

_____ (8) il jouait. Moi _____ (9) aime tant la mer, j'ai choisi une plage

sur _____ (10) je pouvais m'allonger au soleil. Le groupe _____ (11)

je faisais partie était jeune et gai, _____ (12) m'a aidé à me détendre. Tout était

agréable; les excursions _____ (13) nous avons participé, les restaurants

_____ (14) nous sommes allés souper et les soirées _____ (15) étaient

organisées par le Club; en un mot, tout _____ (16) on doit faire pour oublier la
routine du travail.

IV   *Complétez le texte en employant les pronoms indéfinis qui conviennent. (Ajoutez une préposition si c'est nécessaire.) (16 × 2 points)*

1. Quand _____ veut, _____ peut.

2. Nous sommes fatigués de ces vieilles histoires. Raconte-nous _____
    nouveau.

3. _____ de ces gros dictionnaires coûte 65 $.

4. — Tu connais M. Robin?

    — Oui, c'est _____ très distingué.

5. — Viens-tu au cinéma?

    — Non, j'ai _____ à faire, je ne peux pas.

6. Comme je ne savais pas la réponse à cette question, j'ai répondu _____

7. Puisque tu as aimé mon gâteau au chocolat, la semaine prochaine je t'en apporterai

    _____ .

8. Il faut que je sorte cet après-midi, j'ai _____ à voir, un ami.

9. La seule langue que je parle est le français: _____ me semblent trop difficiles.

10. — Tu as reçu un cadeau?

— Pas seulement un, mais _____.

11. Mes souliers sont percés, il faut que je m'en achète _____.

12. — Tu as descendu quelques pentes de ski hier?

— Oui, j'en ai descendu _____.

13. Tous nos amis semblaient heureux de leurs vacances, mais _____ n'étaient pas enthousiastes de retourner travailler.

14. — Sais-tu si les spectateurs ont aimé la pièce de théâtre?

— _____ l'ont trouvée intéressante, _____

_____ ne l'ont pas aimée du tout.

15. Au siècle dernier, beaucoup de jeunes filles étaient prêtes à épouser _____

_____ pour ne pas rester vieilles filles. De nos jours, la situation a changé.

Résultats			
I	/ 20	III	/ 32
II	/ 16	IV	/ 32
		Total	/ 100

Corrigé du prétest

I

1. y suis allé	3. Eux	5. lui	7. lui	9. lui
2. en ai vu	4. les	6. d'eux	8. la	10. leur

II

1. je la leur ai racontée
2. il lui en a écrit
3. il y en avait
4. je le suis
5. ils se souviennent d'elle

III

1. où	5. ce que	9. qui	13. auxquelles
2. lequel	6. qui	10. laquelle	14. où
3. ce qui	7. que	11. dont	15. qui
4. Ce dont	8. lequel	12. ce qui	16. ce qu'

IV

1. on, on (*1 point pour chaque on*)
2. quelque chose de
3. Chacun
4. quelqu'un de
5. quelque chose
6. n'importe quoi
7. un autre
8. quelqu'un
9. les autres
10. plusieurs
11. d'autres
12. plusieurs / quelques-unes
13. certains / plusieurs / quelques-uns
14. Certains, d'autres
15. n'importe qui

I. Les pronoms personnels

Pour cette section, consultez *Grammaire française*, p. 34-61.

On qualifie ces pronoms de **personnels** non pas parce qu'ils remplacent des personnes, mais parce qu'ils renvoient à la personne grammaticale dans la conjugaison des verbes.

Il n'y a que trois personnes grammaticales:
- la première: je: la personne qui parle;
- la deuxième: tu: la personne à qui l'on parle;
- la troisième: il / elle: la personne dont on parle.

Mais la forme que prend le pronom de chacune des trois personnes dans une phrase varie selon:
- le genre (masculin, féminin), mais *seulement à la 3e personne*, à l'exception des pronoms *c.o.i.*
  lui et **leur** (voir module 2);
- le nombre (singulier, pluriel);
- la fonction du pronom dans la phrase (sujet, complément, etc.).
  Ex. Tu le leur diras pour **moi.**

Tu:	2e personne, masculin ou féminin, singulier, sujet du verbe
le:	3e personne, masculin, singulier, c.o.d. du verbe
leur:	3e personne, féminin ou masculin, pluriel, c.o.i. du verbe
moi:	1re personne, féminin ou masculin, singulier, complément circonstanciel du verbe

A. Les pronoms personnels c.o.d. et c.o.i.

Lisez attentivement les explications grammaticales données dans *Grammaire française,* p. 38-43. Vous noterez que, sauf à l'impératif affirmatif, les pronoms compléments sont placés **avant** *le verbe auquel ils se rapportent.*

Ex. Ils **me** demandent de **le leur** expliquer.

Je peux **vous l'**expliquer.

Il **le leur** a expliqué.

Pour l'ordre de ces pronoms, consultez le tableau 2.2, *Grammaire française,* p. 41. Les pronoms du groupe A (me, te, se, nous, vous) peuvent être c.o.d. ou c.o.i. selon le verbe auquel ils se rapportent.

Ex. Il **te** regarde. (c.o.d.)

Il **te** téléphone. (c.o.i.)

Attention au pronom **le,** c.o.d., masculin, singulier, qui peut aussi remplacer un attribut (adjectif ou nom), ou toute une proposition. C'est en quelque sorte un pronom neutre. (Voir *Grammaire française,* p. 43.)

Ex. — Sera-t-il **content**?

— Oui, il **le** sera.

— Est-ce que Louis est **ingénieur**?

— Oui, il **l'**est.

— Est-ce qu'il demande **que je l'accompagne au cinéma**?

— Oui, il **le** demande.

Après avoir fait au fur et à mesure les exercices d'*Application immédiate* de la leçon 2, dans *Grammaire française,* faites les exercices suivants.

EXERCICE I   *Cet exercice porte sur les pronoms c.o.d., 3ᵉ personne (singulier et pluriel). Donnez une réponse affirmative à chaque question en employant les pronoms qui conviennent.*

1. Est-ce que tu cherches ton livre? _____

2. Est-ce que tu écoutes les concerts de l'O.S.M.? _____

3. Est-ce que tu attends ton amie? _____

4. Est-ce que tu entends le bruit de la tempête dehors? _____

5. Vas-tu regarder la télé ce soir? _____

6. As-tu vu la dernière pièce de Michel Tremblay? _____

7. Est-ce que vous êtes médecin? _____

8. Est-ce que ton mari aide les enfants à faire leurs devoirs? _____

9. Est-ce que tu aimes les chats? _____

10. Est-ce qu'on verra l'exposition Rembrandt? _____

11. Est-ce que tu savais que Claude devait partir en Asie? _____

12. Est-ce qu'ils étaient satisfaits des résultats de leur recherche? _____

EXERCICE II   *Cet exercice porte sur les pronoms c.o.i. Donnez une réponse affirmative à chaque question en employant les pronoms qui conviennent.*

1. Le petit Jean obéit-il à sa mère? _____

2. As-tu écrit à tes grands-parents? _____

3. Est-ce que Jacques a parlé au concierge de l'immeuble? _____

4. Est-ce que ton ami Robert plaît à Nicole? _____

5. As-tu téléphoné aux Ducharme? _____

6. Est-ce que les nouveaux décors ont plu aux spectateurs? _____

7. Est-ce que vous avez parlé à vos voisins? _____

8. Gilbert va-t-il écrire à ses fournisseurs? _____

9. Est-ce que M. Bureau a répondu au gérant de la banque? _____

10. Est-ce que Normand et Jérôme se parlent? _____

EXERCICE III   *Donnez une réponse affirmative à chaque question en employant les pronoms c.o.d. et c.o.i. qui conviennent. (Attention à l'ordre des pronoms.)*

1. Vas-tu annoncer cette nouvelle à ton amie? _____

2. Jérôme a-t-il demandé l'automobile à son père? _____

3. Est-ce que ton professeur t'a écrit la lettre de recommandation? _____

_____

4. Est-ce que Julie a dit à ses parents qu'elle avait eu un accident d'automobile? _____

_____

5. As-tu donné le cadeau à Hélène? _____

6. Est-ce que vous avez envoyé à Robert les résultats des examens de laboratoire? _____

_____

7. Est-ce que tu me donneras les clefs de ta voiture? _____

8. As-tu dit à tes parents que tu avais réussi à tous les examens? _____

9. Peux-tu porter les lettres à nos voisins? _____

10. Est-ce que Jean va t'apporter le chèque pour le loyer? _____

B. Les pronoms y et en

Lisez les pages 45 à 50 dans Grammaire française, et faites les exercices d'*Application immédiate*.

Vous remarquerez que les pronoms **y** et **en** sont associés respectivement aux prépositions **à** et **de**.
Ex. — Est-ce que je peux répondre **à** cette question?
    — Oui, tu peux **y** répondre. (c.o.i.)

    — Est-ce que vous vous souvenez **de** ma question?
    — Oui, je m'**en** souviens. (c.o.i.)

Ils sont alors compléments d'objet indirects (c.o.i.).

De façon générale, *en* et *y* ne remplacent pas des personnes.
Ex. — Répondras-tu **à** cette lettre?   — Te souviens-tu **de** ton rôle?
    — Oui, j'**y** répondrai.   — Oui, je m'**en** souviens.

Mais: — Répondras-tu **à** nos amis?   — Te soucies-tu **de** tes amis?
    — Oui, je **leur** répondrai.   — Oui, je me soucie d'**eux**.

Cependant, dans certains cas, lorsque *en* est pris au sens collectif ou partitif, il peut remplacer des personnes.

Quand il y a une expression de quantité dans la question (**un, deux, beaucoup, assez,** etc.), il faut répéter cette expression avec le pronom **en** dans la réponse. Rappelez-vous que le participe passé d'un temps composé reste invariable après **en** c.o.d. (Voir Exercice V.)
Ex. — As-tu une auto?   — As-tu beaucoup d'amis?
    — Oui, j'**en** ai **une**.   — Oui, j'**en** ai **beaucoup**.

  —As-tu des sœurs?   — As-tu vu plusieurs films au Festival des films du
    — Oui, j'**en** ai (**deux**).   monde?
                         — Oui, j'**en** ai **vu** six.

Ces mêmes pronoms remplacent souvent un lieu. Ils sont alors compléments circonstanciels de lieu.
Ex. — Est-ce qu'ils sont **à Montréal**?
    — Oui, ils **y** sont.

    — Est-ce qu'il vient **de chez toi**?
    — Oui, il **en** vient.

Les pronoms **y** et **en** (tout comme le pronom c.o.d. **le**) peuvent aussi remplacer toute une proposition.
Ex. — Est-ce que tu t'attends à **recevoir une bonne note**?
    — Oui, je m'**y** attends.

    — As-tu envie de **boire un bon café**?
    — Oui, j'**en** ai envie.

EXERCICE IV   *Donnez une réponse affirmative à chaque question en employant les pronoms qui conviennent.*

1. As-tu pensé à ton travail? _____

2. As-tu parlé à ton patron? _____

3. Est-ce qu'on peut répondre à cette invitation? _____

4. Est-ce que vous vous intéressez à cette découverte? _____

5. Vas-tu écrire à tous tes amis pour les fêtes? _____

6. Est-ce que ta nouvelle voiture plaît à ton mari? _____

7. Est-ce que Hubert joue au football? _____

8. Téléphoneras-tu à nos cousins Labelle? _____

9. Est-ce que Gérald a répondu à son ami? _____

10. Est-ce que tu t'attends à un succès? _____

EXERCICE V

Donnez une réponse affirmative à chaque question en employant les pronoms personnels qui conviennent.

1. Est-ce que vous avez des pommes? _____

2. As-tu beaucoup d'amis? _____

3. Prends-tu un peu de lait dans ton café? _____

4. Est-ce qu'il y avait des cadres à la réunion? _____

5. As-tu assez d'argent pour prendre de l'essence? _____

6. Est-ce que tu as fait de la bicyclette hier? _____

7. Est-ce que M. Touseul a vraiment cinq enfants? _____

8. As-tu trop de travail en ce moment? _____

9. Est-ce que tu as acheté de nouveaux skis cet hiver? _____

10. Est-ce que ta sœur joue du piano? _____

EXERCICE VI

Donnez une réponse affirmative aux questions en employant les pronoms qui conviennent.

1. Est-ce que tu vas au cinéma ce soir? _____

2. Est-ce que Janice est allée à la piscine? _____

3. Aimes-tu aller au théâtre? _____

4. Est-ce que ces oranges viennent du Maroc? _____

5. Est-ce que nous pourrons aller à Québec demain? _____

6. Vas-tu en Floride pour les vacances? _____

7. Est-ce que Jacques est revenu du Mexique? _____

8. Est-ce que vous allez rester aux États-Unis? _____

9. Est-ce que ce train arrive de New York? _____

10. Est-ce que les acteurs travaillent à un nouveau spectacle? _____

Faites maintenant l'exercice VI, p. 52, dans *Grammaire française*.

EXERCICE VII

Donnez une réponse affirmative à chaque question en employant les pronoms qui conviennent.

1. Faut-il répondre aux dernières questions de ce formulaire? _____

_____

2. As-tu répondu à Gérard et à Paul? _____

3. Est-ce que tu téléphoneras à ta mère ce soir? _____

4. Est-ce que tu t'intéresses à la parapsychologie? _____

5. Te souviens-tu de ce cours de civilisation québécoise? _____

6. Est-ce que tu viens de parler à Jérôme? _____

7. Est-ce que tu as parlé aux voisins? _____

8. Tu es tout bronzé. Arrives-tu des Antilles? _____

9. Est-ce que Julie t'a parlé du Salon du livre? _____

10. Est-ce que les étudiants ont beaucoup de travail en ce moment? _____

_____

EXERCICE VIII

Synthèse *Donnez une réponse affirmative à chaque question en employant les pronoms qui conviennent.*

1. As-tu parlé de tes difficultés à ton conseiller? _____

2. Est-ce que tu as oublié de me parler de ton nouveau projet de recherche? _____

_____

3. Jean vous a-t-il écrit qu'il venait? _____

4. Est-ce que tu as annoncé la nouvelle à tes parents? _____

5. Est-ce que Joël t'a parlé de ses problèmes? _____

6. Vas-tu envoyer une invitation aux Laroche? _____

7. As-tu envoyé les cadeaux à tes tantes? _____

8. As-tu envoyé des fleurs à Marie pour sa fête? _____

9. Est-ce que tu penseras à ton rendez-vous? _____

10. Est-ce que vous vous souvenez de cette annonce parue dans le journal? _____

_____

11. Est-ce que la secrétaire t'a communiqué les résultats de l'examen? _____

_____

En vous référant à *Grammaire française*, faites les exercices II, III, VII, VIII, p. 50-52. Faites ensuite l'exercice XI, p. 53. C'est un exercice difficile; reportez-vous à ATTENTION, p. 42.

C. Les pronoms disjoints ou toniques

On les appelle **disjoints** parce qu'ils sont séparés du verbe, ou bien **toniques** parce qu'ils sont en position d'accentuation.

Quand ils sont compléments, ils sont toujours introduits par une préposition.
Ex. Il est parti **sans moi.** (complément)
Moi, j'aime les vacances. (sujet)
Il fait ses exercices, **lui**. (sujet)

Lisez attentivement les explications données dans *Grammaire française*, p. 54-57, et faites les exercices d'*Application immédiate*.

1. Les pronoms disjoints

L'emploi du pronom disjoint comme *complément du verbe* est restreint en français et limité à un certain nombre de verbes que vous devrez apprendre. (Voir *Grammaire française*, p. 54.) Retenez les plus fréquents qui sont:

penser à + personne
tenir à + personne
faire attention à + personne

Avec ces verbes, on emploie les pronoms disjoints pour les personnes, mais le pronom **y** pour les choses.
Ex. — Pensez-vous **à votre examen**?
— Oui, j'**y** pense.

— Pensez-vous **à vos amis**?
— Oui, je pense **à eux**.

Avec les autres verbes, on emploie les pronoms c.o.i. **lui** et **leur** pour les personnes.
Ex. — Parlez-vous **à Pierre**?
— Oui, je **lui** parle.

On emploie le pronom **en**, pour les personnes, mais seulement quand le nom de personne a un sens collectif. (Voir *Grammaire française*, p. 47.)
Ex. — Est-ce qu'il a peur **des inconnus**?
— Oui, il **en** a peur.

Dans les autres cas, on emploie, pour désigner les personnes, soit les pronoms c.o.d., soit les pronoms disjoints.

Ex. — Est-ce qu'il a engagé **le syndicaliste**?

— Oui, il **l**'a engagé. (c.o.d.)

— Est-ce qu'il a peur de **ce candidat**?

— Oui, il a peur de **lui**. (pron. disjoint)

EXERCICE IX
Répondez affirmativement aux questions en employant les pronoms qui conviennent.

1. Penses-tu à ta carrière? _____

2. As-tu pensé à ton patron? _____

3. Est-ce que ton patron s'intéresse à tes projets? _____

4. Est-ce que ton patron s'intéresse à ses employés? _____

5. Est-ce que tu tenais à ces vieilles photos?_____

6. Est-ce que tu tiens à ton amie? _____

7. Est-ce que tu as fait attention aux règles de grammaire? _____

8. Je dois sortir quelques minutes. Peux-tu veiller sur les enfants?_____

_____

9. Est-ce que tu as parlé à ton patron? _____

10. As-tu téléphoné aux enfants hier? _____

EXERCICE X
Répondez affirmativement aux questions en employant les pronoms compléments ou les pronoms toniques qui conviennent.

1. Gérard se moque-t-il des difficultés? _____

2. Marie se moque-t-elle de son amie Andrée? _____

3. As-tu peur des examens finaux? _____

4. Est-ce que Tom a peur des cambrioleurs? _____

5. Est-ce que Jeanne a peur de son père? _____

6. Est-ce que tu te souviens d'octobre 1970? _____

7. Est-ce que tu te souviens de toute cette foule agressive? _____

8. Est-ce que tu te souviens de mon ami Gilles? _____

Les pronoms disjoints s'emploient avec des verbes pronominaux.

Comme les pronoms **me, te, se, nous** et **vous** ont la même forme, qu'ils soient c.o.d. ou c.o.i., il n'est pas possible de les utiliser simultanément dans la même phrase. On substitue donc les pronoms disjoints aux pronoms indirects. (Voir *Grammaire française*, p. 54-55.)

Ex. Je **me** confie à **vous**.

     ↓   ↓

   (c.o.d.)   (c.o.i.)

Les pronoms compléments **me, te, se, nous, vous** (c.o.d. ou c.o.i.) ne peuvent pas non plus être employés simultanément avec les pronoms compléments d'objet indirects **lui** et **leur**.

On leur substitue donc les pronoms disjoints.

Ex. Il va **te** présenter **à Marie**.
      Il va **te** présenter **à elle**.

EXERCICE XI — *Répondez affirmativement aux questions en employant les pronoms qui conviennent.*

1. Est-ce que Marie se moque de ses admirateurs? _____

2. Est-ce que tu me présenteras à tes collaborateurs? _____

3. Est-ce que tu as présenté Marie à tes parents? _____

4. Est-ce que tu t'es confié à ta meilleure amie? _____

5. Est-ce que Julien s'occupe de ses filles? _____

6. Est-ce que Tom s'est adapté à son nouvel emploi? _____

7. Est-ce que tu t'es présenté à ton nouveau directeur? _____

8. Est-ce que tu as présenté le nouvel employé au patron? _____

9. Est-ce que je peux me fier aux deux ingénieurs? _____

10. Est-ce que je peux me fier à leurs conclusions? _____

11. Est-ce que vous vous habituez à vos nouvelles voisines? _____

12. Est-ce que Robert a besoin de son dictionnaire? _____

13. Auras-tu besoin de mon secrétaire demain? _____

2. Les pronoms toniques

Les pronoms toniques employés avec d'autres prépositions (**avec, sans, pour, chez**, etc.) plus un nom de personne ou de chose sont toujours compléments circonstanciels du verbe.

Ex. — Est-ce qu'elle est partie avec son ami?
      — Oui, elle est partie **avec lui**.

Ces pronoms sont aussi attributs du sujet du verbe être afin de mettre en relief le sujet.

Ex. — Est-ce que c'est Gilbert qui a téléphoné?
      — Oui, **c'est lui**.

EXERCICE XII

Répondez affirmativement aux questions en employant les pronoms qui conviennent.

1. Vas-tu au cinéma avec Georges? _____

2. Est-ce que ce paquet est pour Jeanne? _____

3. Est-ce Armand qui a fait cela? _____

4. Qui a gagné la course? Les frères LaSalle? _____

5. Est-ce que Marie va à Québec sans son mari? _____

6. Est-ce que tu m'accompagneras chez les Lalonde? _____

7. T'es-tu excusé auprès de Mme Rinaldo? _____

8. Viendras-tu chez nous dimanche? _____

9. Est-ce que Mme Brien peut compter sur ses enfants? _____

10. Est-ce que Joël a fini son travail avant ses deux amies? _____

EXERCICE XIII

Synthèse de la section. *Complétez les réponses en employant les pronoms qui conviennent.*

Alain   — Salut Xavier! Es-tu allé au Festival des films du monde?

Xavier   — Oui, _____ (1).

Alain   — Est-ce que tu avais reçu une invitation pour le cocktail?

Xavier   — Oui, _____ (2).

Alain   — Est-ce qu'il y avait beaucoup de films intéressants?

Xavier   — Oui, _____ (3).

Alain   — Y es-tu allé avec tes amis?

Xavier   — Oui, _____ (4) et là-bas, nous avons rencontré Roberte et Gisèle.

Alain   — Ah! _____ (5)! Est-ce qu'elles t'ont raconté leurs dernières aventures?

Xavier   — Oui, _____ (6).

Alain   — Est-ce qu'elles t'ont dit qu'on devait aller ensemble à la discothèque samedi?

Xavier   — Oui, _____ (7). En sortant du cinéma, nous avons aussi rencontré mes cousines Rose et Rachel.

Alain   — Est-ce qu'elles sont intéressantes... et jolies?

Xavier   — Évidemment! _____ (8).

Alain	— Eh bien! Pourrais-tu me présenter à tes charmantes cousines?
Xavier	— D'accord, _____ (9).
Alain	— Promis? Tu parleras de ton meilleur ami à ces belles filles?
Xavier	— Mais oui, c'est entendu. Je _____ (10). Au fait, as-tu télé-phoné à Henri?
Alain	— Oui _____ (11).
Xavier	— Et le petit Arnaud? Que devient-il?
Alain	— Oh! _____ (12), toujours le même petit poison. Est-ce que tu t'attendais à ce qu'il soit devenu un ange?
Xavier	— Bien sûr! Je _____ (13).
Alain	— Ça alors, tu es vraiment le roi des optimistes!
Xavier	— En effet, peut-être que _____ (14).

En vous référant à *Grammaire française*, faites les exercices XIII, XIV, XV, XVI, XVII, p. 57-60.

II. Les pronoms relatifs

Pour cette section, consultez *Grammaire française*, p. 291-307.

Lisez attentivement les explications données dans *Grammaire française*, p. 291-301, et faites au fur et à mesure les exercices d'*Application immédiate*.

Faites ensuite les exercices I, II, III, IX, de *Grammaire française*, p. 302, 305. Ils vous aideront à bien identifier les différents pronoms relatifs et leurs antécédents. Il vous sera ensuite plus facile de les utiliser.

A. Les pronoms qui et que

Faites maintenant par écrit, et en suivant l'ordre donné, les exercices suivants.

EXERCICE XIV   *Complétez les phrases en employant les pronoms relatifs qui conviennent.*

1. C'est l'avion de Paris _____ vient d'atterrir.

2. Cesse ce bruit _____ me dérange.

3. Quel est l'acteur _____ a obtenu le rôle?

4. Ce sont les cascadeurs _____ répètent leur scène.

5. J'aime la cravate _____ est dans la vitrine.

6. C'est la voiture _____ le garage m'a prêtée.

7. As-tu vu le journal _____ je viens d'acheter?

8. Où est le programme de théâtre _____ j'ai rapporté?

9. J'aimerais revoir le producteur _____ tu nous a présenté hier.

10. Ce sont les touristes _____ nous avons rencontrés ce matin.

11. On vient de voir un film _____ nous a beaucoup plu.

12. As-tu lu le scénario _____ j'ai écrit?

13. C'est la pièce _____ vous avez montée l'été dernier.

14. C'est le film _____ a obtenu un prix au Festival de Cannes.

15. Jean parle avec cette personne _____ vous avez rencontrée en vacances.

B. Les pronoms compléments introduits par une préposition

Étudiez bien les pages 295-299, nos 3, 4, dans *Grammaire française*. En consultant les deux petits tableaux, p. 295, 297, vous remarquerez que:
– comme complément introduit par *la préposition de*, on vous propose différents pronoms: **de qui, de laquelle, duquel,** etc. Cependant, la forme **dont** est la plus courante. Quand on parle une langue, on fait des choix qui tendent vers la simplification et la réduction à une seule forme. Les autres formes des pronoms relatifs (**lequel, laquelle,**...) seront employées avec d'autres prépositions que **de** (Voir module 2, VI. Vous devriez refaire l'exercice X.);
– comme complément introduit par *une préposition autre que de*, en français contemporain, on emploie plutôt **qui** pour les personnes et les autres pronoms relatifs pour les choses.

C. Le pronom où

En français, le pronom relatif **où** s'emploie pour le temps aussi bien que pour le lieu.
Faites maintenant les exercices suivants.

EXERCICE XV   *Reprenez la phrase en utilisant le début de phrase proposé.*

1. J'ai besoin de ce livre.

   Voilà le livre _____.
2. Il se souviendra toujours de ces vacances.

   Ce sont des vacances _____.
3. Il m'a parlé de cet ami Georges.

   C'est Georges, l'ami _____.
4. J'ai envie de ce gâteau au chocolat.

   C'est le gâteau au chocolat _____.
5. Cet enfant souffre d'une maladie grave.

   Le médecin a diagnostiqué la maladie _____.

EXERCICE XVI   *Complétez les phrases en employant le pronom relatif qui convient. (Faites les transformations nécessaires.)*

1. La ville _____ j'aimerais le mieux vivre est Mexico.

2. C'est exactement le livre _____ je pensais.

3. Retournons à ce petit théâtre _____ nous avons vu la pièce *En attendant Godot*.

4. La raison pour _____ je t'ai appelé est que je viens de penser à un nouveau scénario.

5. Il m'a téléphoné au moment précis _____ j'allais sortir.

6. Dans le train, la personne en face de _____ j'étais assise a tricoté pendant tout le voyage.

7. C'est le point sur _____ nous ne nous sommes pas mis d'accord.

8. Maryse est une excellente amie auprès de _____ j'ai passé des moments inoubliables.

9. La maison devant _____ nous nous sommes arrêtés était très ancienne.

10. C'est un rôle difficile au sujet de _____ nous nous posons bien des questions.

11. À la réception de fin d'année _____ j'étais allée en jeans, les personnes parmi

    _____ je me suis trouvée étaient si élégantes que j'en ai été gênée.

12. Au cours de notre promenade, nous avons suivi un sentier le long de _____ poussaient des noisetiers.

13. Les deux dernières semaines du semestre universitaire sont bien souvent des semaines pendant

    _____ on a peu le temps de dormir.

14. Au bureau, les collègues avec _____ je travaille sont très sympathiques.

Faites maintenant les exercices V, p. 303 et XI, p. 305, dans *Grammaire française*. Terminez par l'exercice III, qui est une bonne synthèse.

D. Les pronoms ce qui, ce que et ce dont

Consultez le tableau 13.1, n°s 5, 6, 7, 8, p. 292, dans *Grammaire française*. Vous y trouverez les pronoms relatifs dont l'antécédent est une proposition ou qui n'ont pas d'antécédent.
Ex. Elle ne danse pas, **ce qui** étonne ses amis.
    Je ne sais pas **ce que** vous voulez dire.

Vous trouverez l'emploi de chacun de ces pronoms p. 299, 300, 301.

Ça, forme familière de **cela**, peut s'employer dans la conversation en combinaison avec un pronom relatif, **qui, que**. Cette forme est en général précédée de **c'est...** et sert à mettre en relief ce que l'on veut dire. Elle s'emploie le plus souvent avec un accent d'insistance, on peut dont utiliser l'une ou l'autre forme selon le cas.

Ex. — Est-ce que tu voulais dire que la réunion a été orageuse?

forme neutre: — Oui, c'est **ce que** je voulais dire.

forme d'insistance: — Oui, c'est exactement **ça que** je voulais dire.

Faites les exercices suivants.

EXERCICE XVII *Complétez les phrases en employant les pronoms relatifs précédés du pronom démonstratif ce: **ce qui**, **ce que**, **ce dont**, etc.*

1. Aller me promener dans les bois, voilà _____ j'ai envie.

2. Travailler toute la fin de semaine, c'est _____ m'ennuie.

3. Une plage au soleil, c'est exactement _____ nous avons besoin en ce moment.

4. Un test de grammaire sur les pronoms, ce n'est pas _____ je crains le plus!

5. J'ignore _____ on peut se souvenir à l'âge de trois ans.

6. Je ne peux vous répéter _____ il m'a dit.

7. — Ce n'est pas possible! Tu veux rire!

   — Mais si, je t'assure, c'est _____ lui fait peur.

8. — Pourquoi fais-tu cette tête?

   — Il est trop tard pour aller chez Paul et c'est _____ me dérange.

9. Je ne vois pas _____ t'étonne dans cette affaire. Tout était prévisible.

10. — Un bon whisky avec des glaçons?

    — C'est exactement _____ il me faut après tout ce travail.

11. Je ne sais pas _____ m'arrive, mais je suis très fatigué. La grippe, peut-être.

12. Je me demande _____ tu peux bien lui trouver à ce garçon. Il est ennuyeux comme la pluie.

13. — Marie devait me donner des nouvelles de Jean, mais elle ne m'a rien dit.

    — Mais si, c'est _____ elle essayait de te dire discrètement; mais en public, c'était difficile.

14. Je regrette de ne pas pouvoir vous donner plus de détails, mais c'est tout _____ je me souviens.

15. Je ne suis pas capable de me rappeler ni _____ il m'a dit, ni _____ a été décidé.

Maintenant, faites les deux exercices suivants qui vous obligent à employer ensemble:
– les pronoms personnels et les pronoms relatifs;
– les pronoms démonstratifs et les pronoms relatifs.

EXERCICE XVIII   *Complétez les réponses en employant les pronoms qui conviennent.*

1. — C'est Jean qui a ramené ma voiture?

   — Oui, c'est _____ .

2. — Qui a appelé la police? Éliane?

   — Oui, c'est _____ .

3. — Je te présente Marie. C'est _____ j'ai rencontrée en revenant du Mexique.

4. — Qui est cet Harry?

   — Tu sais bien, c'est _____ j'ai rencontré à mon cours de musique.

5. — Hélène? Je la connais?

   — Oui, c'est _____ t'a appelé au téléphone.

EXERCICE XIX   *Complétez les réponses en employant les pronoms qui conviennent.*

1. — De tous ces films, lequel préfères-tu?

   — _____ j'ai vu le premier.

2. — As-tu vu toutes ces photos dans la vitrine? Laquelle trouves-tu la plus jolie?

   — _____ est à gauche.

3. — Tu as choisi ces cadeaux?

   — Oui, ce sont _____ j'ai choisis.

4. — Les dernières photographies sont très réussies. Félicitations!

   — Merci. Ce sont _____ m'ont donné le plus de travail.

5. — J'aime beaucoup ces gravures anciennes. Et toi?

   — Oui, ce sont _____ j'aime le mieux.

III. Les pronoms indéfinis

Pour cette section, consultez *Grammaire française*, p. 380-395.

Lisez attentivement les explications dans *Grammaire française*, à partir de la page 382, B., Emplois, en consultant aussi le tableau 17.1, p. 381-382, la colonne des pronoms.

Vous ferez particulièrement attention aux numéros 2, 5, 6, 13, 15, 19, 20 et 26 qui vous donnent les pronoms indéfinis les plus souvent employés en français contemporain. Vous avez déjà étudié certains d'entre eux.

Faites les exercices suivants.

A. Le pronom indéfini autre

EXERCICE XX   *Complétez les phrases en employant le pronom indéfini* **autre(s)**.

1. Tu as fini ton café? En veux-tu _____?

2. J'ai rencontré Jacques et Julie au café, mais _____ n'étaient pas là.

3. Je viens de finir ma dernière boîte de café. Il faut que j'en achète _____.

4. Le seul journal que j'aime est *Le Devoir*. _____ ne m'intéressent pas.

5. J'ai bien aimé le roman policier que tu m'a prêté. En as-tu _____ du même genre?

B. Le pronom indéfini chacun

EXERCICE XXI   *Complétez les phrases en employant le pronom indéfini* **chacun(e)**.

1. Je n'aime pas cette atmosphère. _____ travaille pour soi sans communiquer avec les autres.

2. Il m'a proposé plusieurs choix, mais _____ était si intéressant que je ne savais pas quoi faire.

3. Pour souper, _____ des sept personnes invitées a apporté un plat. Cela a été un festin.

4. Mes chères amies, si je répartis le total entre nous cinq, vous me devez 21 $ _____.

5. Tous les visiteurs étaient des immigrants et _____ a parlé de son pays d'origine.

C. Le pronom indéfini certain

EXERCICE XXII   *Complétez les phrases en employant le pronom indéfini* **certain(s), (e), (es)**.

1. Il y avait beaucoup de robes élégantes dans ce magasin, mais _____ coûtaient horriblement cher.

2. Tout le monde semblait content, mais _____ ont critiqué le conférencier.

3. Ce fut une soirée de fête très animée où tous buvaient joyeusement. _____ ont même trop bu.

4. La plupart des femmes modernes sont féministes. _____ le sont plus que d'autres.

5. Est-ce que tu connais le film de Marilyn Monroe _____ *l'aiment chaud* ?

D. Le pronom indéfini on

Comme pronom indéfini, **on** remplace un sujet qui n'est pas déterminé, qui reste vague. L'anglais utilise «they», «people», ou la voix passive.

Ex. On m'a dit que tu étais malade. (I was told...)

À Mexico, **on** parle espagnol. (They speak...)

Cependant, dans la langue familière, le pronom indéfini **on** remplace souvent le pronom personnel **nous**.

Ex. — Est-ce que vous allez à la campagne cette fin de semaine?

— Non, on n'a pas le temps, on a trop de travail.

EXERCICE XXIII *Complétez les phrases en employant le pronom indéfini* **on**, *ou le pronom personnel* **ils**, *selon que le sujet est déterminé ou non. Attention de mettre le verbe au temps approprié.*

1. Allez chez Pepe, _____ (y manger) la meilleure pizza en ville.

2. Les Tremblay voyagent beaucoup. À peine rentrés d'Australie, _____ (se préparer) à repartir en Inde.

3. Quand j'ai voulu m'inscrire à ce cours, _____ (me dire) qu'il ne restait plus de place.

4. Dépêchez-vous de réserver vos billets d'avion, _____ (annoncer) des forfaits intéressants.

5. La journaliste voulait se renseigner auprès des délégués du congrès, mais _____ _____ (refuser) de lui parler.

6. J'ai consulté plusieurs spécialistes et _____ (m'assurer) que tu te remettrais complètement d'ici deux mois.

7. Si tu ne travailles pas mieux, _____ (croire) que tu es paresseuse.

8. J'ai appelé à la clinique du voyageur et _____ (me dire) que je pouvais me présenter à n'importe quelle heure, sans rendez-vous.

9. Si vous leur demandez de vous accompagner, _____ (accepter) certainement.

10. C'est toujours quand vous êtes pressé que _____ (vous demander) de patienter.

EXERCICE XXIV *Complétez les réponses en employant le* **on** *familier à la place de* **nous**.

1. Est-ce que vous vous êtes bien amusés hier?

— Oh oui! _____.

2. — Les enfants, avez-vous pris vos mitaines?

— Oui maman, _____.

3. — Êtes-vous allés faire du ski tous les deux?

— Oui, _____.

4. — Allons, vite! Est-ce que vous vous dépêchez?

— Oui, ça va, _____.

5. — Irez-vous passer vos vacances aux Bermudes?

— Oui, je crois bien que _____.

E. Les pronoms indéfinis plusieurs, quelque, tout

EXERCICE XXV   *Complétez les phrases en employant le pronom indéfini* **plusieurs**.

1. — Tu n'as pas fait de faute dans tes exercices?

— Hélas, si, _____.

2. — As-tu vu les films de F. Zinneman?

— Je ne les ai pas tous vus, mais j'en ai vu _____.

3. — Y avait-il des étudiants que tu connaissais à la réunion?

— Oui, _____.

4. J'ai lu beaucoup de livres d'ethnologie cette année, _____ étaient très intéressants.

5. — Tu as une tenue originale. Les passants vont te regarder.

— Je sais, _____ m'ont déjà regardée.

EXERCICE XXVI   *Complétez les phrases en employant les pronoms indéfinis* **quelqu'un (de)**, **quelques-uns(es)**, **quelque chose (de)**, *selon le sens.*

1. — Quoi de neuf?

— _____ a téléphoné pendant votre absence. Un certain M. Smith.

2. — Qu'est-ce qu'il voulait?

— Il m'a demandé _____ très compliqué.

3. — Est-ce qu'il a laissé un message?

— Oui, j'ai écrit _____ sur un papier.

4. — M. Smith est _____ très exigeant.

5. — Il demande parfois _____ irréalisable.

6. — Vous avez déjà fait des travaux pour lui?

— Oui, nous en avons fait _____.

7. — Avez-vous des lettres à me dicter?

— Je vais vous en dicter _____.

8. — Et les rapports à préparer?

    — Vous allez en dactylographier _____ après.

9. — Vous serez peut-être obligée de faire des heures supplémentaires.

    — Je pourrais en faire _____ .

10. Le travail supplémentaire, c'est _____ que je n'apprécie pas.

EXERCICE XXVII _Complétez les phrases en employant le pronom indéfini_ **tout**. _(Faites attention aux accords.)_

1. — Est-ce qu'il reste un espoir de la sauver?

    — Hélas, je crois que _____ est perdu.

2. — As-tu vu quelque chose de l'accident?

    — Tu penses! J'ai _____ vu.

3. — As-tu les cartes routières pour le voyage?

    — Oui, je les ai _____ .

4. — Est-ce que les invités sont arrivés?

    — Mon cher, ils sont _____ là.

5. — Les étudiantes semblent-elles intéressées par le cours?

    — Aucune inquiétude de ce côté. _____ ont l'air avides d'apprendre.

Corrigé des exercices

EXERCICE I

1. Je le cherche.
2. Je les écoute.
3. Je l'attends.
4. Je l'entends.
5. Je vais la regarder.
6. Je l'ai vue.
7. Je le suis.
8. Il les aide.
9. Je les aime.
10. On la verra.
11. Je le savais.
12. Ils l'étaient.

EXERCICE II

1. Il lui obéit.
2. Je leur ai écrit.
3. Il lui a parlé.
4. Il lui plaît.
5. Je leur ai téléphoné.
6. Ils leur ont plu.
7. Je leur ai parlé.
8. Il va leur écrire.
9. Il lui a répondu.
10. Ils se parlent.

EXERCICE III

1. Je vais la lui annoncer.
2. Il la lui a demandée.
3. Il me l'a écrite.
4. Elle le leur a dit.
5. Je le lui ai donné.
6. Je les lui ai envoyés. /
   Nous les lui avons envoyés.
7. Je te les donnerai.
8. Je le leur ai dit.
9. Je peux les leur porter.
10. Il va me l'apporter.

EXERCICE IV

1. J'y ai pensé.
2. Je lui ai parlé.
3. On peut y répondre.
4. Je m'y intéresse. / Nous nous y intéressons.
5. Je vais leur écrire.
6. Elle lui plaît.
7. Il y joue.
8. Je leur téléphonerai.
9. Il lui a répondu.
10. Je m'y attends.

EXERCICE V

1. J'en ai. / Nous en avons. / On en a.
2. J'en ai beaucoup.
3. J'en prends un peu.
4. Il y en avait.
5. J'en ai assez.
6. J'en ai fait.
7. Il en a cinq.
8. J'en ai trop.
9. J'en ai acheté.
10. Elle en joue.

EXERCICE VI

1. J'y vais.
2. Elle y est allée.
3. J'aime y aller.
4. Elles en viennent.
5. Nous pourrons y aller.
6. J'y vais.
7. Il en est revenu.
8. Je vais y rester. / Nous allons y rester. / On va y rester.
9. Il en arrive.
10. Ils y travaillent.

EXERCICE VII

1. Il faut y répondre.
2. Je leur ai répondu.
3. Je lui téléphonerai.
4. Je m'y intéresse.
5. Je m'en souviens.
6. Je viens de lui parler.
7. Je leur ai parlé.
8. J'en arrive.
9. Elle m'en a parlé.
10. Ils en ont beaucoup.

EXERCICE VIII

1. Je lui en ai parlé.
2. J'ai oublié de t'en parler.
3. Il nous l'a écrit. / Il me l'a écrit.
4. Je la leur ai annoncée.
5. Il m'en a parlé.
6. Je vais leur en envoyer une
7. Je les leur ai envoyés
8. Je lui ai envoyé
9. J'y penserai
10. Je m'en souviens. / Nous nous en souvenons
11. Elle me les a communiqués.

EXERCICE IX

1. J'y pense.
2. J'ai pensé à lui.
3. Il s'y intéresse.
4. Il s'intéresse à eux.
5. J'y tenais.
6. Je tiens à elle.
7. J'y ai fait attention.
8. Je veillerai sur eux.
9. Je lui ai parlé.
10. Je leur ai téléphoné.

EXERCICE X

1. Il s'en moque.
2. Elle se moque d'elle.
3. J'en ai peur.
4. Il a peur d'eux.
5. Elle a peur de lui.
6. Je m'en souviens.
7. Je m'en souviens.
8. Je me souviens de lui.

EXERCICE XI

1. Elle se moque d'eux.
2. Je te présenterai à eux.
3. Je la leur ai présentée.
4. Je me suis confié à elle.
5. Il s'occupe d'elles.
6. Il s'y est adapté.
7. Je me suis présenté à lui.
8. Je le lui ai présenté.
9. Tu peux te fier à eux.
10. Tu peux t'y fier.
11. Nous nous habituons à elles. / On s'habitue à elles. / Je m'habitue à elles.
12. Il en a besoin.
13. J'aurai besoin de lui.

EXERCICE XII

1. J'y vais avec lui.
2. Il est pour elle.
3. Oui, c'est lui.
4. Oui, ce sont eux.
5. Oui, elle y va sans lui.
6. Je t'accompagnerai chez eux. / Je t'y accompagnerai.
7. Je me suis excusé auprès d'elle.
8. Je viendrai chez vous. / J'y viendrai.
9. Elle peut compter sur eux.
10. Il l'a fini avant elles.

EXERCICE XIII

1. j'y suis allé
2. j'en avais reçu une
3. il y en avait beaucoup
4. j'y suis allé avec eux
5. elles
6. elles me les ont racontées
7. elles me l'ont dit
8. elles le sont
9. je te présenterai à elles
10. je leur parlerai de toi
11. je lui ai téléphoné
12. lui
13. je m'y attendais
14. je le suis

EXERCICE XIV

1. qui	6. que	11. qui
2. qui	7. que	12. que
3. qui	8. que	13. que
4. qui	9. que	14. qui
5. qui	10. que	15. que

EXERCICE XV

1. dont j'ai besoin
2. dont il se souviendra toujours
3. dont il m'a parlé
4. dont j'ai envie
5. dont souffre cet enfant

EXERCICE XVI

1. où
2. auquel
3. où
4. laquelle
5. où
6. qui
7. lequel
8. qui
9. laquelle
10. duquel
11. où, lesquelles
12. duquel
13. lesquelles
14. qui

EXERCICE XVII

1. ce dont
2. ça qui / ce qui
3. ce dont
4. ce que / ça que
5. ce dont
6. ce qu'
7. ça qui / ce qui
8. ça qui / ce qui
9. ce qui
10. ça qu' / ce qu'
11. ce qui
12. ce que
13. ça qu' / ce qu'
14. ce dont
15. ce qu', ce qui

EXERCICE XVIII

1. lui qui l'a ramenée
2. elle qui l'a appelée
3. elle que
4. lui que
5. elle qui

EXERCICE XIX

1. Celui que
2. Celle qui
3. ceux que
4. celles qui
5. celles que

EXERCICE XX

1. un autre
2. les autres
3. une autre
4. Les autres
5. d'autres / un autre

EXERCICE XXI

1. Chacun
2. chacun
3. chacune
4. chacune
5. chacun

EXERCICE XXII

1. certaines
2. certains
3. Certains
4. Certaines
5. *Certains*

EXERCICE XXIII

1. on y mange
2. ils se préparent
3. on m'a dit
4. on annonce
5. ils ont refusé
6. ils m'ont assuré(e)
7. on croira / on va croire
8. on m'a dit
9. ils accepteront
10. qu'on vous demande

EXERCICE XXIV

1. on s'est bien amusés
2. on a pris nos mitaines / on les a prises
3. on y est allés
4. on se dépêche
5. qu'on ira

EXERCICE XXV

1. j'en ai fait plusieurs
2. plusieurs
3. il y en avait plusieurs
4. plusieurs
5. plusieurs

EXERCICE XXVI

1. Quelqu'un
2. quelque chose de
3. quelque chose
4. quelqu'un de
5. quelque chose d'
6. quelques-uns
7. quelques-unes
8. quelques-uns
9. quelques-unes
10. quelque chose

EXERCICE XXVII

1. tout
2. tout
3. toutes
4. tous
5. Toutes

MODULE 8
Les prépositions
Hélène Riel-Salvatore

Table des matières

Objectifs

1. Vous aider à reconnaître les prépositions dans une phrase.
2. Vous aider à comprendre leur fonction grammaticale dans la phrase (compréhension du rôle grammatical).
3. Vous aider à comprendre les rapports sémantiques que les prépositions établissent entre les éléments qu'elles relient (compréhension du rôle sémantique).
4. Et surtout, vous aider à choisir la préposition appropriée dans le contexte de la phrase (discrimination).

Introduction

Vous avez vu, au module 1, que le complément est un mot (ou groupe de mots) qui se joint à un autre mot (un nom, un verbe, un adjectif ou un adverbe) pour en compléter le sens.

Ex. Des souliers à **talons hauts**.
Il faut prévenir **Geneviève**.
J'ai déjà téléphoné à **Gabriel**.
Es-tu prête à **partir**?

Dans les exemples donnés ci-dessus, vous avez remarqué que presque tous les compléments sont introduits par une préposition. Ce n'est pas toujours le cas, mais ce l'est souvent. On définit donc la **préposition** comme un *mot invariable* qui sert à introduire un *complément*, tout en exprimant un certain *rapport de sens*.

Ex. L'été, je porte des robes **sans** manches.

sans: – invariable, n'est pas modifié par le mot *manches* (féminin, pluriel);
   – relie le mot *manches* au mot *robes* pour compléter l'idée que nous nous faisons des robes.
   – exprime un rapport d'exclusion (par opposition à une robe à manches longues, par exemple).

En général, les étudiants s'entendent pour dire que l'emploi des prépositions, en français, occasionne de nombreux maux de tête. En réalité, toutes les prépositions ne présentent pas le même niveau de difficulté. Celles qui expriment un rapport de sens précis (**pour, contre, avec, sans,** etc.) sont rarement mal employées. Par contre, les prépositions **à** et **de**, qui expriment des rapports différents selon les situations et qui sont fréquemment utilisées, sont celles qui posent le plus de problèmes.

Prétest

I   *Dans les phrases suivantes, soulignez les prépositions. (10 × 0,5 point)*

1. Passe-moi le sac qui est derrière.
2. J'attendrai jusqu'à ce que le train parte.
3. Es-tu pour la peine de mort? Non, je suis contre.
4. *Le Devoir* n'était pas devant la porte ce matin.
5. Je ne prends ni sucre ni lait, merci.
6. Marc est sans argent.
7. Ce couple a des enfants, mais sort rarement avec.
8. Depuis que Stéphane a quitté le bureau, tout va mieux.
9. Il faudra se rendre jusqu'à Trois-Rivières en auto.
10. Qu'y a-t-il dans cette enveloppe?
11. Dirigez-vous vers la sortie.
12. Quand je vais voir un film, je n'aime pas être assise trop en avant.
13. Asseyez-vous par terre et lisez deux ou trois revues.
14. C'est pendant la pause-café qu'il faut vous reposer, pas après!

II   *Mettez le verbe souligné à la forme qui convient après chacune des prépositions. (5 × 1 point)*

1. Je <u>lisais</u> quand il est entré.

   J'étais en train de _____ quand il est entré.
2. Je <u>finirai</u> mon travail, puis je rentrerai chez moi.

   Je rentrerai chez moi après _____ mon travail.
3. J'ai trouvé ton message quand je suis <u>rentré</u>.

   En _____ j'ai trouvé ton message.
4. Il faut que je <u>fasse</u> ce travail.

   J'ai un travail à _____.
5. <u>Prends</u> ce médicament et tu te sentiras mieux.

   Tu te sentiras mieux en _____ ce médicament.

III   *Mettez la préposition appropriée. (10 × 1 point)*

Une patiente pas patiente!

— Mademoiselle, je vous ferai remarquer que je suis ici _____ (1) une heure et vingt-cinq

minutes. Je suis arrivée _____ (2) dix heures précises et si _____ (3) cinq

minutes le chirurgien n'est pas prêt à me recevoir, je vais faire un scandale.

— Je suis vraiment désolée, madame, malheureusement le docteur en a encore _____ (4) une bonne vingtaine de minutes; mais rassurez-vous, _____ (5) avoir vu cette patiente, il s'occupera de vous.

— C'est tout de même une honte! _____ (6) l'instauration de l'assurance-maladie, on n'attendait pas _____ (7) des heures interminables pour voir le docteur et il ne nous expédiait pas _____ (8) cinq minutes non plus. On n'aurait jamais dû permettre aux médecins de faire _____ (9) le neuf _____ (9) cinq. En fixant les rendez-vous, les secrétaires ne devraient pas nous demander si telle heure nous convient, mais plutôt _____ (10) quelle heure on peut attendre!

IV *Mettez, s'il y a lieu, la préposition qui convient. (80 × 1 point)*

1. Ne me prenez pas _____ le patron, votre engagement ne dépend pas _____ moi.

2. J'ai besoin _____ un coup de main: aide-moi _____ transporter ce fauteuil, je veux le placer _____ la table et la lampe.

3. Bertrand se fait la barbe _____ ce moment.

4. Philippe sera furieux _____ apprendre ça, d'autant plus qu'il sera le dernier _____ être averti.

5. Sylvie passe toutes ses soirées _____ le téléphone _____ parler _____ son petit ami _____ les sentiments qu'elle éprouve _____ lui.

6. Je me prépare _____ passer le premier test; je me suis mis _____ étudier très fort la semaine dernière et si je réussis _____ obtenir un A, je serai bien content.

7. Le patron m'a demandé _____ venir immédiatement; j'ai bien peur _____ l'avoir fâché et je crois que je vais me faire mettre _____ la porte.

8. Ouf! Je suis ravi (et soulagé) _____ vous annoncer ma nomination comme directeur adjoint.

9. Martin est prêt _____ vous aider s'il est sûr _____ être le seul _____ être mis au courant de l'affaire.

10. Tu n'avais pas laissé les clefs _____ la table, elles étaient _____ la poche de ton imperméable.

11. Gérard nous a parlé _____ ces tragiques événements _____ une grande discrétion.

12. Est-ce que tu rentres _____ pied ou _____ autobus?

13. Quand j'ai mal _____ la tête, je prends un cachet _____ un verre _____ lait tiède.

14. _____ avoir perdu ses lunettes, il ne pouvait plus lire.

15. «J'ai quelque chose _____ très grave _____ vous annoncer», m'a-t-il dit _____ un air sérieux.

16. On m'a souvent dit que j'étais pareille _____ ma grand-mère: une vraie tête dure.

17. Le professeur a défendu _____ les étudiants _____ fumer _____ la salle de classe.

18. Louise s'excuse toujours _____ être _____ retard, mais elle ne se corrige pas.

19. _____ aller _____ sa grand-mère, le Petit Chaperon Rouge est passé _____ le chemin le plus long. _____ ce temps, le loup s'y rendait _____ empruntant le raccourci.

20. J'ai fait cette erreur _____ y penser.

21. Voici ce que je te conseille _____ faire: Ne refuse jamais _____ t'amuser; accepte _____ sortir tous les soirs; change-toi les idées; apprends _____ te faire des amis partout; n'oublie pas non plus _____ voir des films drôles, mais finis d'abord _____ étudier les prépositions.

22. As-tu pensé _____ dire _____ ton frère _____ venir nous chercher?

23. Gabriel te remercie _____ avoir bien voulu _____ t'occuper _____ son problème.

24. Pour qui as-tu choisi _____ voter? Il ne faudrait pas qu'une tempête nous empêche _____ sortir ce jour-là!

25. Pouvez-vous vous imaginer avoir une sœur jumelle identique _____ vous-même?

26. Il s'agit d'une grande maison _____ huit pièces, dont une salle _____ manger et une salle _____ jeu.

27. Qui est-ce qui a permis _____ ces gens-là _____ camper sur notre terrain?

28. Pourquoi vous trouvez-vous supérieur _____ tout le monde? Vous n'êtes absolument

pas différent _____ moi.

29. J'ai fait un très beau voyage _____ Europe; j'en ai rapporté un tas _____ belles

photos, surtout _____ Italie.

30. Dépêche-toi, je n'ai pas de temps _____ perdre.

31. Quand je sors _____ le cours de français, je rentre directement _____ moi.

32. Il arrive _____ Winnipeg ce soir et repart _____ Toronto demain matin.

33. Nous n'avons plus _____ nouvelles de Stéphane _____ trois semaines.

Corrigé du prétest

I

1. —
2. —
3. pour, de
4. devant
5. —
6. sans
7. —
8. —
9. jusqu'à, en
10. dans
11. vers
12. —
13. par
14. pendant

II

1. lire
2. avoir fini
3. rentrant
4. faire
5. prenant

III

1. depuis
2. à
3. dans
4. pour
5. après
6. Avant
7. pendant / durant / —
8. en
9. du, à (*2 × 0,5 point*)
10. jusqu'à

IV

1. pour, de
2. d', à, entre
3. en
4. d', à
5. au, à, à / avec, des, pour
6. à, à, à
7. de, de, à
8. de
9. à, d', à
10. sur, dans
11. de, avec
12. à, en
13. à, avec, de
14. Après
15. de, à, d'
16. à
17. aux, de, dans
18. d', en
19. Pour, chez, par, Pendant, en
20. sans
21. de, de, de, à, de, d'
22. à, à, de
23. d', —, de
24. de, de
25. à
26. de, à, de
27. à, de
28. à, de
29. en, de, d'
30. à
31. du, chez
32. de, à / pour
33. de, depuis

I. La définition de la préposition

La **préposition** est un *mot invariable* qui sert à introduire un *complément*, tout en exprimant un certain *rapport de sens*.

Ex. L'été, je porte des robes **sans** manches.

> **sans:** — invariable, n'est pas modifié par le mot *manches* (féminin, pluriel);
> — relie le mot *manches* au mot *robes* pour compléter l'idée exprimée;
> — exprime un rapport d'exclusion (par opposition à une robe à manches longues, par exemple).

On appelle locution prépositive un groupe de mots qui présente les mêmes caractéristiques que la préposition.

Ex. Je suis allée **au coin de** la rue.

Viens t'asseoir **à côté de** moi.

II. Comment reconnaître une préposition

Il existe une grande quantité de prépositions et de locutions prépositives. En consultant la liste des prépositions et des locutions prépositives les plus courantes (*Grammaire française,* p. 401*)*, vous vous rendrez compte que vous en connaissez déjà un bon nombre. Simplifiez-vous l'existence: apprenez-les toutes!

Mais attention, il ne s'agit pas seulement de reconnaître la forme d'un mot pour savoir que c'est une préposition, il faut aussi vérifier sa fonction dans la phrase.

Lisez la remarque dans *Grammaire française,* p. 401, sur la différence entre l'adverbe et la préposition. La même différence existe entre les locutions prépositives et les locutions adverbiales. Faites les exercices d'*Application immédiate* et vérifiez vos réponses.

Maintenant, allez plus loin, à la page 417, au deuxième point de la remarque: il faut bien faire la distinction entre préposition et conjonction de subordination. Consultez aussi les tableaux des conjonctions de subordination et des prépositions correspondantes aux pages 241 et 418.

Vous avez pu constater que la préposition introduit toujours un complément, alors que l'adverbe a un sens complet en soi.

Ex. Je te verrai **après** la partie.

Je te verrai **après**. (plus tard, demain)

Quant à la conjonction de subordination (un nom bien compliqué pour rien), on pourrait dire qu'il s'agit là d'une simple préposition, mais qui introduit comme complément une proposition subordonnée (voir module 1), c'est-à-dire une proposition qui dépend d'une proposition principale.

Ex. Je te verrai **après** la partie.

Je te verrai **après que** la partie sera finie.

Notez que l'emploi de la préposition comme adverbe est une forme d'économie linguistique que l'on trouve surtout dans la langue parlée.

Faites maintenant les exercices qui suivent.

EXERCICE I   *Dans les phrases qui suivent, soulignez d'un trait les prépositions et de deux traits les adverbes.*

1. Avant de m'inscrire au cours de grammaire, je me disais: «Enfin! Le français ne sera plus du chinois pour moi!» Mais j'avais oublié le proverbe: «Il faut souffrir pour s'instruire.»

2. Il a quitté le bureau et, depuis, je suis sans nouvelles de lui.

3. Quoi! vous ne pouvez pas tolérer la grammaire? Qu'est-ce que vous avez contre?

4. Elle marchait vite en regardant souvent derrière elle.

5. La boulangerie est au coin de la rue et la pharmacie, juste en face.

6. Si Marc conduit, je monte derrière et je ferme les yeux.

7. C'est avant de parler qu'il faut tourner sa langue sept fois, pas après!

8. Depuis quelques jours, il fait plus chaud.

9. Il y en a qui pourraient se passer de grammaire; moi, je ne saurais vivre sans!

EXERCICE II *Dans les phrases qui suivent, soulignez d'un trait les prépositions et de deux traits les conjonctions de subordination.*

1. Ne te fâche pas, j'ai dit ça pour rire.

2. Il a raison sans aucun doute.

3. Il faudra verrouiller toutes les portes avant de partir.

4. Ils sont partis sans que je m'en aperçoive.

5. Le professeur a accepté d'attendre jusqu'à demain.

6. Pour que je réussisse, ils sont prêts à m'aider.

7. Marc ne m'a rien dit, de peur de m'inquiéter.

8. Il viendra nous voir avant que nous partions.

9. Je travaillerai les prépositions jusqu'à ce qu'elles n'aient plus aucun secret pour moi.

III. La forme du verbe après une préposition

Lisez attentivement ce que Jacqueline Ollivier dit sur les prépositions. (*Grammaire française*, p. 402, C. n° 1.a, b, c.) Faites l'exercice d'*Application immédiate* et vérifiez vos réponses. Maintenant, faites l'exercice suivant.

EXERCICE III *Complétez les phrases suivantes en choisissant le verbe approprié dans la liste suivante:*

offrir	faire	entendre	pleurant	s'être levé
maigrir	être allés	dire	partant	croire

1. On finira par _____ que c'est un vrai génie.

2. Après _____ au cinéma, nous sommes passés chez Thérèse.

3. Elle est sortie de chez son patron en _____ comme une Madeleine.

4. En _____, il faudra éteindre toutes les lumières.

5. La prochaine fois, préviens-moi avant d'_____ mes services à tes amis.

6. Philippe passe tout son temps à _____ des projets de voyage.

7. C'est déprimant à la fin de l'_____ raconter l'histoire de sa vie.

8. Pour _____, elle a décidé de suivre un de ces régimes à la mode.

9. Après _____, il a quitté la salle sans _____ un mot.

IV. Comment choisir la bonne préposition

Repérer la préposition dans une phrase est un jeu d'enfant: sa forme et sa fonction vous y aideront facilement. Reste le problème majeur de tous les étudiants des classes de français: savoir choisir la préposition qui convient. En général, les étudiants sont découragés du fait que, pour chaque règle de grammaire, il y a une multitude d'exceptions. Rassurez-vous, cette fois-ci, il n'y a pas d'exception; c'est qu'il n'y a pas de règle non plus! Il faudra donc faire appel à votre mémoire. Mais il y a des façons d'aider la mémoire.

A. Une même préposition peut exprimer différents rapports

Vous pouvez, par exemple, essayer d'identifier les différents rapports que peuvent exprimer les prépositions. Pour cela, consultez *Grammaire française,* p. 403-405.

Maintenant, faites les exercices suivants. Chacun de ces mini-exercices vous fera utiliser une même préposition. Ils ont pour but de vous faire saisir le rapport exprimé par la préposition dans une situation donnée. N'oubliez pas de faire les contractions quand il y a lieu.

EXERCICE IV

1. Prends le fer _____ friser.

   Sers-toi de la machine _____ écrire.

   Voici la gomme _____ effacer.

   Alice a perdu sa corde _____ danser.

   Connais-tu cette chanson _____ boire?

   — Quel est le rapport exprimé?

   _____

   — Donnez deux exemples personnels.

   _____

   _____

2. Les jetons sont dans le coffre _____ gants.

   Achète du vernis _____ ongles.

   Achète du rouge _____ lèvres.

   Achète de la cire _____ plancher.

   As-tu lavé les verres _____ vin?

   — Quel est le rapport exprimé?

   _____

   — Donnez deux exemples personnels.

   _____

   _____

3. Mets ton habit _____ queue.

   Mets ta robe _____ pois.

   C'est un chien _____ poil court.

   Qui était la dame _____ camélias?

   Prends un sac _____ poignées.

   — Quel est le rapport exprimé?

   _____

   — Donnez deux exemples personnels.

   _____

   _____

4. Papa est allé _____ le magasin.

   Si nous allions _____ le restaurant.

   Je regarde les nouvelles _____ la télé.

   Pierre est _____ le téléphone.

   L'exposition se tient _____ le Musée des Beaux-Arts.

— Quel est le rapport exprimé?

_____

— Donnez deux exemples personnels.

_____

_____

5. Je suis né _____ Montréal.

   Nous serons bientôt _____ Toronto.

   Je vais _____ Québec pour la fin de semaine.

   Elle ira passer ses vacances _____ Cuba.

   Tu as toujours rêvé d'aller _____ Hawaï.

— Quel est le rapport exprimé?

_____

— Donnez deux exemples personnels.

_____

_____

6. Es-tu déjà allé _____ le Mexique?

   Es-tu déjà allé _____ les États-Unis?

   Es-tu déjà allé _____ le Nouveau-Brunswick?

   Es-tu déjà allé _____ le Manitoba?

   Es-tu déjà allé _____ le Havre?

— Quel est le rapport exprimé?

_____

— Donnez deux exemples personnels.

_____

_____

7. Marc arrive toujours _____ l'heure juste.

   Nous ne finirons jamais _____ temps.

   _____ minuit, il n'était toujours pas là.

   Mon rendez-vous est _____ quatorze heures.

   Remettons ça _____ demain.

— Quel est le rapport exprimé?

_____

— Donnez deux exemples personnels.

_____

_____

8. Faisons une promenade _____ bicyclette.

   Je vais m'y rendre _____ pied.

   Au cirque, j'ai fait un tour _____ dos de chameau.

   Monique va _____ cheval tous les matins.

   Les paysans vont _____ dos d'âne.

— Quel est le rapport exprimé?

   _____

— Donnez deux exemples personnels.

   _____

   _____

9. Ces livres sont _____ moi.

   Cette maison est _____ les Laframboise.

   Comment! c'est _____ toi cette Jaguar?

   Ce stylo appartient _____ Jeannine.

— Quel est le rapport exprimé?

   _____

— Donnez deux exemples personnels.

   _____

   _____

10. C'est un dessin _____ le crayon.

    Voici des mitaines tricotées _____ la main.

    Cet arbre a été abattu _____ la hache.

    Écris ton travail _____ la plume.

    Lave-le _____ la machine.

— Quel est le rapport exprimé?

   _____

— Donnez deux exemples personnels.

   _____

   _____

11. La maison est chauffée _____ l'électricité.

    C'est une cuisinière _____ gaz.

    Ils voyageaient en bateau _____ vapeur.

    Prenez le bateau _____ rames.

    Je préfère le bateau _____ voiles.

— Quel est le rapport exprimé?

   _____

— Donnez deux exemples personnels.

   _____

   _____

12. Hélène fonctionne _____ le ralenti aujourd'hui.

Il allait _____ toute vitesse sur l'autoroute.

On lui a donné ce médicament _____ petites doses.

Les éléphants se promènent _____ la queue leu leu.

Elle criait _____ tue-tête.

— Quel est le rapport exprimé?

_____

— Donnez deux exemples personnels.

_____

_____

13. _____ le secours, je me noie!

_____ le voleur!

Buvons _____ notre bonheur!

Un peu de courage! _____ l'eau!

Et Attila s'écria: « _____ l'attaque!»

— Quel est le rapport exprimé?

_____

— Donnez deux exemples personnels.

_____

_____

EXERCICE V

1. Marie vient _____ Gaspé.

Sors _____ ta cachette, petite peste!

Voilà Margaux qui descend _____ l'avion.

Ces souliers sont importés _____ Italie.

Regarde ce que je t'ai rapporté _____ mon voyage.

— Quel est le rapport exprimé?

_____

— Donnez deux exemples personnels.

_____

_____

2. C'est la maison _____ les Dagenais.

Le sort _____ les Somaliens me préoccupe.

Cet article _____ Lysiane Gagnon est intéressant.

La remarque _____ mon fils vous fait rire?

L'automobile _____ Marie-Noëlle est bien abîmée.

— Quel est le rapport exprimé?

_____

— Donnez deux exemples personnels.

_____

_____

3. Je prendrais un bon bol _____ soupe.

Veux-tu un verre _____ champagne?

Où est le tube _____ dentifrice?

La boîte _____ chocolats est déjà vide!

Où est la boîte _____ céréales?

— Quel est le rapport exprimé?

_____

— Donnez deux exemples personnels.

_____

_____

4. Où ai-je rangé mon habit _____ gala?

Dans la salle _____ bains.

Et mes souliers _____ le dimanche?

Votre femme est dans la salle _____ accouchement.

Prenons l'escalier _____ service, ça ira plus vite.

— Quel est le rapport exprimé?

_____

— Donnez deux exemples personnels.

_____

_____

5. Il me regardait _____ une drôle de façon.

Tu lui as parlé _____ un ton arrogant.

Daniel s'exprime _____ une manière charmante.

Je t'aime _____ tout mon cœur.

— Quel est le rapport exprimé?

_____

— Donnez deux exemples personnels.

_____

_____

6. Cet enfant grelotte _____ froid.

Hansel et Gretel tremblaient _____ peur.

J'étais morte _____ rire.

Tu tombes _____ fatigue.

— Quel est le rapport exprimé?

_____

— Donnez deux exemples personnels.

_____

_____

7. Mets ton gilet _____ laine.

Elle porte un beau manteau _____ fourrure.

Donne-lui un verre _____ plastique.

Il faut que j'achète des bas _____ nylon.

— Quel est le rapport exprimé?

_____

— Donnez deux exemples personnels.

_____

_____

8. C'est le gars le plus sympathique _____ toute la classe.

_____ tous les animaux, le chien est le plus fidèle.

Voici le plus difficile _____ tous les modules.

Véronique est la plus intelligente _____ la famille.

— Quel est le rapport exprimé?

_____

— Donnez deux exemples personnels.

_____

_____

9. Les employés ont obtenu la semaine _____ quatre jours.

Il a fait un voyage _____ deux jours.

Pour tout faire, il faudrait des journées _____ quarante heures.

Lucie est partie après un séjour _____ deux semaines.

— Quel est le rapport exprimé?

_____

— Donnez deux exemples personnels.

_____

_____

10. J'ai une pile _____ examens à corriger.

Il y a une foule _____ gens qui attendent.

Le guide nous a donné un tas _____ renseignements.

Un groupe _____ chanteurs a causé une émeute.

Il a reçu un bouquet _____ fleurs.

— Pourquoi utiliser **de** ici?

_____

— Donnez deux exemples personnels.

_____

_____

11. Il y avait beaucoup _____ automobilistes sur la route.

Tu devrais mettre plus _____ champignons.

Je ne savais pas qu'il avait autant _____ argent.

Combien _____ étudiants sont venus?

J'ai un peu _____ pain et _____ fromage si vous avez faim.

— Pourquoi utiliser **de** ici?

_____

— Donnez deux exemples personnels.

_____

_____

12. As-tu trouvé quelque chose _____ beau
dans les magasins?

Il n'y a rien _____ intéressant dans cet
article.

J'ai rencontré quelqu'un _____ charmant
à la soirée.

— Pourquoi utiliser **de** ici?

_____

— Donnez deux exemples personnels.

_____

_____

EXERCICE VI   *Mettez **à** ou **de** selon le cas et faites les contractions qui s'imposent. Encerclez les*
*numéros où **de** n'est pas une préposition.*

1. Le papier _____ lettres et les enveloppes sont sur la table.

2. Beaucoup _____ étudiants se sont inscrits cette année.

3. Cette tasse _____ porcelaine est fêlée.

4. Je n'irai pas _____ mon cours cet après-midi.

5. La banque ouvre _____ 10 h.

6. Ce film m'a fait mourir _____ rire.

7. Gabrielle porte une robe _____ fleurs.

8. J'aime bien cette chanson _____ Charlebois.

9. Sylviane a une manière très originale _____ s'habiller.

10. Il n'y avait rien _____ beau dans cette boutique.

11. Sortez _____ la maison immédiatement.

12. Paul a rencontré son amie _____ la discothèque.

13. Ce pyjama n'est pas _____ toi.

14. Ce chanteur revient _____ une tournée _____ deux semaines en France.

15. On repasse régulièrement des films _____ Charlie Chaplin.

16. Il y a beaucoup _____ choses à apprendre.

17. Bientôt, il y aura des automobiles qui fonctionneront _____ l'électricité.

18. _____ toutes les photos, voici ma préférée.

19. Nous n'aurons pas fini notre travail _____ temps.

20. Où ranges-tu le bol _____ salade?

21. Menez-moi _____ la Gare centrale, s'il vous plaît!

22. Je suis _____ Montréal, et vous?

23. Prends un bol _____ soupe pour te réchauffer.

24. _____ le Canada, il y a beaucoup de richesses naturelles.

25. J'ai laissé mon permis de conduire _____ la maison.

26. Elle est toujours habillée _____ la dernière mode.

EXERCICE VII   *Ajoutez à ou de s'il y a lieu et faites les contractions qui s'imposent.*

1. Quelle est la devise _____ le Québec?

2. Chaque semaine, j'ai un examen; rien que d'y penser, ça me donne mal _____ la tête.

3. Le plus frustrant _____ tous les modules, c'est celui-ci.

4. _____ toute ma vie, je n'ai jamais rien entendu _____ aussi drôle.

5. Martine portait une jolie robe _____ soie.

6. Prendrais-tu un petit verre _____ quelque chose?

7. «Atchoum!» «_____ tes souhaits.»

8. Hier soir, j'ai vu l'amie _____ Philippe _____ le bras _____ un grand gars _____ lunettes; quand elle m'a reconnue, elle a quitté la discothèque _____ toute

vitesse.

9. Zut, j'ai encore cassé un verre _____ vin!

10. Vite, un linge, je viens de renverser mon verre _____ vin!

11. L'été, je travaille _____ Québec, je suis guide _____ le parlement.

12. _____ quelle heure commence le film?

13. On ne lit pas le journal _____ table!

14. Si tu te rends _____ le bureau _____ pied tous les matins, cela te fera une bonne

promenade _____ santé.

15. En hiver, j'essaie toujours de prendre des vacances _____ le soleil.

16. Rester _____ la maison ou aller _____ le cinéma, ça m'est égal.

17. Merci encore et _____ la prochaine!

18. Quand je suis allé _____ Cuba, j'ai expliqué que je venais _____ Montréal, que cette

ville se trouvait _____ le Québec et que chez nous, en hiver, il faisait un froid _____

pierre fendre.

19. Jacquot était mort _____ peur et criait _____ le secours parce qu'il avait vu un

monstre sous son lit.

20. _____ les États-Unis, le jour de l'Action de grâces ne se célèbre pas le même jour que

_____ le Canada.

21. Hannibal a traversé les Alpes _____ dos d'éléphant.

22. C'est _____ moi ou _____ toi, ce livre?

23. Il fallait que Cendrillon quitte le bal _____ minuit tapant.

24. Les enfants sont _____ la garderie aujourd'hui... quel calme à la maison!

25. Il paraît qu'il a payé plus _____ un demi-million pour ce tableau _____ Picassiette.

Consultez maintenant *Grammaire française,* p. 408, c et p. 409 e, et faites les exercices qui suivent.

EXERCICE VIII   *Ajoutez* **en** *ou* **dans** *selon le cas.*

1. Plie la lettre _____ quatre et glisse-la _____ l'enveloppe.

2. Comment as-tu voyagé quand tu étais _____ Europe?

3. J'adore voyager _____ train quand je suis _____ France ou _____ Italie.

4. Devine qui j'ai rencontré _____ l'autobus.

5. Nous étions déjà montés _____ l'avion quand il y a eu l'alerte à la bombe; heureusement,

nous n'avions pas encore décollé, mais, depuis, je n'ai plus jamais voyagé _____ avion.

6. _____ la classe, il y a au moins 50 étudiants.

7. Combien de modules étudiez-vous _____ un semestre?

8. _____ sortant, il a glissé et est tombé _____ une flaque d'eau.

9. _____ 30 secondes, il sera exactement midi.

10. Ne t'inquiète pas, j'aurai terminé _____ un clin d'œil.

11. _____ hiver, j'essaie toujours de passer une semaine ou deux _____ le sud.

12. _____ l'Estrie, il y a de jolis coins où aller _____ promenade.

13. _____ 1979, il y a eu trois papes.

14. Certaines personnes âgées vivent _____ la plus grande misère.

15. Qu'est-ce qu'il y a _____ cette boîte?

16. Vous ne pouvez pas parler à Mme Mignault, elle est _____ classe.

17. Quand est-ce que tu pars _____ vacances?

18. _____ deux mois tu as fait beaucoup de progrès. Si tu continues, _____ deux mois

    tu seras le meilleur _____ grammaire française.

19. Martin était tellement _____ colère qu'il lui a envoyé son poing _____ la figure.

20. On dirait que la professeure Galiléa est _____ la lune, mais elle est _____ train de

    réfléchir à sa dernière invention.

21. — Connaissez-vous la chanson _____ *passant par La Lorraine?*

    — Non, mais si vous voulez, je peux vous chanter _____ *les plaines du Far-West.*

22. _____ entrant _____ la pièce, elle a pris les voleurs la main _____ le sac.

Faites maintenant l'exercice d'*Application immédiate, Grammaire française,* p. 411, et vérifiez vos réponses.

Complétez les exercices I, II et III, *Grammaire française,* p. 412-414, et vérifiez vos réponses.

B. Plusieurs prépositions peuvent exprimer un même rapport

Une autre façon de vous aider à mémoriser les prépositions est de regrouper celles qui expriment le même rapport. Faites les exercices qui suivent.

EXERCICE IX *Complétez l'exercice suivant en choisissant la préposition appropriée dans la liste qui suit.*

LE TEMPS: depuis — à — de — pendant / durant — pour — jusqu'à — avant — après — en — dans

1. Le jeudi et le vendredi, les magasins sont ouverts _____ 21 h.

2. Le matin, la banque n'ouvre jamais _____ 10 h.

3. Ne téléphonez pas chez elle _____ 22 h, elle se couche tôt.

4. Je travaille _____ 9 h _____ 17 h.

5. Jacques s'est rendu à Québec _____ 3 h.

6. _____ 10 jours, ce sera mon anniversaire.

7. Attends-moi, je n'en ai plus _____ longtemps.

8. L'avion décolle _____ 2 h 30.

9. Hélène est née _____ 1951.

10. Le feu a éclaté _____ la nuit.

11. Il est gardien de nuit _____ 20 ans.

12. _____ 20 ans, on est encore bien jeune.

13. J'ai suivi des cours de français _____ 10 ans.

14. Je pars demain _____ une quinzaine de jours.

15. Je serai absent _____ 15 jours.

16. Mes parents étaient au Canada_____ 5 ans quand je suis né.

EXERCICE X

Complétez l'exercice suivant en choisissant la préposition appropriée dans la liste qui suit.

LE LIEU: sur — sous — dans — entre — à — vers — chez — en — par — loin de — devant — derrière — jusqu'à — de

1. Regarde _____ toi, il y a quelqu'un qui nous suit.

2. Fais semblant de rien et continue à marcher tout droit _____ toi, mais plus vite.

3. Qu'est-ce que tu caches _____ ta main?

4. Je ne passe jamais _____ une échelle.

5. Ne laisse pas le lait _____ la table.

6. Range-le _____ le réfrigérateur.

7. Louis s'est caché _____ la porte.

8. Quand je suis monté _____ l'autobus, il n'y avait que le chauffeur.

9. Si tu te mets _____ moi, je ne verrai plus rien.

10. Le Père Noël descend toujours _____ la cheminée.

11. Le bateau se dirige _____ le sud.

12. Dans cette compétition, les skieurs doivent passer _____ deux rangées de poteaux.

13. Est-ce que Chibougamau se trouve _____ Montréal?

14. Si tu es malade, rentre _____ toi.

15. M. Bertrand est _____ Abitibi présentement.

16. Il s'agit de courir _____ le but et de revenir le premier.

17. Sors _____ ta cachette, petit chenapan.

18. Louise s'est rendue _____ Québec en train.

19. As-tu aimé ton voyage _____ Turquie?

20. Tu iras _____ l'épicerie après avoir été _____ le dentiste.

V. Le verbe et son complément

Le complément d'un verbe peut lui être rattaché soit directement, soit par une préposition, en général **à** ou **de**. Consultez *Grammaire française*, p. 271-272, D.1.a. et b.

Les verbes que vous venez d'étudier régissent un infinitif c.o.d.; le verbe et son complément ne sont pas reliés par une préposition. Par contre, la présence d'une préposition ne signifie pas nécessairement que l'infinitif est un c.o.i.

Ex. J'aime la lecture (c.o.d.).
J'aime lire (c.o.d.).

J'oublie mes lunettes (c.o.d.).
J'oublie **d'**avertir Martine (c.o.d.).

Dans les quatre cas mentionnés, les compléments répondent à la question *quoi*?, ce qui signifie qu'il s'agit de c.o.d. Ainsi, la préposition reliée au verbe *avertir* n'a pas de fonction grammaticale; on l'appelle préposition *vide*, car elle fait partie du complément.

Ce n'est pas le cas dans l'exemple suivant.

Ex. J'ai besoin **de** sommeil.
J'ai besoin **de** dormir.

Ici, les compléments répondent à la question *de quoi*?, ce qui indique qu'il s'agit d'un c.o.i. Cette préposition joue donc un rôle grammatical important. C'est une préposition *pleine*; elle s'attache à la locution *avoir besoin de* et ne fait pas partie du complément.

Faites maintenant les exercices suivants en tenant compte du type de complément régi par le verbe (c.o.d. / c.o.i.). Servez-vous des tableaux qui précèdent chaque exercice pour voir dans quelle construction de phrase vous pouvez employer les verbes.

EXERCICE XI

*Cet exercice regroupe des verbes qui régissent un c.o.d. Mettez, s'il y a lieu, la préposition **de**.*

verbes	c.o.d.			c.o.i.
Série 1	personne	chose	de + infinitif	
	OU	OU		
accepter	quelqu'un	quelque chose	de faire quelque chose	
arrêter	quelqu'un	quelque chose	de faire quelque chose	
choisir	quelqu'un	quelque chose	de faire quelque chose	
craindre	quelqu'un	quelque chose	de faire quelque chose	
éviter	quelqu'un	quelque chose	de faire quelque chose	
négliger	quelqu'un	quelque chose	de faire quelque chose	
oublier	quelqu'un	quelque chose	de faire quelque chose	
regretter	quelqu'un	quelque chose	de faire quelque chose	
		OU		
cesser		quelque chose	de faire quelque chose	
décider		quelque chose	de faire quelque chose	
essayer		quelque chose	de faire quelque chose	
finir		quelque chose	de faire quelque chose	
risquer		quelque chose	de faire quelque chose	

1. Les policiers ont arrêté _____ le suspect.

2. Tu devrais arrêter _____ fumer.

3. Les employés ont accepté _____ l'offre patronale.

4. Cécile a accepté _____ m'aider.

5. Louis a choisi _____ un excellent sujet de discussion.

6. J'ai choisi _____ poursuivre mes études dans une autre université.

7. Bien des enfants craignent _____ le tonnerre.

8. Je crains _____ le déranger en lui téléphonant.

9. Évite _____ faire du bruit.

10. Laurent évite systématiquement _____ les compagnons ennuyeux.

11. Il ne faut jamais négliger _____ sa santé.

12. Si tu négliges _____ étudier, tu auras de mauvaises surprises.

13. Comment! tu as encore oublié _____ les clefs de ton appartement!

14. Comment! tu as en plus oublié _____ éteindre les lumières!

15. Le patron regrette vraiment _____ le départ de Bernard.

16. Viviane regrette _____ nous faire attendre comme ça.

17. Cessez _____ me poser tant de questions.

18. Cessez _____ ce vacarme immédiatement!

19. Écoutez, nous avons décidé _____ quelque chose d'important.

20. As-tu décidé _____ partir en vacances?

21. Essaie _____ ce manteau, je suis sûr qu'il t'ira.

22. Essaie _____ faire un effort.

23. Tu as enfin fini _____ l'étude des prépositions, bravo!

24. As-tu fini _____ rire de moi?

EXERCICE XII

*Cet exercice regroupe des verbes qui régissent un c.o.d. Mettez, s'il y a lieu, la préposition **à**.*

verbes	c.o.d.			à +	c.o.i.
Série 2	personne	chose	à + infinitif		nom de personne
apprendre enseigner		OU quelque chose quelque chose	à faire quelque chose à faire quelque chose		à quelqu'un à quelqu'un
(re) commencer continuer réussir		OU quelque chose quelque chose quelque chose	à faire quelque chose à faire quelque chose à faire quelque chose		

1. J'ai appris _____ le français à Montréal.

2. Et toi, où as-tu appris _____ parler le russe?

3. Élisabeth enseigne _____ le violon à un groupe de jeunes.

4. Mes parents m'ont enseigné _____ dire la vérité.

5. Je recommence _____ mes cours en septembre.

6. Il a commencé _____ neiger très tôt ce matin.

7. Béatrice va continuer _____ ses études aux États-Unis.

8. Après la pause, je continuerai _____ travailler.

9. Bravo! Tu as vraiment réussi _____ ce gâteau!

10. Tu ne réussiras jamais _____ me convaincre.

EXERCICE XIII   *Cet exercice regroupe des verbes qui régissent un infinitif c.o.d. Mettez, s'il y a lieu, la préposition* **de**.

verbes	c.o.d.			c.o.i.
Série 3	personne	chose	infinitif	
compter devoir espérer il vaut mieux pouvoir sembler			faire quelque chose faire quelque chose faire quelque chose faire quelque chose faire quelque chose faire quelque chose	
aimer désirer détester il faut (falloir) préférer vouloir	OU quelqu'un quelqu'un quelqu'un quelqu'un quelqu'un quelqu'un	OU quelque chose quelque chose quelque chose quelque chose quelque chose quelque chose	faire quelque chose faire quelque chose faire quelque chose faire quelque chose faire quelque chose faire quelque chose	

1. David a accepté _____ venir au concert avec nous.

2. Je sais _____ réparer bien des choses dans une maison.

3. Est-ce que tu peux _____ me dire où sont mes lunettes?

4. Malheureusement on ne peut pas arrêter _____ vieillir.

5. Martin doit _____ se reposer maintenant.

6. Mon frère a choisi _____ devenir physiothérapeute.

7. Il vaut mieux _____ rentrer à la maison.

8. J'aime _____ faire les choses à ma façon.

9. Marc a oublié _____ prendre mon numéro de téléphone.

10. Qu'est-ce que tu comptes _____ faire ce soir?

11. Je veux _____ aller au cinéma.

12. Je crains _____ m'endormir si je t'accompagne.

13. Tes amis semblent _____ être satisfaits de leurs achats.

14. Les chats craignent _____ prendre un bain.

15. Évite _____ boire quand tu conduis.

16. N'oubliez pas _____ nous avertir si vous êtes malade.

17. Il faut _____ écrire une lettre de remerciements.

18. Ouf! Je regrette _____ avoir tant mangé!

19. Est-ce que tu as cessé _____ fumer depuis longtemps?

20. Jacqueline préfère _____ commencer tout de suite.

21. Mes enfants détestent _____ se coucher le soir.

22. Essayez _____ toucher vos pieds avec vos doigts.

23. Il espère _____ obtenir son diplôme cette année.

24. Bon! Qu'est-ce que je dois _____ faire maintenant?

25. Les députés ont fini _____ discuter du projet de loi.

EXERCICE XIV   *Cet exercice regroupe des verbes qui régissent un infinitif c.o.d. Mettez, s'il y a lieu, la préposition **à**.*

1. Est-ce que tu sais _____ nager?

2. J'ai appris _____ nager quand j'avais quatre ans.

3. Est-ce que tu comptes _____ enseigner la natation à tes enfants?

4. Bien sûr, et je leur enseignerai aussi _____ pratiquer d'autres sports.

5. J'aimerais _____ être aussi sportive que toi.

6. Toi, tu détestes _____ faire du sport, par contre tu adores _____ lire et écrire.

7. C'est vrai; je ne veux pas _____ faire de l'exercice physique parce que je préfère _____ faire travailler mon intelligence.

8. Tu sais qu'on peut _____ faire les deux!

9. Si tu commençais _____ pratiquer le tai chi, cela te passionnerait.

10. Tu réussirais _____ harmoniser la discipline mentale et la discipline physique.

11. Je compte _____ m'inscrire à des cours de judo. Ce sport semble _____ correspondre à mes aptitudes.

12. En tout cas, j'espère _____ t'avoir convaincue, sinon je continuerai _____ te taquiner à cause de ta paresse.

EXERCICE XV   *Voici un exercice de synthèse; mettez, s'il y a lieu, **à** ou **de**.*

1. — Sébastien veut _____ voir tes photos de voyage.

   — Je crains _____ ennuyer les autres en parlant toujours de mes expéditions.

   — Ne commence pas _____ te faire prier, tu sais qu'on a tous envie de t'entendre parler de tes aventures.

   — Très bien alors, j'accepte _____ venir à ta soirée.

   — Tant mieux, et surtout n'oublie pas _____ apporter tes photos.

2. — Allô! J'aimerais _____ parler à M. Boucher, s.v.p.

   — M. Boucher a cessé _____ travailler chez nous.

   — Est-ce que vous pourriez _____ me dire où je peux _____ le rejoindre?

   — Un moment, s.v.p... Je regrette _____ vous avoir fait attendre, mais je ne réussis pas _____ trouver son numéro de téléphone.

   — Il vaut mieux _____ consulter l'annuaire alors, merci.

3. — Mon pauvre Gilbert, tu ne sembles pas _____ être en forme aujourd'hui.

   — C'est vrai, je dois _____ faire attention. J'avais décidé _____ jeûner pour essayer _____ maigrir rapidement et ça fait deux jours que je n'arrête pas _____ être étourdi.

   — Est-ce que tu vas continuer _____ suivre ce régime quand même?

   — Non, je préfère _____ changer de stratégie. Il me faut _____ manger moins, c'est tout.

   — En effet, sinon tu risques _____ te retrouver à l'hôpital.

4. — Pour l'anniversaire d'Émile, j'avais choisi _____ ne pas lui offrir de cadeau, mais plutôt _____ l'emmener dans le meilleur restaurant de Montréal. Malheureusement, comme j'ai négligé _____ payer mon compte de Charge-All, je ne peux plus _____ me servir de ma carte. Maintenant, je ne sais plus quoi _____ faire.

   — Franchement, tu devrais apprendre _____ payer tes comptes à temps!

   — J'espère _____ ne pas oublier le mois prochain, je déteste _____ me retrouver sans un sou.

— Tu veux _____ dire que tu n'as même pas d'argent comptant? Tu n'auras jamais fini

_____ m'étonner! En tout cas, ne compte pas sur moi pour t'aider, car personne ne

semble _____ t'avoir enseigné _____ être organisé dans tes finances!

EXERCICE XVI *L'exercice suivant regroupe des verbes qui régissent à la fois un c.o.d. et un c.o.i. L'infinitif c.o.d. est toujours introduit par la préposition **de**, mais si le c.o.d. est un nom, il est directement relié au verbe. Le c.o.i. est toujours introduit par la préposition **à**; vous remarquerez qu'il s'agit chaque fois d'une personne. Mettez, s'il y a lieu, la préposition **à** ou **de**. Faites les contractions qui s'imposent.*

verbes	c.o.d.			à + c.o.i.
Série 4	personne	chose	de + infinitif	nom de personne
		OU	OU	
(re) commander	quelqu'un	quelque chose	de faire quelque chose	à quelqu'un
demander	quelqu'un	quelque chose	de faire quelque chose	à quelqu'un
défendre		quelque chose	de faire quelque chose	à quelqu'un
dire		quelque chose	de faire quelque chose	à quelqu'un
écrire		quelque chose	de faire quelque chose	à quelqu'un
interdire		quelque chose	de faire quelque chose	à quelqu'un
offrir		quelque chose	de faire quelque chose	à quelqu'un
ordonner		quelque chose	de faire quelque chose	à quelqu'un
permettre		quelque chose	de faire quelque chose	à quelqu'un
promettre		quelque chose	de faire quelque chose	à quelqu'un
proposer	quelqu'un	quelque chose	de faire quelque chose	à quelqu'un
rappeler	quelqu'un	quelque chose	de faire quelque chose	à quelqu'un
répondre		quelque chose	de faire quelque chose	à quelqu'un
reprocher		quelque chose	de faire quelque chose	à quelqu'un
souhaiter		quelque chose	de faire quelque chose	à quelqu'un

1. Quand vous irez à ce restaurant, tu recommanderas _____ le steak tartare _____ tes amis.

2. J'ai recommandé _____ les enfants _____ ne jamais parler aux étrangers.

3. Louis défend _____ ses amis _____ fumer chez lui.

4. As-tu écrit _____ une lettre _____ ton ancien professeur?

5. Vous avez écrit _____ vos cousins _____ nous attendre à l'aéroport, n'est-ce pas?

6. On a offert _____ un emploi intéressant _____ ma mère.

7. Gabriel a offert _____ son voisin _____ lui prêter sa tondeuse à gazon.

8. Qui a permis _____ les enfants _____ écrire sur les murs?

9. Il ne faut pas permettre _____ tous les caprices.

10. Tu avais promis _____ tes amis _____ aller les rejoindre.

11. Personne ne lui avait promis _____ un jardin de roses.

12. On a proposé _____ un transfert _____ cet employé.

13. On lui a aussi proposé _____ payer son déménagement.

14. Je dois toujours rappeler _____ ma sœur _____ aller à ses rendez-vous.

15. Rappelle-moi _____ l'heure du concert.

16. Frontenac a répondu _____ ses ennemis _____ se préparer à la bataille.

17. On reproche souvent _____ les parents _____ manquer d'autorité.

18. Tu me reproches _____ une erreur que je n'ai pas commise.

19. Héloïse souhaitait _____ le bonheur d'Abélard.

20. Comme elle attend des jumeaux, tout le monde souhaite _____ Brigitte _____ avoir un garçon et une fille.

EXERCICE XVII   *Cet exercice ajoute à l'exercice prédécent un nombre plus restreint de verbes dont le c.o.d. est toujours une personne et dont le c.o.i. est toujours un infinitif introduit par la préposition **à**.*

verbes	c.o.d.			à +	c.o.i.		
Série 5	personne	chose	infinitif		personne	chose	infinitif
aider	quelqu'un						à faire quelque chose
décider	quelqu'un						à faire quelque chose
forcer	quelqu'un						à faire quelque chose
habituer	quelqu'un						à faire quelque chose
inviter	quelqu'un						à faire quelque chose
obliger	quelqu'un						à faire quelque chose

1. Philippe a aidé _____ ses parents _____ s'installer dans leur nouvel appartement.

2. J'ai recommandé _____ Louise _____ essayer ce nouveau produit.

3. Est-ce que tu as dit _____ Bertrand _____ prendre rendez-vous chez le dentiste?

4. Il faut habituer _____ les enfants _____ ranger leurs jouets.

5. On ne peut quand même pas forcer _____ les gens _____ s'amuser.

6. Le juge a interdit _____ l'accusé _____ quitter la ville.

7. J'ai offert _____ Pascal _____ le remplacer pendant deux jours.

8. Il n'aurait jamais dû permettre _____ son fils _____ prendre l'automobile.

9. À la fin du semestre, Martine a invité _____ ses étudiants _____ venir fêter chez elle.

10. La loi oblige _____ les automobilistes _____ porter la ceinture de sécurité.

11. J'ai promis _____ Christine _____ être à l'heure.

12. As-tu rappelé _____ Nicolas _____ prendre ses documents?

EXERCICE XVIII   *Cet exercice reprend les verbes de la série 5 et leur ajoute ceux de la série 6 dont l'infinitif c.o.i. est toujours introduit par la préposition **de**. Mettez, s'il y a lieu, la préposition **à** ou **de**.*

verbes	c.o.d.			**de** +	c.o.i.	
Série 6	personne	chose	infinitif	personne	chose	infinitif
accuser	quelqu'un	OU			de quelque chose	OU de faire quelque chose
arrêter	quelqu'un	quelque chose				de faire quelque chose
convaincre	quelqu'un				de quelque chose	de faire quelque chose
empêcher	quelqu'un	quelque chose				de faire quelque chose
excuser	quelqu'un	quelque chose				de faire quelque chose
féliciter	quelqu'un				de quelque chose	de faire quelque chose
menacer	quelqu'un				de quelque chose	de faire quelque chose
persuader	quelqu'un				de quelque chose	de faire quelque chose
supplier	quelqu'un					de faire quelque chose

1. On a accusé _____ un des joueurs _____ avoir triché.

2. Le physiothérapeute aide _____ ses clients _____ retrouver l'usage maximal de leurs membres.

3. Cela m'aurait étonné que tu convainques _____ Richard _____ se faire prédire l'avenir par Mme Blanche.

4. L'intensité de l'incendie a empêché _____ les pompiers _____ faire leur travail rapidement.

5. Je ne vais tout de même pas excuser _____ Jean-Pierre _____ m'avoir ridiculisé en public!

6. Les terroristes ont menacé _____ le gouvernement _____ faire sauter le parlement.

7. Habitue _____ ton chien _____ faire ses besoins dehors.

8. Le bandit a forcé _____ la caissière _____ lui donner tout l'argent.

9. Je ne crois pas que j'arriverai à persuader _____ le professeur _____ changer ma note.

10. Le service de sécurité routière invite _____ les automobilistes _____ être prudents.

EXERCICE XIX

Dans cet exercice, tous les infinitifs compléments sont introduits par la préposition **à** *(pleine pour le c.o.i., vide pour le c.o.d.). Après avoir posé la bonne question pour identifier le complément, soulignez d'un trait les c.o.d. et de deux traits les c.o.i. On ajoute ici les verbes de la série 7.*

verbes	c.o.d.			à +	c.o.i.		
Série 7	personne	chose	infinitif		personne	chose	infinitif
						OU	OU
obéir penser ressembler se fier tenir					à quelqu'un à quelqu'un à quelqu'un à quelqu'un à quelqu'un	à quelque chose à quelque chose à quelque chose à quelque chose à quelque chose	à faire quelque chose à faire quelque chose
arriver parvenir se décider se mettre						à quelque chose à quelque chose à quelque chose à quelque chose	à faire quelque chose à faire quelque chose à faire quelque chose à faire quelque chose

1. As-tu pensé à acheter le journal ce matin?
2. Je ne tiens vraiment pas à sortir ce soir.
3. J'ai commencé à peindre hier soir.
4. Vous allez m'aider à comprendre.
5. J'ai appris à me débrouiller seul.
6. Ils vont arriver à me rendre folle.
7. Béatrice a enfin décidé Georges à prendre l'avion.
8. Tu réussis toujours à me faire rire.
9. C'est mon frère qui m'a enseigné à conduire.
10. Il s'est mis à étudier dès votre départ.
11. Il faudrait l'inviter à se joindre à nous.
12. Personne ne t'oblige à rester.
13. Si Julie continue à raconter des blagues, je vais devenir fou.
14. Qui est-ce qui t'a forcé à accepter cet emploi?
15. Je ne réussirai jamais à terminer ce travail pour demain.

EXERCICE XX *Dans cet exercice, tous les infinitifs compléments sont introduits par la préposition* ***de****. Soulignez d'un trait les c.o.d. et de deux traits les c.o.i. On ajoute à cet exercice des locutions verbales de la série 8.*

locutions verbales	c.o.d.			**de** + c.o.i.		
Série 8	personne	chose	infinitif	personne	chose	infinitif
				OU	OU	
avoir besoin				de quelqu'un	de quelque chose	de faire quelque chose
avoir envie				de quelqu'un	de quelque chose	de faire quelque chose
avoir honte				de quelqu'un	de quelque chose	de faire quelque chose
avoir l'air				de quelqu'un	de quelque chose	de faire quelque chose
avoir l'intention						de faire quelque chose
avoir le temps						de faire quelque chose
avoir peur				de quelqu'un	de quelque chose	de faire quelque chose
avoir raison						de faire quelque chose
avoir tort						de faire quelque chose

1. J'ai besoin de réfléchir avant de vous donner ma réponse.
2. Cette tempête va nous empêcher de partir.
3. Je te félicite d'être arrivé le premier de ta classe.
4. Tu m'avais dit de prendre cette route.
5. On ne le persuadera jamais de nous aider.
6. J'ai l'intention de me reposer maintenant.
7. Avez-vous le temps de vous asseoir une minute?
8. Tu n'arrêtes pas de t'inquiéter pour des riens.
9. Nous regrettons d'avoir à vous dire cela, mais c'est comme ça.
10. Cette compagnie évite systématiquement d'engager des étudiants.
11. Le professeur ne nous permet pas de fumer dans la salle de classe.
12. On m'a reproché de ne pas parler assez bien le français.
13. Vous avez eu raison de m'avertir.
14. As-tu envie d'aller au cinéma?
15. Le directeur a même menacé de démissionner.
16. On nous défend de parler pendant un examen.
17. Je lui ai offert de lui prêter ma voiture.
18. Dès qu'on cesse de s'entraîner, on perd la forme.
19. Marc n'a pas encore fini de lire *Le Seigneur des anneaux*.
20. Tu as vraiment l'air de t'amuser follement.

EXERCICE XXI *Cet exercice reprend les locutions verbales dont le complément est introduit par* ***de*** *et y ajoute celles de la série 9 dont les compléments sont introduits par* ***à***. *Mettez* ***à*** *ou* ***de***.

locutions verbales	c.o.d.			à + c.o.i.		
Série 9	personne	chose	infinitif	personne	chose	infinitif
avoir	quelqu'un					à <u>voir</u>
avoir		quelque chose				à <u>faire</u>
avoir du mal						à faire quelque chose
mettre du temps						à faire quelque chose
passer du temps						à faire quelque chose
perdre du temps						à faire quelque chose

1. As-tu peur _____ rester dans le noir?

2. J'ai du mal _____ me concentrer aujourd'hui.

3. Les gens passent leurs soirées _____ regarder la télévision.

4. On n'a plus le temps _____ vivre.

5. Je suis heureuse et je n'ai pas honte _____ le dire.

6. Ils ont eu tort _____ partir si tôt.

7. Le dentiste a encore trois clients _____ voir.

8. Il ne faut pas perdre de temps _____ faire des choses inutiles.

9. Et je n'ai pas l'intention _____ le faire.

10. Les étudiants ont besoin _____ étudier encore un peu.

11. Je te dérange, tu as peut-être autre chose _____ faire.

12. Il a eu raison _____ se fâcher l'autre jour.

13. Combien de temps avez-vous mis _____ écrire cette composition?

EXERCICE XXII *L'exercice suivant vous fera utiliser les connaissances acquises dans le module 7. Il s'agit de reconstituer des questions en remplaçant par des noms les pronoms contenus dans les réponses. Quand cela est possible, remplacez le pronom* ***le*** *par une proposition infinitive. (Cet exercice sera corrigé en classe.)*

Ex. — Est-ce que tu demanderas **à Hélène de venir nous voir**?
— Oui, je le lui demanderai.

1. — Est-ce que _____?
— Oui, je leur ai proposé.

234

2. — Est-ce que _____?

— Oui, elle les y a amenés.

3. — Est-ce que _____?

— Oui, on le lui a conseillé.

4. — Est-ce que _____?

— Oui, nous l'avons annoncé.

5. — Est-ce que _____?

— Oui, ils les en ont empêchés.

6. — Est-ce que _____?

— Oui, je la lui ai donnée.

7. — Est-ce que _____?

— Oui, nous l'en avons avertie.

8. — Est-ce que _____?

— Oui, nous le lui avons dit.

9. — Est-ce que _____?

— Oui, elle le leur a écrit.

10. — Est-ce que _____?

— Oui, nous y tenons absolument.

VI. L'adjectif et son complément

Il est important de savoir que certains adjectifs peuvent aussi être reliés à leur complément par une préposition. Consultez *Grammaire française*, p. 278, 279.

Décrire le type d'adjectif qui sera suivi de la préposition **de** n'est pas une chose facile. En général, on s'entend pour dire que les adjectifs exprimant un sentiment (ex.: heureux), un état (ex.: obligé) ou une disposition (ex.: capable) sont suivis de la préposition **de**. (*Grammaire française,* p. 278 b.) Par contre, cette définition peut tout aussi bien s'appliquer aux adjectifs présentés au numéro 2.c; comme ces derniers sont peu nombreux, il est peut-être plus simple de les retenir en les considérant comme des exceptions.

De plus, il faudra vous rappeler que les adjectifs exprimant une comparaison requièrent la préposition **à** (pareil, semblable, supérieur, égal, etc., ...**à**) sauf l'adjectif **différent** qui, pour faire *différent*, est suivi de **de**.

Faites maintenant les exercices qui suivent.

EXERCICE XXIII   *Mettez **à** ou **de**, selon le cas, et encerclez la préposition là où l'infinitif traduit un passif, c'est-à-dire quand le mot qualifié n'est pas le sujet de l'action exprimée par l'infinitif complément.*

Ex. Cette écriture est impossible **à** déchiffrer.

1. Laurence était bien contente _____ apprendre sa nomination.

2. Je suis désolé _____ t'avoir fait de la peine.

3. André est amoureux _____ la belle Françoise.

4. Voici un livre intéressant _____ lire.

5. Enchanté _____ faire votre connaissance.

6. Ce paquet est trop lourd _____ porter.

7. J'ai une histoire effrayante _____ raconter.

8. Monique était bien déçue _____ avoir raté le spectacle.

9. Cette formule de mathématiques est bien difficile _____ comprendre.

10. Oui, mais les prépositions sont bien plus pénibles _____ mémoriser.

11. Laure est bien fatiguée _____ entendre ses voisins se disputer.

12. Je n'ai pas très faim, donne-moi quelque chose de léger _____ manger.

13. François était furieux _____ se faire réveiller si tôt.

14. L'entraîneur était fier _____ présenter son équipe.

15. Le trajet Montréal-Gaspé est long _____ faire en autobus.

16. Ton argument est difficile _____ prouver.

17. Danielle a été très heureuse _____ recevoir de vos nouvelles.

18. Es-tu sûr _____ ne pas t'être trompé de chemin?

19. Les enfants étaient vraiment curieux _____ connaître la fin de l'histoire.

20. Copernic était certain _____ avoir raison.

EXERCICE XXIV *Mettez **à** ou **de**. Lorsque vous mettez **à**, indiquez-en la raison en vous servant des explications suivantes:*

a) réaction produite;   b) nombre ordinal;   c) comparaison;   d) exception.

1. Ce film est ennuyeux _____ mourir.

2. Je suis habitué _____ me lever tôt.

3. Tu es bien courageux _____ sortir par ce temps.

4. Ils sont sûrs _____ l'avoir reconnu.

5. Je ne suis pas fâché _____ avoir terminé mon travail.

6. De tous les étudiants, il est le seul _____ comprendre.

7. Le dernier _____ partir éteint toutes les lumières.

8. Il pleut _____ boire debout.

9. Je suis toujours le dernier _____ être averti.

10. Audrey est déterminée _____ parler le français comme une francophone.

11. Es-tu prête _____ partir?

12. Pauvre Albert, il se sent inférieur _____ tout le monde.

13. Éric est pareil _____ son frère: une vraie tête de mule!

14. Votre version de l'histoire est bien différente _____ la mienne.

15. Bonsoir Robert, vous êtes le premier _____ arriver.

16. C'était bien méchant _____ dire ça.

17. Je suis incapable _____ me souvenir de l'accident.

18. Ce n'est pas raisonnable _____ jeûner.

19. Hélène est toujours égale _____ elle-même: elle ne change pas.

20. N'achète pas cette robe, elle est trop semblable _____ ta bleue.

EXERCICE XXV   *Complétez les phrases en associant de façon logique les éléments de la colonne A à ceux de la colonne B.*

A	B
1. Son avocat est le seul	a. d'avoir averti tout le monde.
2. Louis n'est pas content	b. à se plaindre de ce produit.
3. J'étais pourtant certain	c. d'avoir reçu le 1er prix.
4. Ce roman est bien différent	d. à faire peur.
5. C'est le deuxième client	e. à savoir la vérité.
6. Les notes sont rapides	f. à une autre.

A	B
7. Je suis enchanté	g. de me remplacer.
8. La solution est impossible	h. des deux autres du même auteur.
9. Les sorcières sont toutes laides	i. d'avoir reçu une mauvaise note.
10. Aucune fleur n'est pareille	j. à m'aider.
11. Sens-toi bien libre	k. de tout leur dire.
12. C'est plus facile	l. à calculer.
13. Ma collègue est capable	m. à dire qu'à faire.
14. Mes parents sont disposés	n. d'accepter ou de refuser.
15. Je ne suis pas forcé	0. à trouver.

Corrigé des exercices

EXERCICE I

1. <u>avant de</u>, <u>au</u>, <u>de</u>, <u>Enfin</u>, <u>ne</u>... <u>plus</u>, <u>du</u>, <u>pour</u>, <u>pour</u>
2. <u>depuis</u>, <u>sans</u>, <u>de</u>
3. <u>ne</u>... <u>pas</u>, <u>contre</u>
4. <u>vite</u>, <u>en</u>, <u>souvent</u>, <u>derrière</u>
5. <u>au coin de</u>, <u>juste</u>, <u>en face</u>
6. <u>derrière</u>
7. <u>avant de</u>, <u>pas</u>, <u>après</u>
8. <u>Depuis</u>, <u>plus</u>
9. <u>de</u>, <u>sans</u>

EXERCICE II

1. <u>pour</u>
2. <u>sans</u>
3. <u>avant de</u>
4. <u>sans que</u>
5. <u>d'</u>, <u>jusqu'à</u>
6. <u>pour que</u>, <u>à</u>
7. <u>de peur de</u>
8. <u>avant que</u>
9. <u>jusqu'à ce qu'</u>, <u>pour</u>

EXERCICE III

1. croire
2. être allés
3. pleurant
4. partant
5. offrir
6. faire
7. entendre
8. maigrir
9. s'être levé, dire

EXERCICE IV

1. à, à, à, à, à } rapport d'usage
2. à, à, à, à, à } rapport d'usage
3. à, à, à, aux, à } rapport de caractéristique
4. au, au, à, au, au } rapport de lieu
5. à, à, à, à, à } rapport de lieu
6. au, aux, au, au, au } rapport de lieu
7. à, à, À, à, à } rapport de temps
8. à, à, à, à, à } rapport de moyen de locomotion
9. à, aux, à, à } rapport de possession
10. au, à, à, à, à } rapport de mode d'exécution
11. à, à, à, à } rapport de mode de fonctionnement
12. au, à, à, à, à } rapport de manière d'être ou de faire
13. Au, Au, à, À, À } rapport de requête ou de souhait

EXERCICE V

1. de
de
de
d'
de
} rapport de provenance

2. des
des
de
de
de
} rapport de possession

3. de
de
de
de
de
} rapport de contenu

4. de
de
du
d'
de
} rapport d'usage

5. d'
d'
d'
de
} rapport de manière

6. de
de
de
de
} rapport de cause

7. de
de
de
de
} rapport de matière

8. de
De
de
de
} rapport de comparaison

9. de
de
de
de
} rapport de durée

10. d'
de
de
de
de
} à cause des expressions de quantité

11. d'
de
d'
d'
de, de
} à cause des expressions de quantité

12. de
d'
de
d'
} à cause des pronoms indéfinis

EXERCICE VI

1. à
2. d'
3. de
4. à
5. à

6. de
7. à
8. de
9. de
10. de

11. de
12. à
13. à
14. d', de

15. de
16. de
17. à
18. De

19. à
20. à
21. à
22. de

23. de
24. Au
25. à
26. à

EXERCICE VII

1. du
2. à
3. de
4. De, d'

5. de
6. de
7. À
8. de, au, d', à, à

9. à
10. de
11. à, au
12. À
13. à

14. au, à, de
15. au
16. à, au
17. à

18. à, de, au, à
19. de, au
20. Aux, qu'au
21. à

22. à, à
23. à
24. à
25. d', de

EXERCICE VIII

1. en, dans
2. en
3. en, en, en
4. dans
5. dans, en
6. Dans
7. en
8. En, dans

9. Dans
10. en
11. En, dans
12. Dans, en
13. En
14. dans
15. dans

16. en
17. en
18. En, dans, en
19. en, dans
20. dans, en
21. *En, Dans*
22. En, dans, dans

EXERCICE IX

1. jusqu'à
2. avant
3. après
4. de, à
5. en
6. Dans
7. pour
8. à
9. en
10. pendant / durant
11. depuis
12. À
13. pendant / durant
14. pour
15. pendant / durant
16. depuis

EXERCICE X

1. derrière
2. devant
3. dans
4. sous
5. sur
6. dans
7. derrière
8. dans
9. devant
10. par
11. vers
12. entre
13. loin de
14. chez
15. en
16. jusqu'au
17. de
18. à
19. en
20. à, chez

EXERCICE XI

1. —
2. de
3. —
4. de
5. —
6. de
7. —
8. de
9. de
10. —
11. —
12. d'
13. —
14. d'
15. —
16. de
17. de
18. —
19. —
20. de
21. —
22. de
23. —
24. de

EXERCICE XII

1. —
2. à
3. —
4. à
5. —
6. à
7. —
8. à
9. —
10. à

EXERCICE XIII

1. de
2. —
3. —
4. de
5. —
6. de
7. —
8. —
9. de
10. —
11. —
12. de
13. —
14. de
15. de
16. de
17. —
18. d'
19. de
20. —
21. —
22. de
23. —
24. —
25. de

EXERCICE XIV

1. —
2. à
3. —
4. à
5. —
6. —, —
7. —, —
8. —
9. à
10. à
11. —, —
12. —, à

EXERCICE XV

1. —
   d'
   à
   de
   d'
2. —
   de
   —, —
   de, à
   —
3. —
   —, de, de, d'
   à
   —, —
   de
4. de, de, de, —, —
   à
   —, —
   —, de, —, à

EXERCICE XVI

1. —, à
2. aux, de
3. à, de
4. —, à
5. à, de
6. —, à
7. à, de
8. aux, d'
9. —
10. à, d'
11. —
12. —, à
13. de
14. à, d'
15. —
16. à, de
17. aux, de
18. —
19. —
20. à, d'

240

EXERCICE XVII

1. —, à	4. —, à	7. à, de	10. —, à
2. à, d'	5. —, à	8. à, de	11. à, d'
3. à, de	6. à, de	9. —, à	12. à, de

EXERCICE XVIII

1. —, d'	3. —, de	5. —, de	7. —, à	9. —, de
2. —, à	4. —, de	6. —, de	8. —, à	10. —, à

EXERCICE XIX

1. acheter le journal	6. me rendre folle	11. se joindre à nous
2. sortir	7. prendre l'avion	12. rester
3. à peindre	8. à me faire rire	13. à raconter des blagues
4. comprendre	9. à conduire	14. accepter cet emploi
5. à me débrouiller seul	10. étudier	15. à terminer

EXERCICE XX

1. réfléchir	8. de t'inquiéter	15. démissionner
2. partir	9. d'avoir à vous dire cela	16. de parler
3. être arrivé le premier	10. d'engager	17. de lui prêter
4. de prendre	11. de fumer	18. de s'entraîner
5. nous aider	12. de ne pas parler	19. de lire
6. me reposer	13. m'avertir	20. t'amuser
7. vous asseoir	14. aller au cinéma	

EXERCICE XXI

1. de	4. de	6. de	8. à	10. d'	12. de
2. à	5. de	7. à	9. de	11. à	13. à
3. à					

EXERCICE XXII

(À corriger en classe.)

EXERCICE XXIII

1. d'	5. de	9. à	12. à	15. à	18. de
2. de	6. à	10. à	13. de	16. à	19. de
3. de	7. à	11. d'	14. de	17. de	20. d'
4. à	8. d'				

EXERCICE XXIV

1. à a)	5. d'	9. à b)	12. à c)	15. à b)	18. de
2. à d)	6. à d)	10. à d)	13. à c)	16. de	19. à c)
3. de	7. à b)	11. à d)	14. de	17. de	20. à c)
4. de	8. à a)				

EXERCICE XXV

1. e	4. h	7. c	10. f	12. m	14. j
2. i	5. b	8. o	11. n	13. g	15. k
3. a	6. l	9. d			

MODULE 9
La place des mots dans la phrase

Hélène Poulin-Mignault   Hélène Riel-Salvatore

Table des matières

Objectifs

1. Vous sensibiliser au rôle que joue la place des mots dans la phrase, en français.

2. Démontrer comment la place qu'occupe le mot dans la phrase peut modifier et le sens du mot et le sens de la phrase.

Introduction

Nous allons nous pencher, dans le présent module, sur le rôle et l'importance de la place des mots dans la phrase, en français. Nous limiterons notre étude aux adjectifs, aux adverbes et aux pronoms personnels.

Vous avez déjà vu l'adjectif qualificatif (module 2, sur la notion de genre). La section portant sur l'adverbe sera entièrement nouvelle, quoique vous sachiez déjà qu'il s'agit d'un mot invariable dont la fonction est de modifier le sens d'un verbe, d'un adjectif, d'un autre adverbe ou d'une préposition. Enfin, dans la troisième section, sur les pronoms personnels, nous reviendrons sur les notions apprises (modules 4, 5, 7) en y intégrant la phrase infinitive.

Prétest

I   *Récrivez les phrases en mettant les adjectifs entre parenthèses à la place qui convient et faites les transformations et les accords qui s'imposent. (10 × 2 points)*

1. (beau, blanc) Ce rosier donne des roses.

   _____

2. (rafraîchissant, bon) Après une partie de hockey, rien ne vaut une bière.

   _____

3. (mou) Savez-vous jouer à la balle?

   _____

4. (sourd, petit, muet) Helen Keller était une fille.

   _____

5. (fiable, discrète) Véronique est une employée.

   _____

II   *Selon le sens de la phrase, placez les adjectifs avant ou après le nom et accordez-les. Ajoutez ou retranchez un article ou une préposition quand cela s'impose. (10 × 2 points)*

1. (nouveau) Impossible de boire du _____ Beaujolais _____ pour le

   _____ An _____, ce n'est pas la saison!

2. (triste, pauvre) Connaissez-vous la _____ histoire _____ du

   _____ Giulio _____?

3. (drôle, même) Ils ont une_____ façon _____ de nier ce qui est la

   _____ évidence _____.

4. (dernier, sale) La _____ semaine _____ de cours, les étudiants font

   toujours une _____ tête _____.

5. (certain, différent) Le cours modulaire est un _____ cours _____ dont

   de(s) _____ étudiants _____ peuvent profiter.

245

III   *Formez l'adverbe à partir de l'adjectif entre parenthèses et récrivez la phrase en le mettant à la place qui convient. (5 × 4 points)*

1. (vrai) Il est difficile de les satisfaire.

_____

2. (récent, heureux) Il a perdu son emploi, mais il vient d'hériter d'un richissime grand-oncle.

_____

_____

3. (sec, gentil) Elle lui a parlé, mais il lui a répondu malgré tout.

_____

_____

IV   *Récrivez les phrases en mettant les adverbes aux places qui conviennent. (5 × 2 points)*

1. (souvent) Je ne l'ai pas entendu chanter.

_____

2. (peut-être) Vous ne savez pas où placer cet adverbe.

_____

3. (bien) Avez-vous réfléchi?

_____

4. (déjà, aussi) On s'est trompés, nous.

_____

V

1) Mettez les phrases suivantes à la forme impérative et à la forme interrogative (en employant l'inversion). (6 × 3 points)

a. Tu me la donnes.

_____

_____

b. On y va.

_____

_____

c. Vous leur en envoyez.

_____

_____

2) *Mettez les phrases suivantes à la forme infinitive. (3 × 3 points)*

a. Garde-m'en.

Il faut _____

b. Promets-le-moi.

Il faut _____

c. Demandez-le-nous.

Il faut _____

3) *Répondez affirmativement à la question suivante. (1 × 3 points)*

Vous l'a-t-on assez expliqué?

Oui, _____

Résultats			
I	/ 20	V	
II	/ 20	1.	/ 18
III	/ 20	2.	/ 9
IV	/ 10	3.	/ 3
		Total	/ 100

Corrigé du prétest

I

1. de belles roses blanches
2. une bonne bière rafraîchissante
3. la balle molle
4. une petite fille sourde et muette
5. une employée fiable et discrète

II

1. du Beaujolais nouveau, le Nouvel An
2. la triste histoire du pauvre Giulio
3. une drôle de façon, l'évidence même
4. La dernière semaine de cours, une sale tête
5. un cours différent dont certains étudiants

III

1. Il est vraiment difficile de les satisfaire.
2. Il a perdu son emploi récemment, mais heureusement...
3. Elle lui a parlé sèchement, mais il lui a répondu gentiment...

IV

1. Je ne l'ai pas souvent entendu chanter.
2. Vous ne savez peut-être pas... / Peut-être que vous ne savez pas... / Peut-être ne savez-vous pas...
3. Avez-vous bien réfléchi?
4. On s'est déjà trompés, nous aussi.

V

1) a. Donne-la-moi.
   Me la donnes-tu?
   b. Allons-y.
   Y va-t-on?
   c. Envoyez-leur-en.
   Leur en envoyez-vous?
2) a. m'en garder.
   b. me le promettre.
   c. nous le demander.
3) on nous l'a assez expliqué. / vous nous l'avez assez expliqué.

I. La place de l'adjectif qualificatif

Vous avez déjà étudié plusieurs sortes d'adjectifs dans les modules précédents. Dans le module 1, nous vous avons fourni des définitions et des exemples: l'adjectif qualificatif (II.A.4.a.), le participe passé employé comme adjectif (II.A.1.b.), les adjectifs déterminatifs (II.A.4.b.).

Dans le module 2, vous avez pu distinguer les différentes formes de ces adjectifs: démonstratifs (II), possessifs (III), interrogatifs (V), indéfinis (IV), qualificatifs (IX).

Vous avez donc pu remarquer que l'adjectif, en général, accompagne un nom (ou un pronom) et qu'il s'accorde en genre et en nombre avec ce nom (ou ce pronom).

Ex. Mon beau petit mouchoir **neuf** conviendrait mieux que **cette longue** écharpe **blanche**.

Or, il n'est pas suffisant de choisir la bonne forme de l'adjectif; il faut également savoir où le placer dans la phrase. Pour vous décourager, on vous dit, dans *Grammaire française*, p. 156, que: «La place de l'adjectif est une question complexe, car il y a des exceptions aux règles.»

Bien sûr, vous ne vous attendiez pas à ça! Pour vous encourager, nous ajouterons que la place des adjectifs est une question relativement simple si on la compare à la place des adverbes!

Comme la place des adjectifs démonstratifs, possessifs, indéfinis et interrogatifs ne pose pas (ou plus) de réelles difficultés, nous nous limiterons, dans ce module, aux adjectifs qualificatifs.

A. La règle générale

Étudiez d'abord la section C, p. 156-158, dans *Grammaire française*, et faites l'exercice d'*Application immédiate*. Faites ensuite l'exercice I de ce module.

EXERCICE I   *Récrivez les phrases en mettant l'adjectif entre parenthèses à la place qui convient et faites les accords et les transformations qui s'imposent.*

1. (blanc) Je n'aime pas le vin.

_____

2. (long) Les soirées me fatiguent.

_____

3. (passionnant) Je suis en train de lire un roman.

_____

4. (psychologique) Il s'agit d'une intrigue qui se déroule en Hollande.

_____

5. (joli) Sur la porte, on a peint des motifs.

_____

6. (exigeant) Vous suivez un cours n'est-ce pas?

_____

7. (bon) Est-ce que c'est un cours de grammaire?

_____

8. (mauvais) J'espère que vous n'avez pas donné la réponse à la question précédente.

_____

9. (grand) Le printemps, c'est le temps du ménage.

_____

10. (vieux) Je vais jeter tous mes vêtements.

_____

11. (neuf) J'ai hâte de m'acheter une robe.

_____

12. (foncé) Les couleurs sont à la mode cette année.

_____

13. (pire) Mon problème, c'est l'argent: je n'en ai pas!

_____

14. (excellent) C'est une idée!

_____

15. (pittoresque) Je connais un endroit où on peut faire un pique-nique.

_____

16. (blanc) Cette blouse de soie est très sophistiquée.

_____

17. (ouvert) De quelle couleur est ce tiroir? Il est tout vert!

_____

18. (beau) On a des gravures à vous montrer.

_____

19. (charmant) Avez-vous déjà rencontré la dame qui habite au-dessus de chez vous?

_____

20. (comique) C'est une pièce qui vaut le déplacement.

_____

Lisez attentivement le numéro 3, p. 158, 159, dans *Grammaire française*, et faites l'exercice d'*Application immédiate*. Faites ensuite les exercices II et X, p. 162, 165. Passez ensuite au numéro 4, p. 159, 160 et faites l'exercice d'*Application immédiate*. Vérifiez votre compréhension en complétant l'exercice II de ce module.

EXERCICE II   *Placez dans la phrase les adjectifs entre parenthèses et accordez-les. Faites les accords et les transformations qui s'imposent.*

1. (beau, neuf) Je me suis acheté un chapeau pour célébrer l'arrivée du printemps.

_____

_____

2. (petit) (joli) (chaleureux) (bon) J'aime me promener dans les rues du quartier Saint-Louis. On y découvre des boutiques, une atmosphère et des restaurants.

_____

_____

_____

3. (grand, roux) (célèbre) Qui est cette fille qui discute avec l'animateur de l'émission _Le point_?

_____

_____

4. (inquiétant) (précis) (favorable) Vous vous êtes placé dans cette situation. Vous devrez fournir une réponse si vous voulez un rapport.

_____

_____

5. (deux, premier) Connaissez-vous les strophes du poème de Nelligan, _Le vaisseau d'or_?

_____

_____

6. (mauvais) (soigné) Pourquoi auriez-vous une note si vous remettez un travail?

_____

7. (jeune, charmant, blond) (germain) Saviez-vous que cet homme est mon cousin?

_____

8. (agréable à entendre) (premier) (merveilleux) Non, mais c'est une nouvelle. J'espère qu'à l'occasion, tu penseras à lui présenter ta copine.

_____

_____

9. (vieux, français) (grand, bourgeois) C'est un écrivain qui descend d'une famille dont on n'a pas fini d'entendre parler.

_____

_____

10. (nerveux, petit) (malodorant, gros) Qui est cet homme qui fume un cigare?

_____

11. (important) (socialiste, italien) Il s'agit d'un membre du parti.

_____

12. (grand, rond) (délicieux) (meilleur, blanc) Nous étions assis à une table. On nous a servi un repas arrosé du vin de la maison.

_____

_____

13. (beau, bon) On a passé une soirée chez eux.

_____

14. (enivrant) (vilain) Ce parfum vous jouera des tours.

_____

15. (subtil, mordant) Votre remarque ne m'a pas laissée indifférente.

_____

16. (beau, gentil) À l'aube, le loup-garou redevenait un garçon.

_____

17. (intelligent, sensible) Virginie est une enfant.

_____

18. (doux, calme, reposant) Jouez-moi une mélodie afin que je me détende.

_____

19. (troublant, grave) (vif, pénétrant) Plus que ses paroles, c'est son regard qui a impressionné son auditoire.

_____

_____

20. (premier, deux) Les exercices de ce module étaient faciles.

_____

B. Les changements de sens selon la place de l'adjectif

Certains adjectifs peuvent être placés avant **ou** après le nom, mais, attention, ce changement de place entraîne un changement de sens. Devant le nom, l'adjectif a un sens plutôt abstrait: avoir de **sérieux** problèmes (c'est-à-dire, graves, importants) alors qu'après le nom, il prend un sens plus concret: un air **sérieux** (c'est-à-dire, qui n'exprime aucune gaieté).

Voyez la liste qui vous est donnée au numéro 4, tableau 7.2, p. 159, 160, *Grammaire française*. Étudiez également les observations, p. 160 D. Faites l'exercice III, p. 163. Vous terminerez avec les exercices qui suivent.

EXERCICE III *Selon le sens de la phrase, mettez l'adjectif entre parenthèses à la place qui convient et accordez-le. Ajoutez ou retranchez un article ou une préposition quand cela s'impose.*

1. (dernier) Jeudi, j'ai terminé le module 8.

   _____

2. (nouveau) Pour combattre les insectes qui menacent les récoltes, on expérimente des techniques moins nocives pour l'environnement.

   _____

   _____

3. (même) Quand il s'agit de sauver la planète, tous les pays partagent la responsabilité.

   _____

   _____

4. (drôle) Qu'est-ce qui vous arrive? Vous en faites une tête ce matin!

   _____

5. (cher) Dans cette boutique, il n'y a que des vêtements.

   _____

6. (triste) C'est un cas mais vous n'y pouvez rien.

   _____

7. (différent) Il faudra étudier des solutions avant de prendre une décision.

   _____

8. (propre) Ne vous inquiétez pas, je saurai me débrouiller par mes moyens.

   _____

9. (bon) Savez-vous la réponse à cette question?

   _____

10. (prochain) Non, mais lundi, je la saurai!

    _____

11. (grand) Connaissez-vous les dames de l'Antiquité?

    _____

12. (sale) Il est brillant, mais il a le caractère de son père.

_____

13. (pauvre) Soyez indulgents pour les étudiants qui travaillent si fort!

_____

_____

14. (seul) Vous n'êtes pas les étudiants qui se sont plaints.

_____

15. (certain) Les professeurs n'ont aucune pitié!

_____

EXERCICE IV   _Selon le sens de chacune des phrases, utilisez deux fois l'adjectif entre parenthèses, avant ou après le nom qu'il qualifie et accordez-le. Ajoutez ou retranchez un article ou une préposition quand cela s'impose._

1. (pauvre) Les efforts des pays industrialisés ne suffisent pas à améliorer la situation des pays du Tiers-Monde.

_____

_____

2. (certain) Avec des méthodes éprouvées, on obtient des résultats.

_____

_____

3. (ancien) Imagine-toi que j'ai revu mon professeur d'histoire de l'art; il vient de transformer une chapelle en musée d'objets d'art.

_____

_____

_____

4. (dernier) Il a donné sa conférence au mois d'avril. C'est la fois que je l'ai vu.

_____

_____

5. (cher) Monsieur, il s'agit là d'un traitement douloureux.

_____

6. (même) Ils ne vont pas faire l'erreur deux fois, c'est l'évidence! Croyez-moi, leur candidat sera solide.

_____

_____

7. (seul) La chose dont je suis sûre, c'est qu'il y aura peu de personnes à cette soirée.

_____

_____

8. (grand) Tous les hommes ne sont pas des hommes!

_____

9. (simple) Il faut trouver une solution efficace. Un détail pourrait faire toute la différence.

_____

_____

10. (propre) Si vous voulez un appartement, il faudra faire faire les travaux à vos frais.

_____

_____

II. La formation et la place de l'adverbe

A. La formation de l'adverbe

Plusieurs adverbes sont formés à partir du féminin de l'adjectif qualificatif et se terminent par **ment**. Il vous sera donc utile de revoir les règles qui régissent les formes des adjectifs au féminin, p. 149-152, _Grammaire française_. Lisez ensuite attentivement les sections A, B, et C, p. 175-177, et faites les exercices d'_Application immédiate_, p. 176 et 177, afin de vérifier vos connaissances.

Faites ensuite l'exercice VIII, p. 184, _Grammaire française_, et l'exercice qui suit.

EXERCICE V   _Complétez les phrases en employant les adverbes formés à partir des adjectifs entre parenthèses._

1. Vous finirez (probable) _____ cet exercice en peu de temps.

2. Vous n'aurez (sûr) _____ pas de difficultés avec les adjectifs réguliers!

3. Répondez-nous (franc) _____, est-ce que vous travaillez (réel) _____

autant que vous le prétendez?

4. Vous savez, ils m'ont tous traité très (gentil) _____, mais ils ne m'ont pas offert

d'emploi!

5. C'est (précis) _____ la raison pour laquelle ils ont été aussi courtois.

6. Mieux vaut (évident) _____ se faire dire non (poli) _____ que

(sec) _____.

7. Marie est (naturel) _____ bonne, mais quand on lui parle (méchant)

_____, cela l'affecte (profond) _____ et elle oublie (difficile)

_____ par la suite.

8. Tous ceux qui étaient présents ont donné (généreux) _____ de leur temps et de

leur argent, mais, (malheureux) _____, on était trop peu nombreux pour être

(vrai) _____ efficaces.

9. Célébrons (gai) _____ puisque c'est le printemps et que vous semblez (fou)

_____ amoureux.

10. Expliquez-nous (bref) _____ comment vous arrivez à retenir toutes ces exceptions.

B. La place de l'adverbe

Étudiez les sections D et E dans *Grammaire française,* p. 177-182, et faites l'exercice d'*Application immédiate*.

Vous savez déjà que l'adverbe sert à compléter le sens du mot qu'il modifie, qu'il s'agisse d'un verbe, d'un adjectif, d'un autre adverbe ou d'une préposition.

Ex. Comment danse-t-il? Il danse **mal**. (verbe)
Quand est-il disponible? Il est **toujours** disponible. (adjectif)
Quand sortent-ils ensemble? Ils sortent **rarement** ensemble. (adverbe)
Où étions-nous derrière eux? On était **loin** derrière eux. (préposition)

Notez que l'adverbe n'est **jamais** devant le verbe qu'il modifie.
Ex. Il danse **mal**.
Elle chantait **bien**.
Il viendra **souvent**.

Il se place **après** le verbe comme dans les trois exemples précédents où le verbe est conjugué à un temps simple.

Lorsqu'il modifie un verbe conjugué à un temps composé, c'est la nature de l'adverbe qui en détermine la place. Un adverbe court **ou** très courant se placera **entre** l'auxiliaire et le participe passé.
Ex. Il a **mal** dansé. (court et courant)
Elle avait **bien** chanté. (court et courant)
Il serait **peut-être** venu. (courant)
Nous aurons **sûrement** compris. (courant)
Vous êtes **probablement** arrivés trop tard. (courant)

Par contre, un adverbe long **et** qui n'est pas courant se placera **après** le participe passé.
Ex. Il a dansé **convenablement**.
Elle aurait conduit **prudemment**.
Nous avions répondu **franchement**.

EXERCICE VI   *Formez l'adverbe à partir de l'adjectif entre parenthèses et récrivez la phrase en le mettant à la place qui convient.*

1. (patient) Je vous écoute depuis vingt minutes, ça suffit comme ça!

_____

2. (malheureux) Il ne nous en reste plus un seul exemplaire.

_____

3. (frais) Il est arrivé avec cet air mi-craintif, mi-insolent du jeune professeur sorti de l'université.

_____

4. (courant, convenable) Après un bon cours de conversation, vous parlerez français et, grâce à ce cours, vous l'écrirez.

_____

_____

5. (vrai) Je ne sais pas comment vous allez vous sortir de cette impasse.

_____

6. (discret) Il devra agir s'il ne veut blesser personne.

_____

7. (poli) Parlez si vous voulez qu'on vous écoute!

_____

8. (récent, relatif) Je ne l'ai pas revu, mais je sais qu'il est à Montréal et qu'il se porte bien.

_____

_____

EXERCICE VII   *Récrivez les phrases suivantes en mettant les adverbes donnés à la place qui convient.*

1. (très) Je suis satisfaite de votre travail.

_____

2. (bien) Réfléchissez avant de prendre une décision.

_____

3. (mal) Dormirez-vous sans oreiller?

_____

4. (souvent) Je ne lis pas les journaux, mais j'écoute la radio.

_____

_____

5. (toujours) Ils ne comprenaient pas la première fois.

_____

6. (déjà) Nous serions là si vous nous aviez appelés plus tôt.

_____

7. (très) J'ai été contente de faire sa connaissance.

_____

8. (bien) Avez-vous réfléchi avant de prendre cette décision?

_____

9. (mal) Auriez-vous dormi sans oreiller?

_____

10. (souvent) Il m'a parlé de cet ami, mais je ne le connais toujours pas.

_____

11. (toujours) Vous n'aviez pas compris la première fois.

_____

12. (déjà) Ils auraient téléphoné s'ils avaient su.

_____

13. (surtout) J'ai fait beaucoup de choses, mais j'ai essayé de ne pas me fatiguer.

_____

14. (bien) Je vous conseille de réfléchir avant de prendre une décision.

_____

15. (mal) Elle est sûre de dormir sans oreiller.

_____

16. (souvent) Vas-tu nous écrire pendant ton absence?

_____

17. (souvent) Il devra écrire s'il ne veut pas qu'on l'oublie.

_____

18. (bien) Restez tranquille et écoutez-moi.

_____

_____

19. (surtout) N'allez pas tout oublier pendant les vacances.

_____

_____

20. (peut-être) Ils vont suivre un cours d'immersion cet été.

_____

_____

21. (beaucoup) On a travaillé, mais ça en valait la peine, vous ne trouvez pas?

_____

22. (aussi) Il m'a servi du café et des biscuits.

_____

_____

23. (plutôt) Je le trouve froid avec moi.

_____

24. (peut-être) Tu n'as pas essayé de savoir pourquoi.

_____

_____

25. (vraiment) C'est juste, mais je n'ai pas eu le temps, je t'assure!

_____

EXERCICE VIII *Récrivez les phrases suivantes en mettant les adverbes entre parenthèses aux places qui conviennent.*

1. (auparavant, consciencieusement) Faites cet exercice, mais relisez les pages 179 à 182 dans votre grammaire.

_____

_____

2. (hier, très) Je me suis couché tard.

_____

3. (souvent, vraiment) J'ai pensé que mes efforts ne serviraient à rien.

_____

_____

4. (mieux, plus) Vous nagez depuis que vous allez souvent à la piscine.

_____

_____

5. (seulement, beaucoup) J'ai fait les deux premiers exercices, mais ils m'ont aidé.

_____

_____

6. (aussi, peut-être) Pierre a l'intention de venir; il pourra nous aider.

_____

_____

7. (toujours, même, encore) Ils parlent de déménager, mais dans deux ans vous les retrouverez dans le logement.

_____

_____

8. (trop, peut-être, demain) Vous aurez des choses à faire.

_____

_____

9. (tout de suite, volontiers, bien) Je le ferais, mais j'ai peur que ce soit inutile.

_____

_____

10. (moins, aujourd'hui, bien) Il va.

_____

III. La place des pronoms personnels

Dans le module 7, section A, vous avez déjà étudié les pronoms personnels. Vous avez alors appris à les substituer aux noms qu'ils remplacent dans une phrase et à les placer dans une séquence de pronoms.

Le pronom personnel peut avoir comme fonction d'être soit sujet, soit complément. Vous avez constaté que, selon sa fonction, le pronom occupe une place *habituelle* dans la phrase; par exemple, le pronom personnel sujet est habituellement placé avant le verbe. Le but de cette section est de vous montrer comment cette place du pronom est amenée à changer lorsque l'on veut modifier le sens de la phrase; par exemple, lors de la modification d'une affirmation en une interrogation.

Ex. Tu veux un crayon.

Veux-**tu** un crayon?

A. Le pronom sujet

Le pronom personnel sujet est facilement repérable dans une phrase déclarative à cause de sa forme particulière. (Consultez *Grammaire française*, p. 35-36, I.A.1.)

On le trouve avant le verbe à un temps simple ou à un temps composé.

Ex. Je parle.

J'ai parlé.

Dans une phrase interrogative (voir module 5, I, l'interrogation directe), le pronom sujet se place après le verbe, à un temps simple et après l'auxiliaire, à un temps composé. (Voir *Grammaire française*, p. 36, n° 2.b.) Cette inversion du pronom sujet caractérise bien la phrase interrogative.

Ex. Vois-**tu**?

As-**tu** vu?

Vous pouvez toujours revoir le module 5 et même refaire les exercices I à X pour vous assurer que le mécanisme de l'inversion est bien assimilé.

N'oubliez pas que le **est-ce que** est une autre caractéristique de la phrase interrogative. Lorsqu'il est employé, l'inversion n'est pas nécessaire: l'ordre des mots reste donc le même que dans la phrase déclarative.

Ex. Est-ce que tu as vu?

Les deux autres cas où le pronom sujet se trouve affecté sont:

— l'impératif, dont l'un des signes distinctifs est précisément l'élimination du pronom sujet (voir module 4); et

— l'infinitif, puisqu'il s'agit de la forme nominale du verbe (voir *Grammaire française*, leçon 12, p. 266), qui ne requiert donc pas de sujet.

B. Le pronom objet

Les pronoms objets ont aussi leur place dans la phrase. Consultez *Grammaire française*, p. 38 à 41, B, pronoms objets directs et indirects, 2 et 3.

Voici un tableau qui vous aidera à visualiser la place qu'occupent les pronoms (sujets ou objets) dans les différents types de phrase.

PLACE DES PRONOMS PERSONNELS			
	Pronom sujet	Pronoms objets	Verbe
phrase déclarative	tu	lui en	parles as parlé
phrase interrogative	◯	lui en	parles⌢tu? as⌢tu⌣parlé?
phrase impérative	⊗	▭	parle‑ lui‑en
phrase infinitive	⊗	lui en	parler

À l'aide du tableau, faites les exercices qui suivent.

EXERCICE IX   *Mettez les phrases suivantes à la forme impérative.*

1. Tu me les donnes. _____.

2. Tu y vas. _____.

3. On les attend. _____.

4. Vous m'en parlez. _____.

5. Vous nous le dites. _____.

6. Tu me parles. _____.

7. Tu m'en envoies. _____.

8. Tu te rappelles. _____.

9. Tu t'en souviens. _____.

10. On le lui écrit. _____.

11. Nous la regardons. _____.

12. Vous leur en offrez. _____.

EXERCICE X   *Mettez les phrases suivantes à la forme interrogative.*

1. Tu les lui enverras. _____?

2. Elle l'a remarqué. _____?

3. Je vous y ai déjà rencontré. _____?

4. Vous nous en donnerez. _____?

5. Ils les leur ont offerts. _____?

6. Je le peux. _____?

7. Elle nous y rejoindra. _____?

8. Nous lui en avons donné assez. _____?

9. On la préviendra. _____?

10. Il t'y amènera. _____?

11. Je le lui ai dit. _____?

12. Tu leur en as parlé. _____?

13. Tu vas leur en parler. _____?

EXERCICE XI   *Mettez les phrases suivantes à la forme infinitive.*

1. Donne-les-moi.   Il faut _____.

2. Vas-y.   Il faut _____.

3. Attendons-les.   Il faut _____.

4. Parlez-m'en.   Il faut _____.

5. Dites-le-nous.   Il faut _____.

6. Parle-moi.   Il faut _____.

7. Envoie-m'en.   Il faut _____.

8. Rappelle-toi ça.   Il faut _____.

9. Souviens-t'en.   Il faut _____.

10. Offrez-leur-en.   Il faut _____.

11. Écrivons-le-lui.   Il faut _____.

12. Regardons-la.   Il faut _____.

EXERCICE XII   *Répondez affirmativement aux questions suivantes.*

1. Les lui enverras-tu? Oui, _____.

2. L'a-t-elle remarqué? Oui, _____.

3. Vous y ai-je déjà rencontré? Oui, _____.

4. Nous en donnerez-vous? Oui, _____.

5. Les leur ont-ils offerts? Oui, _____.

6. Le puis-je? Oui, _____.

7. Nous y rejoindra-t-elle? Oui, _____.

8. Lui en avons-nous donné assez? Oui, _____.

9. La préviendra-t-on? Oui, _____.

10. T'y amènera-t-il? Oui, _____.

11. Le lui ai-je dit? Oui, _____.

12. Vas-tu leur en parler? Oui, _____.

13. Leur en as-tu parlé? Oui, _____.

Corrigé des exercices

EXERCICE I

1. le vin blanc
2. les longues soirées
3. un roman passionnant
4. une intrigue psychologique
5. de jolis motifs
6. un cours exigeant
7. un bon cours
8. la mauvaise réponse
9. du grand ménage
10. mes vieux vêtements
11. une robe neuve
12. les couleurs foncées
13. mon pire problème
14. une excellente idée
15. un endroit pittoresque
16. Cette blouse de soie blanche
17. ce tiroir ouvert
18. de belles gravures
19. la charmante dame
20. C'est une pièce comique

EXERCICE II

1. un beau chapeau neuf
2. les petites rues, de jolies boutiques, une atmosphère chaleureuse et de bons restaurants
3. cette grande fille rousse, le célèbre animateur / la célèbre émission
4. cette situation inquiétante, une réponse précise, un rapport favorable
5. les deux premières strophes
6. une mauvaise note, un travail soigné
7. ce charmant jeune homme blond, mon cousin germain
8. une nouvelle agréable à entendre, la première occasion, ta merveilleuse copine

9. un vieil écrivain français, une grande famille bourgeoise
10. ce petit homme nerveux, un gros cigare malodorant
11. un membre important du parti socialiste italien
12. une grande table ronde, un délicieux repas, du meilleur vin blanc
13. une belle et bonne soirée
14. Ce parfum enivrant, de vilains tours
15. Votre remarque subtile et mordante
16. un beau et gentil garçon
17. une enfant intelligente et sensible
18. une mélodie douce, calme et reposante
19. ses paroles graves et troublantes, son regard vif et pénétrant
20. Les deux premiers exercices

EXERCICE III

1. Jeudi dernier
2. de nouvelles techniques
3. la planète même, la même responsabilité
4. une drôle de tête
5. des vêtements chers
6. un triste cas
7. étudier différentes solutions
8. mes propres moyens
9. la bonne réponse
10. lundi prochain
11. les grandes dames
12. le sale caractère
13. les pauvres étudiants
14. les seuls étudiants
15. Certains professeurs

EXERCICE IV

1. Les pauvres efforts, des pays pauvres
2. Avec certaines méthodes, des résultats certains
3. mon ancien professeur, une ancienne chapelle en musée d'objets d'art anciens
4. sa dernière conférence au mois d'avril, la dernière fois
5. Cher monsieur, un traitement douloureux et cher
6. la même erreur, l'évidence même
7. La seule chose, peu de personnes seules
8. les hommes grands, de grands hommes
9. une solution simple et efficace, Un simple détail
10. un appartement propre, à vos propres frais

EXERCICE V

1. probablement
2. sûrement
3. franchement, réellement
4. gentiment
5. précisément
6. évidemment, poliment, sèchement
7. naturellement, méchamment, profondément, difficilement

8. généreusement, malheureusement, vraiment
9. gaiement / gaîment, follement
10. brièvement

EXERCICE VI

1. Je vous écoute patiemment...
2. Malheureusement, il ne nous en reste... / Il ne nous en reste malheureusement plus... / ... exemplaire, malheureusement.
3. ... du jeune professeur fraîchement sorti...
4. ... vous parlerez couramment... / français couramment, vous l'écrirez convenablement.
5. Je ne sais vraiment pas...
6. Il devra agir discrètement...
7. Parlez poliment...
8. Je ne l'ai pas revu récemment..., ... il se porte relativement très bien.

EXERCICE VII

1. Je suis très satisfaite...
2. Réfléchissez bien...
3. Dormirez-vous mal...
4. Je ne lis pas souvent les journaux, mais j'écoute souvent la radio. / Je ne lis pas souvent les journaux, mais j'écoute la radio. / Je ne lis pas les journaux, mais j'écoute souvent la radio.
5. Ils ne comprenaient pas toujours la première fois.
6. Nous serions déjà là si vous...
7. J'ai été très contente...
8. Avez-vous bien réfléchi...
9. Auriez-vous mal dormi...
10. Il m'a souvent parlé...
11. Vous n'aviez pas toujours compris...
12. Ils auraient déjà téléphoné...
13. ... j'ai surtout essayé de...
14. Je vous conseille de bien réfléchir...
15. Elle est sûre de mal dormir...
16. Vas-tu nous écrire souvent...
17. Il devra écrire souvent...
18. Restez bien tranquille et écoutez-moi. / Restez tranquille et écoutez-moi bien.
19. N'allez surtout pas...
20. Ils vont peut-être suivre... / Peut-être qu'ils vont... / Peut-être vont-ils...
21. On a beaucoup travaillé...
22. Il m'a aussi servi du café... / Il m'a servi du café et des biscuits aussi.
23. Je le trouve plutôt froid...
24. Tu n'as peut-être pas essayé... / Peut-être que tu n'as pas essayé... / Peut-être n'as-tu pas essayé...
25. ... je n'ai vraiment pas eu le temps...

EXERCICE VIII

1. Faites cet exercice consciencieusement, mais, auparavant, relisez...
2. Hier, je me suis couché très tard. / Je me suis couché très tard hier.
3. J'ai souvent pensé... ne serviraient vraiment à rien.
4. Vous nagez mieux depuis que vous allez plus souvent à la piscine.
5. J'ai fait seulement les deux... ils m'ont beaucoup aidé.

6. Pierre aussi a l'intention de venir; il pourra peut-être nous aider. / ... peut-être qu'il pourra nous aider / ... peut-être pourra-t-il nous aider.

7. Ils parlent toujours de déménager... vous les retrouverez encore dans le même logement.

8. Vous aurez peut-être trop de choses à faire demain. / Demain, vous aurez peut-être trop de choses à faire. / Peut-être que vous aurez trop de choses à faire demain. / Peut-être que demain, vous aurez trop de choses à faire. / Peut-être aurez-vous trop de choses à faire demain.

9. Je le ferais volontiers tout de suite, mais j'ai bien peur que...

10. Aujourd'hui, il va moins bien. / Il va moins bien aujourd'hui.

EXERCICE IX

1. Donne-les-moi.
2. Vas-y.
3. Attendons-les.
4. Parlez-m'en.
5. Dites-le-nous.
6. Parle-moi.
7. Envoie-m'en.
8. Rappelle-toi.
9. Souviens-t'en.
10. Écrivons-le-lui.
11. Regardons-la.
12. Offrez-leur-en.

EXERCICE X

1. Les lui enverras-tu?
2. L'a-t-elle remarqué?
3. Vous y ai-je déjà rencontré?
4. Nous en donnerez-vous?
5. Les leur ont-ils offerts?
6. Le puis-je?
7. Nous y rejoindra-t-elle?
8. Lui en avons-nous donné assez?
9. La préviendra-t-on?
10. T'y amènera-t-il?
11. Le lui ai-je dit?
12. Leur en as-tu parlé?
13. Vas-tu leur en parler?

EXERCICE XI

1. me les donner.
2. y aller.
3. les attendre.
4. m'en parler.
5. nous le dire.
6. me parler.
7. m'en envoyer.
8. te rappeler ça.
9. t'en souvenir.
10. leur en offrir.
11. le lui écrire.
12. la regarder.

EXERCICE XII

1. je les lui enverrai.
2. elle l'a remarqué.
3. vous m'y avez déjà rencontré. / tu m'y as déjà rencontré.
4. nous vous en donnerons. / on vous en donnera. / je vous en donnerai.
5. ils les leur ont offerts.
6. vous le pouvez. / tu le peux.
7. elle nous y rejoindra.
8. nous lui en avons donné assez. / on lui en a donné assez.
9. on la préviendra.
10. il m'y amènera.
11. tu le lui as dit. / vous le lui avez dit.
12. je vais leur en parler.
13. je leur en ai parlé.

MODULE 10
La négation

Hélène Poulin-Mignault   Gilles Six

Table des matières

Objectifs

1. Passer systématiquement en revue les différents mots négatifs et restrictifs.
2. Montrer, à l'aide d'exemples variés, quelle négation employer et où la placer dans la phrase.
3. Créer chez vous des réflexes quant au bon usage et à l'expression d'une idée négative ou contradictoire.

Introduction

Bien que la négation se compose d'au moins deux éléments (**ne** et un ou plusieurs autres mots négatifs), on utilise souvent, dans la conversation, une formule elliptique lorsque l'on veut répondre négativement à une question posée.

Ex. Qui t'a dit ça?   **Personne.**
    Qu'est-ce que tu fais?   **Rien.**
    Êtes-vous prêt?   **Pas encore.**
    Est-ce que je vous dérange? **Pas du tout.**
    De qui parlez-vous?   De **personne.**
    À quoi penses-tu?   À **rien.**
    Y a-t-il un volontaire?   **Pas** moi.
    Où allez-vous?   **Nulle part.**
    M'abandonnerais-tu?   **Jamais.**

Parfois, on peut également répondre négativement en utilisant **non** et une phrase déclarative contradictoire.

Ex. Est-ce que tu peux encore **rester**?
Non, je dois **partir**.

Est-ce que vous **savez** la réponse?
Non, je l'**ignore**.

Font-ils **beaucoup** de progrès?
Non, ils en font **peu**.

Quelqu'un vous a-t-il **aidé**?
Non, j'ai fait ça tout **seul**.

Notre député a-t-il voté **pour** ce projet de loi?
Non, il a voté **contre**.

Par ailleurs, dans la langue parlée comme dans la langue écrite, on est fréquemment amené à faire des observations ou même à poser des questions nécessitant une négation. L'ellipse n'est alors plus possible.

Ex. Imagine-toi qu'on **ne** m'avait **rien** dit à ce sujet!
Zut! je **ne** trouve mes clés **nulle part**.
Rassure-toi! Elle a promis de **ne plus** en discuter.
Écoute, **ne** parle de cela à **personne**!
Mais enfin, pourquoi est-ce que tu **ne** me l'as **jamais** mentionné avant?

Remarque

Dans la langue familière parlée, on omet généralement le **ne**.

Savoir quel mot négatif employer dans une phrase négative et où le placer ne présente guère de difficulté puisque chacun correspond à un mot affirmatif dans la phrase affirmative et en occupe la place. Il suffit d'ajouter **ne** après le sujet du verbe.

Prétest

I   *Mettez les phrases suivantes à la forme négative, au présent, au passé composé et au futur proche, sans remplacer les noms par des pronoms. (2 × 3 points)*

1. Ils apportent du vin.

_____

_____

_____

2. Vous êtes élu.

_____

_____

_____

II   *Répondez négativement aux questions suivantes en remplaçant les mots soulignés par des pronoms. (10 × 4 points)*

1. Est-ce qu'il s'est déjà aperçu <u>de son erreur</u>?

_____

2. Pourrez-vous un jour retourner <u>dans votre pays d'origine</u>?

_____

3. As-tu vu <u>mes gants</u> quelque part?

_____

4. Habite-t-elle toujours <u>rue Saint-Denis</u>?

_____

5. Aurais-tu quelques <u>pièces de cinq cents</u>?

_____

6. Le communisme ou le socialisme attire-t-il <u>ce pays en voie de développement</u>?

_____

7. Aiment-ils aussi <u>le chocolat</u>?

_____

8. Est-ce que quelqu'un a parlé <u>à Robert</u>?

_____

9. Est-ce que <u>Robert</u> a besoin de quelque chose?

_____

10. Parle-t-on d'autre chose que de la négation <u>dans ce module</u>?

_____

III *Répondez négativement aux questions suivantes en remplaçant les mots soulignés par des pronoms. (4 × 6 points)*

1. A-t-elle finalement remarqué <u>quelque chose de louche</u>?

_____

2. Est-ce que quelqu'un pense encore <u>à ce scandale</u>?

_____

3. As-tu déjà vu <u>cette affiche</u> quelque part?

_____

4. Certains étudiants vous ont-ils parfois offert <u>un cadeau</u>?

_____

IV *Mettez les phrases suivantes à la forme impérative négative et à la forme infinitive négative. Remplacez les mots soulignés par des pronoms. (3 × 6 points + 3 × 4 points)*

1. Racontez-leur encore <u>des histoires</u>.

_____

Je vous conseille de _____.

2. Apporte-moi <u>quelque chose</u>.

_____

Je te dis de _____.

3. Amenons quelqu'un <u>à cette réunion</u>.

_____

On nous a recommandé de _____.

Résultats			
I	/ 6	III	/ 24
II	/ 40	IV	/ 30
		Total	/ 100

Corrigé du prétest

I

1. Ils n'apportent pas de vin.
   Ils n'ont pas apporté de vin.
   Ils ne vont pas apporter de vin.
2. Vous n'êtes pas élu.
   Vous n'avez pas été élu.
   Vous n'allez pas être élu.

II

1. Non, il ne s'en est pas encore aperçu. / Non, il ne s'en est toujours pas aperçu.
2. Non, je ne pourrai jamais y retourner. / Non, nous ne pourrons jamais y retourner.
3. Non, je ne les ai vus nulle part.
4. Non, elle n'y habite plus.
5. Non, je n'en ai aucune. / Non, je n'en ai pas une (seule). / Non, je n'en ai pas.
6. Non, ni le communisme ni le socialisme ne l'attire. / Non, ni l'un ni l'autre ne l'attire.
7. Non, ils ne l'aiment pas non plus.
8. Non, personne ne lui a parlé.
9. Non, il n'a besoin de rien.
10. Non, on n'y parle que de la négation. / Non, on n'y parle pas d'autre chose. / Non, on n'y parle de rien d'autre.

III

1. Non, elle n'a encore rien remarqué de louche. / Non, elle n'a toujours rien remarqué de louche.
2. Non, personne n'y pense plus.
3. Non, je ne l'ai encore vue nulle part. / Non, je ne l'ai jamais vue nulle part.
4. Non, aucun étudiant ne m'en a jamais offert. / Non, aucun ne m'en a jamais offert.

IV

1. Ne leur en racontez plus. (*6 points*)
   Je vous conseille de ne plus leur en raconter. (*4 points*)
2. Ne m'apporte rien. (*6 points*)
   Je te dis de ne rien m'apporter. (*4 points*)
3. N'y amenons personne! (*6 points*)
   On nous a recommandé de n'y amener personne. (*4 points*)

I. Les fonctions des mots négatifs

Toute phrase négative comporte une partie adverbiale qui exprime la négation pure et se traduit par **ne... pas**. Le **pas** peut être remplacé par un autre mot négatif: un adverbe, un adjectif, un pronom ou une conjonction (voir *Grammaire française*, tableau 14.1, p. 308-309), qui remplit la même fonction que sa contrepartie dans la phrase affirmative.

Ex. On peut trouver ça **n'importe où**.
   On ne peut trouver ça **nulle part**.

   n'importe où: adverbe de lieu, modifie *trouver;*
   nulle part: adverbe de lieu, modifie *trouver.*

Ils avaient **plusieurs** questions à poser.
Ils n'avaient **aucune** question à poser.

plusieurs: adjectif indéfini, détermine *questions*;
aucune: adjectif indéfini, détermine *question*.

Quelque chose leur est arrivé.
Rien ne leur est arrivé.

quelque chose: pronom indéfini, sujet de *est arrivé*;
rien: pronom indéfini, sujet de *est arrivé*.

J'ai son adresse **et** son numéro de téléphone.
Je n'ai **ni** son adresse **ni** son numéro de téléphone.

et: conjonction, relie *adresse* et *numéro de téléphone*;
ni: conjonction, relie *adresse* et *numéro de téléphone*.

EXERCICE I   *Dans les phrases suivantes, soulignez les mots négatifs autres que **ne** et dites quelles sont leur nature (adv., adj., pron., conj.) et leur fonction dans la phrase.*

1. Je ne serai pas chez moi dimanche.

_____

2. Elle ne regarde jamais la télévision.

_____

3. Je ne pensais à rien.

_____

4. Tu n'as eu aucune chance.

_____

5. Ils n'ont pas encore compris la négation.

_____

6. Ni Marie ni Pierre n'est venu.

_____

7. Il ne sort avec personne.

_____

8. Pas un candidat n'a été élu au premier tour.

_____

9. On ne fréquente plus cet endroit.

_____

10. Comment! vous ne savez ni lire ni écrire?

_____

A. Les adverbes négatifs

1. La négation simple: ne... pas

Vous vous rappelez sans doute que l'**adverbe** est un mot invariable qui modifie le sens d'un verbe, d'un adjectif ou d'un autre adverbe. (Voir module 1, II.C.3.) L'adverbe de négation *simple* est **ne... pas**. Il n'a pas de contrepartie dans la phrase affirmative puisqu'il sert simplement à rendre cette phrase négative. Si vous étudiez attentivement, dans *Grammaire française,* les pages 309-310 (n°s 1 à 3) et 311 (n° 8), vous noterez que:

— le **ne** suit immédiatement le sujet;
— le **pas** suit le verbe à un temps simple et l'auxiliaire à un temps composé;
— lorsqu'un adverbe affirmatif suit le verbe ou l'auxiliaire, le **pas** précède généralement cet adverbe.

Ex. Il comprend **bien**.
    Il **ne** comprend **pas bien**.

    Il a **bien** compris.
    Il **n'**a **pas bien** compris.

    Il va **bien** comprendre.
    Il **ne** va **pas bien** comprendre.

Les articles partitifs (du, de la, de l') et les articles indéfinis (un, une, des) deviennent **de** lorsqu'ils précèdent un nom complément d'objet direct.

Ex. Je veux **un** fruit.   Je veux **des** fruits.
     Je ne veux pas **de** fruit.   Je ne veux pas **de** fruits.

mais C'est **un** fruit.   Ce sont **des** fruits.
     Ce n'est pas **un** fruit.   Ce ne sont pas **des** fruits.

EXERCICE II   *Mettez les phrases suivantes à la forme négative, au présent, au passé composé et au futur proche.*

1. On travaille ici.

_____

_____

_____

2. Ils sortent souvent.

_____

_____

_____

3. Je fais du ski.

_____

_____

_____

4. Il a l'occasion de se reposer.

_____

_____

_____

5. Nous leur achetons des fleurs.

_____

_____

_____

6. Elle est très satisfaite.

_____

_____

_____

7. Cette soirée est une réussite.

_____

_____

_____

8. Elles ont de la peine.

_____

_____

_____

2. Les autres négations

Maintenant, étudiez les autres adverbes négatifs. (_Grammaire française,_ p. 314-316, III.A, nᵒˢ 3 à 6, 8 et 9; p. 311-313, II.B.1. Attention aux exceptions **nulle part** et **non plus**.) Faites ensuite les exercices qui suivent et terminez avec l'exercice d'_Application immédiate, Grammaire française,_ p. 316.

EXERCICE III   _Mettez les phrases suivantes à la forme négative en utilisant les adverbes négatifs qui vous sont indiqués._

a) Ne... pas du tout

1. Je suis fatigué.

_____

2. Ils ont aimé ce film.

_____

3. Nous comprenons cet exercice.

_____

b) _Ne... pas encore / ne... toujours pas_

1. Comment! vous avez déjà terminé le module?

_____

_____

2. Charlotte est déjà partie.

_____

_____

3. J'ai déjà envoyé ma contribution.

_____

_____

4. Les invités ont déjà été servis.

_____

_____

c) _Ne... plus_

1. Il reste encore du gâteau.

_____

2. J'ai encore faim.

_____

3. Tu sors toujours avec Stéphanie, n'est-ce pas?

_____

4. Ils vivent encore aux États-Unis.

_____

d) _Ne... jamais_

1. Ils travaillent souvent le samedi.

_____

2. Je suis déjà allée à ce restaurant.

_____

3. On vous pose parfois des questions difficiles.

_____

4. Elle me téléphone de temps en temps.

_____

5. Vous le verrez quelquefois chez Martine.

_____

e) Ne... nulle part

1. Je l'ai vu quelque part.

_____

2. On a cherché partout.

_____

3. Vous trouverez ça quelque part dans cette ville.

_____

f) Ne... pas... non plus

1. J'ai envie d'y aller aussi.

_____

2. Lui aussi aime le jazz.

_____

3. Tu as l'air en forme, toi aussi.

_____

3. La forme restrictive: ne... que

L'adverbe **ne... que** donne un sens restrictif à une phrase affirmative. Il a le même sens que l'adverbe **seulement**. (Voir *Grammaire française*, p. 311-313, B.1. Attention à la remarque qui limite l'emploi de ne... que.)

EXERCICE IV   *Remplacez **seulement** par **ne... que** quand cela est possible.*

1. Il me reste seulement 2 $.

_____

2. J'ai lu seulement un des romans de Balzac.

_____

3. Il t'en reste alors seulement 99 à lire!

_____

4. J'espère que tu me taquines seulement.

_____

5. Cette maison me cause seulement des soucis.

_____

6. J'avais pourtant dit que je l'appellerais seulement.

_____

Faites maintenant l'exercice d'*Application immédiate,* p. 313, et l'exercice III, p. 324.

EXERCICE V   *Répondez négativement aux questions suivantes en employant les adverbes négatifs entre parenthèses. Remplacez les mots soulignés par des pronoms.*

1. Es-tu allé <u>au musée</u> dimanche? (ne... pas)

_____

2. Est-ce que <u>la fumée</u> vous dérange? (ne... pas du tout)

_____

3. Est-ce que <u>Pierrot</u> va déjà <u>à l'école</u>? (ne... pas encore)

_____

4. Ont-ils enfin compris <u>cette règle</u>? (ne... toujours pas)

_____

5. Travaille-t-il toujours <u>chez Eaton</u>? (ne... plus)

_____

6. Parlez-vous <u>aux Duval</u> de temps en temps? (ne... jamais)

_____

7. Auriez-vous vu <u>mon sac</u> quelque part? (ne... nulle part)

_____

8. Je ne me sens pas très bien. Et toi? (ne... pas... non plus)

_____

9. Avez-vous plus d'<u>un enfant</u>? (ne... que)

_____

10. Est-ce que <u>Carol Ann</u> a encore <u>son gros chien</u>? (ne... plus)

_____

11. As-tu eu le temps de téléphoner <u>à Julie</u>? (ne... pas encore)

_____

12. Oserais-tu dire ça <u>à Julie</u>? (ne... jamais)

_____

B. Les adjectifs et les pronoms négatifs

Tout comme les autres adjectifs et les autres pronoms que vous avez étudiés dans les modules 2 et 7, l'adjectif négatif accompagne le nom, et le pronom négatif le remplace. Au début du présent module, vous avez pu constater qu'ils avaient, comme les adverbes négatifs, leur contrepartie dans la phrase affirmative.

Étudiez, dans *Grammaire française*, les pages 316-319 (B et C, n°s 1-3). Vous verrez que, comme dans la phrase affirmative, c'est la fonction du mot négatif qui détermine la place qu'il occupe dans la phrase.

L'adjectif négatif s'accorde en genre avec le nom qu'il accompagne, mais il est toujours au singulier.

Ex. J'ai quelques idées.   J'ai plusieurs amis.
    Je **n'**ai **aucune** idée.   Je **n'**ai **aucun** ami.

La même règle s'applique au pronom négatif.

Ex. Toutes sont belles.   Plusieurs sont gentils.
    Aucune n'est belle.   **Aucun n'**est gentil.

Vous remarquerez que lorsque le pronom négatif est sujet du verbe, le **ne** se place immédiatement après lui.

EXERCICE VI   *Mettez les phrases suivantes à la forme négative en employant les mots négatifs qui vous sont indiqués.*

a) Aucun(e)... ne / ne... aucun(e)

1. Plusieurs candidats se sont présentés.

_____

2. Plusieurs se sont présentés.

_____

3. Quelques meubles ont été abîmés.

_____

280

4. Quelques-uns ont été abîmés.

_____

5. Toutes les photos étaient réussies.

_____

6. Toutes étaient réussies.

_____

7. Certains exercices sont faciles.

_____

8. Certains sont faciles.

_____

9. On a volé quelques gravures.

_____

10. On en a volé quelques-unes.

_____

11. La hausse des taxes a surpris plusieurs citoyens.

_____

12. La hausse des taxes en a surpris plusieurs.

_____

13. Cet horaire cause certains problèmes aux étudiants.

_____

14. Cet horaire leur en cause certains.

_____

b)   *Pas un[e] (seul[e])... ne / ne... pas un[e] (seul[e])*

1. Toutes ces brochures semblent intéressantes.

_____

2. Toutes semblent intéressantes.

_____

3. J'ai plusieurs lettres à écrire.

_____

4. J'en ai plusieurs à écrire.

_____

5. Plusieurs participants ont fait des interventions.

_____

6. Plusieurs ont fait des interventions.

_____

7. Charles a vu des films de Fellini.

_____

8. Charles en a vu un.

_____

c) *Personne... ne / ne... personne*

1. Il est en train de parler à quelqu'un.

_____

2. Tout le monde sait ça.

_____

3. Ils viendront avec quelqu'un.

_____

4. Quelqu'un m'avait dit cela.

_____

5. Quelqu'un veut essayer.

_____

6. Elle réprimande tout le monde.

_____

7. On s'occupe de moi.

_____

8. Nous invitions des gens le dimanche.

_____

9. Je connais tout le monde ici.

_____

10. Quelqu'un d'intéressant a parlé.

_____

d) Rien... ne / ne... rien

1. Il peint quelque chose d'original.

_____

2. Quelque chose me dérange.

_____

3. Elles achèteront tout.

_____

4. J'avais quelque chose à te dire.

_____

5. Quelque chose de grave va se passer.

_____

6. Je pensais à quelque chose.

_____

7. Ils ont tout vendu.

_____

8. Quelque chose de meilleur a été suggéré.

_____

9. Tout peut nous arriver.

_____

10. Une chose m'a gêné dans son comportement.

_____

Il est bien évident qu'on ne répond pas toujours de façon aussi absolue. On peut nuancer ses réponses en employant, par exemple, l'expression **pas grand-chose** à la place de **rien**. (Voir *Grammaire française*, p. 319.)

EXERCICE VII   *Répondez négativement aux questions suivantes de deux façons différentes: d'abord avec un adjectif et ensuite avec un pronom.*

1. Est-ce que le candidat avait beaucoup d'adversaires?

_____

_____

2. Combien d'évadés ont été repris?

_____

_____

3. Est-ce qu'il y a eu des objections?

_____

_____

4. As-tu reçu plusieurs cadeaux?

_____

_____

5. Est-ce que tous tes amis étaient présents?

_____

_____

6. Va-t-elle acheter quelques meubles?

_____

_____

EXERCICE VIII   *Répondez négativement aux questions suivantes en faisant des phrases complètes.*

1. Quelqu'un t'a-t-il rendu visite?

_____

2. A-t-il appris quelque chose de nouveau?

_____

3. Est-ce qu'elle a téléphoné à quelqu'un ce matin?

_____

4. De quoi est-ce que vous avez parlé ensemble?

_____

5. Qui t'a demandé de venir?

_____

6. Avec qui sors-tu maintenant?

_____

7. Qu'est-ce qui a été envoyé hier?

_____

8. Est-ce que tout le monde était d'accord?

_____

9. Ont-ils tout saisi?

_____

Faites maintenant les exercices VI, XI et XV dans _Grammaire française_, p. 324-327.

C. Les conjonctions négatives

Les conjonctions négatives sont des conjonctions de coordination qui marquent un rapport entre des mots ou des propositions de même fonction (voir module 1, II.C.2.a); elles correspondent aux conjonctions affirmatives **et, ou, soit**. Si vous étudiez attentivement, dans _Grammaire française_, les pages 320, 321 (D, n⁰ˢ 1 à 6), vous noterez:

— qu'il faut répéter le **ne** devant chaque verbe des propositions principales ayant un même sujet;
  Ex. Nous **ne** l'aimons **ni ne** la détestons.

— qu'il faut répéter la préposition après **ni**;
  Ex. Je ne m'expliquerai **ni avec** lui **ni avec** elle.

— que seuls les articles partitifs et indéfinis disparaissent après **ni... ni**;
  Ex. Ils ne boivent **ni** vin **ni** bière.
  mais: Ils n'aiment **ni le** vin **ni la** bière.

— et qu'ils deviennent **de** après **pas... ni**.
  Ex. Elle n'a **pas** d'auto **ni de** bicyclette.

EXERCICE IX _Mettez les phrases suivantes à la forme négative en donnant les deux formes_ **ne... ni... ni** _et_ **ne... pas... ni** _quand c'est possible._

1. Jacqueline et Yvon ont pu venir.

_____

_____

2. Elle et lui étaient disponibles.

_____

_____

3. Ce sera toi ou moi.

_____

_____

4. Ils aiment le cyclisme et l'alpinisme.

_____

_____

5. Nous avons des amis et des parents en Europe.

_____

_____

6. Tes gants sont sur la table ou dans le tiroir.

_____

_____

7. J'ai rangé ma chambre et passé l'aspirateur.

_____

_____

8. Vous pouvez soit la louer soit l'acheter.

_____

_____

9. Il en écrit et en reçoit.

_____

_____

10. Le professeur accepte qu'on l'appelle par son prénom et qu'on le tutoie.

_____

_____

EXERCICE X   _Répondez négativement aux questions suivantes en faisant des phrases complètes._

1. Sais-tu quel mot négatif employer et où le placer?

_____

2. Est-ce que le dessert et le café sont compris?

_____

3. Votera-t-il pour le Parti conservateur ou pour le Parti libéral?

_____

4. A-t-elle fait le lavage et le repassage?

_____

5. T'attends-tu à ce qu'il te donne de l'argent ou à ce qu'il t'en prête?

_____

6. Est-ce qu'il prend du sucre et du lait?

_____

7. Est-ce que sa sœur ou son cousin va venir?

_____

8. As-tu écrit ou télégraphié à tes parents?

_____

Faites maintenant l'exercice d'*Application immédiate*, dans *Grammaire française*, p. 321-322, et l'exercice XII, p. 326.

II. La négation multiple

Les règles qui régissent la négation multiple sont les mêmes que celles qui s'appliquent à la négation simple. Chaque mot négatif a sa fonction et, par le fait même, sa place dans la phrase négative comme c'est le cas dans la phrase affirmative. Il faut cependant respecter un certain ordre qui vous est donné dans *Grammaire française*, p. 322, tableau 14.2. Étudiez attentivement les exemples qui illustrent ce tableau et faites ensuite l'exercice suivant.

EXERCICE XI   *Répondez négativement aux questions suivantes en remplaçant les noms par des pronoms.*

1. Recommanderais-tu encore ce restaurant à quelqu'un?

_____

2. Avait-elle déjà vu ce livre quelque part?

_____

3. A-t-on finalement dit quelque chose à ses parents?

_____

4. Allez-vous encore leur prêter votre automobile de temps à autre?

_____

5. Ont-ils déjà interviewé plusieurs candidats?

_____

6. Est-ce qu'il a déjà parlé de cette histoire à quelqu'un?

_____

7. Est-ce que quelqu'un vous a parfois posé des questions embarrassantes?

_____

8. Est-ce qu'il y avait encore beaucoup de monde quand tu es arrivé?

_____

9. As-tu enfin trouvé quelque chose quelque part?

_____

10. Quelque chose peut-il encore faire plaisir à cette pauvre veuve?

_____

11. Embêtent-ils toujours tout le monde avec leurs histoires à dormir debout?

_____

12. Est-ce qu'elle a déjà vu Paul se battre avec quelqu'un?

_____

13. Un enfant a-t-il déjà composé quelque chose de comparable à l'œuvre de Mozart?

_____

14. Sors-tu encore très souvent, toi aussi?

_____

III. La négation dans les phrases impérative et infinitive

A. La phrase impérative négative

Vous avez vu, au module 9, que l'impératif modifiait la place des pronoms objets.

Ex. Tu **me la** donnes.   Tu **m'en** donnes.
Donne-**la-moi**.   Donne-**m'en**.

Par contre, dans la phrase impérative négative, on retrouve l'ordre habituel de la phrase déclarative.

Ex. Tu **me la** donnes.   Tu **m'en** donnes.
Ne **me la** donne pas.   Ne **m'en** donne pas.

B. La phrase infinitive négative

Dans la phrase infinitive négative, on place **ne pas** devant l'infinitif et devant les pronoms objets. (Voir *Grammaire française*, p. 267-268, C.)

Ex. On vous dit de lui en donner.

On vous dit de **ne pas** lui en donner.

Quant aux autres mots négatifs, ils continuent d'occuper la même place que dans la phrase infinitive affirmative sauf **rien**, complément d'objet direct, qui est placé devant l'infinitif et devant les pronoms objets, alors que dans la phrase affirmative, sa contrepartie **quelque chose** vient après.

Ex. On vous dit de leur demander **quelque chose**. (c.o.d.)

On vous dit de ne **rien** leur demander.

mais: On vous dit de penser à **quelque chose**. (c.o.i.)

On vous dit de ne penser à **rien**.

En ce qui concerne la place des pronoms personnels dans les phrases négatives, consultez le tableau suivant et comparez-le avec celui du module 9, III.B.

PLACE DES PRONOMS PERSONNELS				
	Pronom sujet		Pronoms objets	Verbe
phrase déclarative	tu	NE	lui en	parles PAS as PAS parlé
phrase interrogative	◯	NE	lui en	parles-tu PAS ? as-tu PAS parlé?
phrase impérative	⊠	NE	lui en	parle PAS
phrase infinitive	⊠	NE PAS	lui en	parler ☐ avoir ☐ parlé

EXERCICE XII   *Mettez les phrases suivantes à la forme impérative négative, puis à la forme infinitive négative.*

1. Dis-le-lui. _____

    Je te recommande de _____

2. Parlez-leur-en. _____

    On vous suggère de_____

3. Amène-les-y. _____

    Il m'a dit de _____

4. Prête-la-leur. _____

    Elle nous a promis de _____

5. Allons-y. _____

    On nous a conseillé de_____

6. Apportes-en. _____

   Ils m'ont demandé de _____

7. Prends-le. _____

   On m'a ordonné de _____

8. Faites-la. _____

   Ils nous permettront de _____

EXERCICE XIII   *Mettez les phrases suivantes à la forme impérative négative et à la forme infinitive négative. Remplacez les mots soulignés par des pronoms.*

1. Donne-moi encore <u>du café</u>. _____

   Je te demande _____

2. Apporte quelque chose <u>à Pierre</u>. _____

   Je te recommande de _____

3. Va quelque part avec <u>tes amis</u>. _____

   On te conseille de _____

4. Parlez <u>de cette histoire</u> à quelqu'un. _____

   On nous a ordonné de _____

5. Sortons sans <u>les enfants</u> de temps en temps. _____

   On a décidé de _____

6. Allez souvent <u>au cinéma</u>, vous aussi. _____

   Je vous dis de _____

7. Faites quelques <u>suggestions à ces étudiants</u>. _____

   On vous conseille de _____

8. Offrons quelque chose <u>à Luc</u>. _____

   On a décidé de _____

9. Occupe-toi de quelque chose. _____

   Ils te permettent de _____

10. Téléphonez <u>à Hélène et à Gilles</u> seulement après 11 h. _____

_____

Ils vous suggèrent de _____

11. Revenez encore ici quelquefois. _____

On vous ordonne de _____

12. Donnez-moi encore quelques conseils de ce genre. _____

_____

Je vous dis de _____

Corrigé des exercices

EXERCICE I

1. <u>pas</u>: adverbe, modifie *serai*
2. <u>jamais</u>: adverbe, modifie *regarde*
3. <u>rien</u>: pronom, complément d'objet indirect de *pensais*
4. <u>aucune</u>: adjectif, détermine *chance*
5. <u>pas encore</u>: adverbe, modifie *ont compris*
6. <u>ni</u>... <u>ni</u>: conjonction, relie *Marie* et *Pierre*
7. <u>personne</u>: pronom, complément circonstanciel de *sort*
8. <u>pas un</u>: adjectif, détermine *candidat*
9. <u>ne</u>... <u>plus</u>: adverbe, modifie *fréquente*
10. <u>ni</u>... <u>ni</u>: conjonction, relie *lire* et *écrire*

EXERCICE II

1. On ne travaille pas ici.
   On n'a pas travaillé ici.
   On ne va pas travailler ici.
2. Ils ne sortent pas souvent.
   Ils ne sont pas souvent sortis.
   Ils ne vont pas souvent sortir.
3. Je ne fais pas de ski.
   Je n'ai pas fait de ski.
   Je ne vais pas faire de ski.
4. Il n'a pas l'occasion de se reposer.
   Il n'a pas eu l'occasion de se reposer.
   Il ne va pas avoir l'occasion de se reposer.
5. Nous ne leur achetons pas de fleurs.
   Nous ne leur avons pas acheté de fleurs.
   Nous n'allons pas leur acheter de fleurs.
6. Elle n'est pas très satisfaite.
   Elle n'a pas été très satisfaite.
   Elle ne va pas être très satisfaite.
7. Cette soirée n'est pas une réussite.
   Cette soirée n'a pas été une réussite.
   Cette soirée ne va pas être une réussite.
8. Elles n'ont pas de peine.
   Elles n'ont pas eu de peine.
   Elles ne vont pas avoir de peine.

EXERCICE III

*a)*1. Je ne suis pas du tout fatigué.
  2. Ils n'ont pas du tout aimé ce film.
  3. Nous ne comprenons pas du tout cet exercice.

b) 1. Comment! vous n'avez pas encore terminé le module?
Comment! vous n'avez toujours pas terminé le module?
2. Charlotte n'est pas encore partie.
Charlotte n'est toujours pas partie.
3. Je n'ai pas encore envoyé ma contribution.
Je n'ai toujours pas envoyé ma contribution.
4. Les invités n'ont pas encore été servis.
Les invités n'ont toujours pas été servis.

c) 1. Il ne reste plus de gâteau.
2. Je n'ai plus faim.
3. Tu ne sors plus avec Stéphanie, n'est-ce pas?
4. Ils ne vivent plus aux États-Unis.

d) 1. Ils ne travaillent jamais le samedi.
2. Je ne suis jamais allée à ce restaurant.
3. On ne vous pose jamais de questions difficiles.
4. Elle ne me téléphone jamais.
5. Vous ne le verrez jamais chez Martine.

e) 1. Je ne l'ai vu nulle part.
2. On n'a cherché nulle part.
3. Vous ne trouverez ça nulle part dans cette ville.

f) 1. Je n'ai pas envie d'y aller non plus.
2. Lui non plus n'aime pas le jazz.
3. Tu n'as pas l'air en forme, toi non plus.

EXERCICE IV

1. Il ne me reste que 2 $.
2. Je n'ai lu qu'un des romans de Balzac.
3. Il ne t'en reste alors que 99 à lire!
4. —
5. Cette maison ne me cause que des soucis.
6. —

EXERCICE V

1. Non, je n'y suis pas allé.
2. Non, elle ne me dérange pas du tout.
3. Non, il n'y va pas encore.
4. Non, ils ne l'ont toujours pas comprise.
5. Non, il n'y travaille plus.
6. Non, je ne leur parle jamais. / Non, nous ne leur parlons jamais.
7. Non, je ne l'ai vu nulle part. / Non, nous ne l'avons vu nulle part.
8. Je ne me sens pas très bien non plus. / Je ne me sens pas très bien, moi non plus.
9. Non, nous n'en avons qu'un. / Non, je n'en ai qu'un.
10. Non, elle ne l'a plus.
11. Non, je n'ai pas encore eu le temps de lui téléphoner.
12. Non, je n'oserais jamais lui dire ça.

EXERCICE VI

a) 1. Aucun candidat ne s'est présenté.
2. Aucun ne s'est présenté.
3. Aucun meuble n'a été abîmé.

4. Aucun n'a été abîmé.

5. Aucune photo n'était réussie.

6. Aucune n'était réussie.

7. Aucun exercice n'est facile.

8. Aucun n'est facile.

9. On n'a volé aucune gravure.

10. On n'en a volé aucune.

11. La hausse des taxes n'a surpris aucun citoyen.

12. La hausse des taxes n'en a surpris aucun.

13. Cet horaire ne cause aucun problème aux étudiants.

14. Cet horaire ne leur en cause aucun.

b) 1. Pas une (seule) brochure ne semble intéressante.

2. Pas une (seule) ne semble intéressante.

3. Je n'ai pas une seule lettre à écrire.

4. Je n'en ai pas une seule à écrire.

5. Pas un (seul) participant n'a fait d'interventions.

6. Pas un (seul) n'a fait d'interventions.

7. Charles n'a pas vu un seul film de Fellini.

8. Charles n'en a pas vu un seul.

c) 1. Il n'est en train de parler à personne.

2. Personne ne sait ça.

3. Ils ne viendront avec personne.

4. Personne ne m'avait dit cela.

5. Personne ne veut essayer.

6. Elle ne réprimande personne.

7. Personne ne s'occupe de moi.

8. Nous n'invitions personne le dimanche.

9. Je ne connais personne ici.

10. Personne d'intéressant n'a parlé.

d) 1. Il ne peint rien d'original.

2. Rien ne me dérange.

3. Elles n'achèteront rien.

4. Je n'avais rien à te dire.

5. Rien de grave ne va se passer.

6. Je ne pensais à rien.

7. Ils n'ont rien vendu.

8. Rien de meilleur n'a été suggéré.

9. Rien ne peut nous arriver.

10. Rien ne m'a gêné dans son comportement.

EXERCICE VII

1. Non, il n'avait aucun adversaire. / Non, il n'avait pas un seul adversaire.
   Non, il n'en avait aucun. / Non, il n'en avait pas un seul.

2. Aucun évadé n'a été repris. / Pas un (seul) évadé n'a été repris.
   Aucun n'a été repris. / Pas un (seul) n'a été repris.

3. Non, il n'y a eu aucune objection. / Non, il n'y a pas eu une seule objection.
   Non, il n'y en a eu aucune. / Non, il n'y en a pas eu une seule.

4. Non, je n'ai reçu aucun cadeau. / Non, je n'ai pas reçu un seul cadeau.
   Non, je n'en ai reçu aucun. / Non, je n'en ai pas reçu un seul.

5. Non, aucun de mes amis n'était présent. / Non, pas un (seul) de mes amis n'était présent.
   Non, aucun n'était présent. / Non, pas un (seul) n'était présent.

6. Non, elle ne va acheter aucun meuble. / Non, elle ne va pas acheter un seul meuble.
   Non, elle ne va en acheter aucun. / Non, elle ne va pas en acheter un seul.

EXERCICE VIII

1. Non, personne ne m'a rendu visite.
2. Non, il n'a rien appris de nouveau.
3. Non, elle n'a téléphoné à personne.
4. Nous n'avons parlé de rien.
5. Personne ne m'a demandé de venir.
6. Je ne sors avec personne.
7. Rien n'a été envoyé.
8. Non, personne n'était d'accord. / Non, tout le monde n'était pas d'accord.
9. Non, ils n'ont rien saisi. / Non, ils n'ont pas tout saisi.

EXERCICE IX

1. Ni Jacqueline ni Yvon n'ont pu venir.
   —
2. Ni elle ni lui n'étaient disponibles.
   —
3. Ce ne sera ni toi ni moi.
   Ce ne sera pas toi ni moi.
4. Ils n'aiment ni le cyclisme ni l'alpinisme.
   Ils n'aiment pas le cyclisme ni l'alpinisme.
5. Nous n'avons ni amis ni parents en Europe.
   Nous n'avons pas d'amis ni de parents en Europe.
6. Tes gants ne sont ni sur la table ni dans le tiroir.
   Tes gants ne sont pas sur la table ni dans le tiroir.
7. Je n'ai ni rangé ma chambre ni passé l'aspirateur.
   Je n'ai pas rangé ma chambre ni passé l'aspirateur.
8. Vous ne pouvez ni la louer ni l'acheter.
   Vous ne pouvez pas la louer ni l'acheter.
9. Il n'en écrit (pas) ni n'en reçoit.
   —
10. Le professeur n'accepte ni qu'on l'appelle par son prénom ni qu'on le tutoie.
    Le professeur n'accepte pas qu'on l'appelle par son prénom ni qu'on le tutoie.

EXERCICE X

1. Non, je ne sais ni quel mot négatif employer ni où le placer. / Non, je ne sais pas quel mot négatif employer ni où le placer.
2. Non, ni le dessert ni le café ne sont compris. / Non, ni l'un ni l'autre ne sont compris.
3. Il ne votera ni pour le Parti conservateur ni pour le Parti libéral. / Il ne votera pas pour le Parti conservateur ni pour le Parti libéral. / Il ne votera ni pour l'un ni pour l'autre.
4. Non, elle n'a fait ni le lavage ni le repassage. / Non, elle n'a pas fait le lavage ni le repassage. / Non, elle n'a fait ni l'un ni l'autre.
5. Je ne m'attends ni à ce qu'il m'en donne ni à ce qu'il m'en prête. / Je ne m'attends pas à ce qu'il m'en donne ni à ce qu'il m'en prête.
6. Non, il ne prend ni sucre ni lait. / Non, il ne prend pas de sucre ni de lait. / Non, il ne prend ni l'un ni l'autre.
7. Ni sa sœur ni son cousin ne va venir. / Ni elle ni lui ne va venir. / Ni l'un ni l'autre ne va venir.
8. Je ne leur ai ni écrit ni télégraphié. / Je ne leur ai pas écrit ni télégraphié. / Je n'ai fait ni l'un ni l'autre.

EXERCICE XI

1. Non, je ne le recommanderais plus à personne.
2. Non, elle ne l'avait encore vu nulle part. / Non, elle ne l'avait jamais vu nulle part.
3. Non, on ne leur a toujours rien dit. / Non, on ne leur a encore rien dit.
4. Non, je ne vais plus jamais (jamais plus) la leur prêter. / Non, nous n'allons plus jamais (jamais plus) la leur prêter.
5. Non, ils n'en ont encore interviewé aucun. / Non, ils n'en ont toujours interviewé aucun.
6. Non, il n'en a encore parlé à personne. / Non, il n'en a jamais parlé à personne.
7. Non, personne ne m'en a jamais posé (aucune).
8. Non, il n'y avait plus personne. / Non, il n'y avait plus beaucoup de monde.
9. Non, je n'ai toujours rien trouvé nulle part. / Non, je n'ai encore rien trouvé nulle part.
10. Non, rien ne peut plus lui faire plaisir.
11. Non, ils n'embêtent plus personne. / Non, ils n'embêtent jamais personne.
12. Non, elle ne l'a jamais vu se battre avec personne.
13. Non, aucun n'a encore (jamais) rien composé de comparable. / Non, aucun n'a encore (jamais) composé rien de comparable.
14. Non, je ne sors plus très souvent, moi non plus. / Non, je ne sors plus jamais (jamais plus), moi non plus.

EXERCICE XII

1. Ne le lui dis pas.
   Je te recommande de ne pas le lui dire.
2. Ne leur en parlez pas.
   On vous suggère de ne pas leur en parler.
3. Ne les y amène pas.
   Il m'a dit de ne pas les y amener.
4. Ne la leur prête pas.
   Elle nous a promis de ne pas la leur prêter.
5. N'y allons pas.
   On nous a conseillé de ne pas y aller.
6. N'en apporte pas.
   Ils m'ont demandé de ne pas en apporter.
7. Ne le prends pas.
   On m'a ordonné de ne pas le prendre.
8. Ne la faites pas.
   Il nous permettront de ne pas la faire.

EXERCICE XIII

1. Ne m'en donne plus.
   Je te demande de ne plus m'en donner.
2. Ne lui apporte rien.
   Je te recommande de ne rien lui apporter.
3. Ne va nulle part avec eux.
   On te conseille de n'aller nulle part avec eux.
4. N'en parlez à personne.
   On nous a ordonné de n'en parler à personne.
5. Ne sortons jamais sans eux.
   On a décidé de ne jamais sortir sans eux.
6. N'y allez jamais, vous non plus.
   Je vous dis de ne jamais y aller, vous non plus.
7. Ne leur en faites aucune. / Ne leur en faites pas une seule.
   On vous conseille de ne leur en faire aucune. / On vous conseille de ne pas leur en faire une seule.
8. Ne lui offrons rien.
   On a décidé de ne rien lui offrir.
9. Ne t'occupe de rien.
   Ils te permettent de ne t'occuper de rien.

10. Ne leur téléphonez qu'après 11 h.

Ils vous suggèrent de ne leur téléphoner qu'après 11 h.

11. Ne revenez plus jamais (jamais plus) ici.

On vous ordonne de ne plus jamais (jamais plus) revenir ici.

12. Ne me donnez plus aucun conseil de ce genre. / Ne me donnez plus un seul conseil de ce genre.

Je vous dis de ne plus me donner aucun conseil de ce genre. / ...donner un seul conseil de ce genre.